U0610166

全国重点旅游院校"十三五"规划教材

酒水服务与酒吧运营

（第二版）

盖艳秋　王　伟　童　江◎编著

中国旅游出版社

全国重点旅游院校“十三五”规划教材编审委员会

序

我国旅游教育经历了30多年的发展，1733所旅游类院校积累了1.2万多种各类旅游教材，涉及的课程达到280多门。通过对多所院校及学生的调研，我们发现现行旅游教材主要存在以下问题：同质化现象严重，教材不能很好地体现企业及相关行业的岗位需求，理论化突出而实践性不足，版式设计不够活泼，配套教学资源不完善。

为贯彻落实教育部最新教改精神，促进旅游等行业的教育事业发展，为进一步推动旅游高等职业教育国家级规划教材建设工作，发挥旅游类教材建设在提高旅游人才培养质量中的基础性作用，全面提升高等职业教育旅游类教材质量，教材编审委员会特组织编写团队，联合开发立体化教材。全国重点旅游院校"十三五"规划教材计划分批出版，第一批拟出版35种，涵盖了旅游管理大类的大部分专业核心课程。此次所选院校，均为以"旅游""酒店"等字样命名的院校，保证了队伍的纯粹性。此次教材编审队伍搭建真正实现了专家指导、企业参与、编者共享的格局。专家有以田卫民教授、谢彦君教授为代表的业界翘楚，曙光酒店集团常务副总裁程浩、华侨城旅游事业部高级副总经理王刚等企业高管参与了教材的审稿工作，专家、院校、企业三方共同努力，努力打造出一套实用性强的教材。

令人欣慰的是，在新常态下，旅游业迎来了全新的发展机遇，业已进入又快又好发展的黄金期。伴随旅游业发展黄金期的到来，对于旅游相关人才的需求与日俱增，势必为旅游教育的发展开辟广阔前景。2015年10月26日，教育部会同国家旅游局联合发文，颁布了《加快发展现代旅游职业教育的指导意见》，特别强调要“加快构建现代旅游职业教育体系，深化产教融合、校企合作，培养适应旅游产业发展需求的高素质技术技能和管理服务人才”。文件指出，“鼓励校企联合开发专业课程，增加任务驱动型、项目开发型、行动研究型、案例教学型课程数量。组织开展优质课程资源建设，搭建旅游职业教育国家级数字化课程资源共享平台，支持开发一批数字化课程资源包”。本套教材的立体化开发，就是课程资源包的一部分。

教材是体现教学内容和教学要求的知识载体，是进行教学的基本工具，是提高教学质量的重要保证。本套教材改变了过去单一的课本教材模式，配合现代教育教学方式的改革，把课本、教学参考书、学生练习册、电子课件和多媒体教学手段以及网上教学辅导相结合，形成了教材的立体化开发格局。

全国重点旅游院校“十三五”规划教材编审委员会

2016年9月

前　言

为了进一步突出高职高专院校的特色，本书根据“以全面素质为基础，以能力为本位”的指导思想，依据“工作过程系统化”的职业教育理念，以岗位职业能力培养为教学目标，进一步突出了“教、学、做一体化”的教学模式。

本书主要采取项目教学的典型工作任务为引领，依据酒吧的工作任务、工作过程的行动体系，将调酒与酒水服务体系知识进行解构，打破了原有的具有明显学科化倾向的课程组织形式，构建了“以工作过程为导向、以实际项目为载体”的课程结构，贯彻了“以典型工作任务为主线，以职业能力为核心”的指导思想。本书教学内容的组织与项目工作过程相一致，按照实际的工作过程，分析各阶段所需的知识、能力及对素质的要求，对内容进行有效的整合、优化和重构，从而形成了具体的学习任务。以工作过程为导向，以“酒吧认知—单饮类酒水调制与服务—鸡尾酒调制与服务—酒吧运营”为主线，通过实践带动相关人员酒水知识、调酒技能、酒水服务技能的学习与职业素养的养成。

全书共分为四个项目，每个项目又细分为若干任务，从而把酒水服务及酒吧运营的必备知识分解到相应的任务中，真正做到“在做中学，在学中做”。在结构上，每个单元由导言、目标及任务组成，每个任务由任务描述、情境引入、任务分析、必备知识、拓展知识、完成任务、能力评价、能力拓展组成。

● 导言：自然引入要讲解的内容。

● 学习目标：在学、做之前了解要达到的目标。

● 任务描述：对本节任务进行描述，包括酒水的特点、客人特点、饮用要求等学习目标。

● 情境引入：以酒吧酒水典型实例引出要完成的工作任务。

● 任务分析：通过分析，自然引出要完成对客服务应具备的知识及能力要求，培养学生分析问题的能力。

● 必备知识：介绍完成此次对客服务应掌握的知识及能力。

● 拓展知识：在完成此次任务的同时，掌握更全面的酒水知识，让学生能够更好地完成对客服务。

● 知识链接：相关知识介绍，扩大学生的知识面。

● 完成任务：根据操作要求和标准，分组完成任务。

● 能力评价：以小组为单位，共同完成对客服务。考查学生在工作中的专业能力及团队分工与合作等能力，提升学生的综合素质，并针对学生的表现予以评价。

● 能力拓展：更好地巩固已学知识及相关知识，提出新的学习任务。

本书为校企合作开发课程，在参考国内外大量书籍和资料的同时，也考察了大量酒店及酒吧，并得到业内人士的广泛支持和帮助，特别是北京中国大饭店、北京香港马会会所、北京新云南皇冠假日酒店的行业专家对本书提出了中肯建议，在此表示衷心的感谢！

由于编者能力有限，书中难免存在不妥之处，诚恳希望广大读者能够提出宝贵的意见。衷心希望这本书能够对广大现已从事或有志于从事酒吧管理与服务的人员在提高管理和服务技能以及提升职业发展能力等方面有所帮助。

编 者

目录
CONTENTS

项目一 岗前培训

随着人们生活水平的不断提高和生活方式的改变，酒吧逐渐受到各地各层次人们的欢迎，成为大众休闲娱乐和社会交际活动的重要场所。有关调查结果表明，目前国内酒吧业已经进入了高速发展阶段，那就让我们一起走进酒吧，了解酒吧！

【学习目标】

- 了解酒吧概况及分类。
- 掌握酒吧常用器具及设备。
- 熟悉调酒师的特点及要求。

任务1 酒吧认知

任务描述

通过对不同类酒吧的调研，使学生对酒吧具备感性认识，了解酒吧经营风格与经营项目、酒吧组织结构、酒吧各岗位职责、不同酒吧工作的共性与区别，使学生准确、熟练地掌握酒吧的功能分类，从而更加了解酒吧行业发展的动态和前景。同时使学生认识到现今用人单位对调酒师的专业要求，激发学生学好本专业的兴趣，明确学习目标。

酒吧成为很多人士理想的社交场所，也是人们休闲放松的理想去处，酒吧的灵魂——调酒师要通过酒水服务传播文化、传递感情。通过岗前培训的形式，培养学生对酒吧的感性认识，使其初步掌握酒吧与调酒、调酒师与酒水文化等相关知识。

情境引入

刚来酒吧实习的小李，在上岗前接受了关于酒吧概况的全面培训，对调酒师的素质要求及酒吧有了更具体的了解。

任务分析

刚刚走上工作岗位，应该：

● 熟悉调酒师职业、素质要求及工作规范。

● 能够熟练使用酒吧常用设备及器具。

必备知识

一、调酒师

（一）调酒师职业

调酒师：在酒吧或餐厅专门从事配制酒水、销售酒水，并让客人领略酒的文化和风情的人员。但在美国调酒师还被释为“丧失了希望和梦想的人赖以倾诉心声的最后对象”，可见其深刻含义。

在国外，调酒师上岗需要受过专门职业培训并领有技术执照。例如，在美国有专门的调酒师培训学校，凡是经过专门培训的调酒师不但就业机会很多，而且享有较高的工资待遇。一些国际性饭店管理集团内部也专门设立对调酒师的考核规则和标准。随着近些年酒吧行业的兴旺，调酒师也渐渐成为一种热门的职业。应该说，调酒师职业是一个年轻的职业，一个充满活力、充满生机和充满激情的职业，也是一个前途灿烂光明的职业。

（二）调酒师的工作内容

酒吧调酒师的工作内容包括：酒吧清洁、酒吧摆设、调制酒水、酒水补充、应酬客人和日常管理等。小规模的酒吧一般只有一个调酒师，所以要求调酒师具备较广泛的知识，能够应付客人提出的各类问题和处理各种突发事件。

1. 营业前的准备

营业前的准备工作俗称“开吧”，主要包括清洁卫生、领取物品、存放酒水、酒吧摆设、调酒准备等工作。

（1）清洁卫生

● 清洁吧台。先用湿毛巾擦拭吧台，再用清洁剂喷洒在吧台表面，用毛巾擦抹干净，使台面光洁明亮。

● 清洁地面。吧台地面如果用大理石铺砌，应经常用拖把擦洗地面以保持干净；如果铺设地毯，应用清洁剂和吸尘器进行清理。

● 清洁冰箱冰柜。定期清洁冰箱冰柜，用湿布和清洁剂将冰箱冰柜内部污迹擦拭干净，再用清水擦洗一遍。此外，每天应擦拭冰箱冰柜表面，做到冰箱冰柜表面无污渍污迹。

● 清洁酒瓶与罐装饮料外包装。用湿毛巾将瓶装酒、罐装饮料表面擦拭干净，确保无灰尘、无残留酒液痕迹等。

● 清洁用具器皿。清洁、清洗各种用具、器具和杯具，消毒后擦拭光亮。

● 清扫环境。主要是清洁墙面、门窗、灯饰、桌椅等。

（2）领取物品

● 领取酒水原料。根据酒吧库存量，按需要填写酒水领料单，并注意核对酒水的种类、名称、数量。

● 领取日常用品。定期领取各种表格、记录本、杯垫、餐巾纸、棉纺织品等。

● 领取调酒用的辅助基酒。

（3）存放酒水

将领来的酒水按要求分类存放，需要冷藏的酒水放进冷藏箱内。

（4）酒吧摆设

酒吧摆设应以美观大方、方便操作为原则。瓶装酒要分类摆放，瓶与瓶之间要有空隙；常用酒品要放在操作台前伸手可及的位置，以方便取用；不常用的酒水饮料可放置在酒架的高处。

酒杯的摆放采用悬挂式或摆放式。悬挂式的酒杯悬挂在吧台上方的杯架上，一方面方便取用，另一方面也可以装饰酒吧；摆放式酒杯常摆放在展示柜中或操作台上，有些则放在冰柜内冷藏，以便随时取用。

（5）调酒准备

● 准备新鲜冰块。从制冰机中取出制成的冰块，放在操作台上的冰块盒中。

● 准备调味品。将豆蔻粉、盐、糖等常用调味品放在操作台上，以备取用。

● 准备装饰物。准备好柠檬、青柠、橙子、樱桃，并根据营业需求切成所需的形状，将所有装饰物按保鲜要求放在冷藏箱内备用。

● 准备调酒用具。将酒杯洗净、消毒、擦干后，按次序摆放在展示柜和操作台上；调酒用具放置在操作台；其他用具分类摆放在适宜的位置。

2. 营业中的工作程序

营业中工作程序包括酒水供应与结账、酒水调拨、调酒操作服务、待客服务等工作程序。

（1）酒水供应程序

酒水供应程序一般有以下几个环节：顾客点要酒水，调酒师或服务员开单，收款员立账，调酒师配制酒水，供应酒品。不同形式的酒吧，在酒水供应程序上会存在差异。下面以服务酒吧为例进行说明。

• 顾客点要酒水。顾客点要酒水时，调酒师要耐心细致。有些顾客会询问酒水品种、质量、产地和鸡尾酒的配方等内容，调酒师要简单明了地予以介绍，千万不要表现出不耐烦的样子。有些顾客会请调酒师介绍酒水品种，调酒师介绍前须先询问顾客所喜欢的口味，然后再介绍可供应的品种。如果一张台子有若干顾客，调酒师务必对每一位顾客点要的酒水做出记号，以便正确地将顾客点要的酒水送上。

• 调酒师或服务员开单。酒吧中有时会出现由于顾客讲话不清楚，或调酒师精神不集中而制错饮品的情况，所以调酒师或服务员要特别注意听清楚顾客的要求。调酒师或服务员在填写酒水供应单时，要重复顾客所点的酒水名称、数量，避免出现差错。有些酒吧酒水供应单一式三联，填写时要清楚地写上日期、经手人、酒水品种、数量、顾客的特征或位置及顾客所提的特别要求，填好后交给收款员。

• 观察、询问与良好服务。调酒师要注意观察酒吧台面，看到客人的酒水快喝完时，要询问客人是否再加一杯；注意客人使用的烟灰缸是否需要更换；注意就吧台表面有无酒水残迹，最好经常用干净湿毛巾擦抹台面；要经常为客人斟倒酒水；客人在吸烟区吸烟时，要主动为客人点烟。优秀的服务在于留心观察和必要而及时的行动。在调酒服务中，因各国客人的口味、饮用方法不尽相同，有时客人会对酒水提出一些特别要求与特别配方。这种特别要求或特别配方，有时调酒师甚至酒吧经理也不一定会调制，这时调酒师可以询问、请教客人怎样配制。

• 酒水单处理。收款员拿到酒水供应单后，须马上立账单，将第一联供应单与账单钉在一起，第二联盖章后交给调酒师（当日结算时送交成本会计），第三联由调酒师自己保存备查。

• 调制与供应酒水。调酒师凭经过收款员盖章后的第二联供应单才可配制酒水，没有供应单的调酒属于违反酒吧规章制度，不管理由如何充分，都不应该提倡。在操作过程中因不小心调错或浪费的酒水，需填写损耗单，列明项目、规格、数量后，送交酒吧经理签名认可，再送成本会计处核实入账。配制好酒水后，按服务标准送顾客。

（2）结账程序

结账程序主要有以下几个环节：顾客要求结账，调酒师或服务员检查账单，收取现金、信用卡或签账，收款员结账。

顾客打招呼要求结账时，调酒师或服务员要立即有所反应，不能让顾客久等。许多顾客的不满情绪都是因为结账等待时间太长造成的。当顾客要求结账时，调酒师或服务员要仔细检查一遍账单，核对酒水数量、品种有无遗漏。账单项目关系到顾客的切身利益，调酒师必须非常认真地核对。核对完账单后，将账单递交顾客，顾客认可后，收取账单上的现金。信用卡结账按银行所提供的机器滚压单办理，然后交给收款员结账。结账后将账单的副本和零钱交给顾客。

（3）酒水调取程序

酒吧经常因特别的营业情况，导致营业中某些品种酒水供应量不足，影响酒吧的正常营业，这时需要马上从库房或酒水供应商处调取所需酒水品种。调酒师调拨酒水要填写一式三份的酒水调取单，上面写明领取酒水的数量、品种，经手人与领取人签名后，交给酒吧经理签名。第一联送成本会计处，第二联由调酒师保存备查，第三联由库房或酒水供应商保存。

（4）酒杯的清洗与补充

在营业过程中，调酒师要及时收集顾客使用过的空杯，立即送清洗间清洗消毒或自己清洗消毒，不能等积攒到一定数量再收杯。清洗消毒后的酒杯，要马上取回酒吧备用。在操作中，要有专人不停地运送、补充酒杯。

（5）清理吧台与操作台台面

调酒师要注意经常清理吧台与操作台面，将吧台上顾客用过的空杯、吸管、杯垫收下来。一次性使用的吸管、杯垫扔到垃圾桶中，空杯送去清洗。台面要经常用湿毛巾擦拭，不能留有污渍痕迹。回收的空瓶要放回筛中，以免长时间放置产生异味。顾客用的烟灰缸要经常更换，换下后要清洗干净。严格来说，烟灰缸里的烟头不能超过两个。

（6）调酒工作注意事项

● 调酒姿势和动作。调酒时姿势要端正，不要弯腰或蹲下调制；尽量面对客人，不要掩饰；动作要潇洒、轻松、自然、准确，不要紧张；用手拿杯时，要握杯子的底部，不要握杯子的上部，更不能用手指触碰杯口；调制过程中尽可能使用各种工具，不要用手代替冰夹夹取冰块；不做摸头发、揉眼、擦脸等小动作，也不在酒吧中梳头、照镜子、化妆，任何不雅的动作都直接影响客人的情绪。

● 主动与顾客沟通。调酒师要主动与顾客交谈、聊天，以增进调酒师与顾客之间的友谊。

● 先后顺序与时间。调制出品时，要注意客人到来的先后顺序，要先为早到的客人调制酒水；对待同来的客人，要先为女士、老人和小孩配制饮品；调制任何酒水的时间都不能太长，以免客人不耐烦；调制动作要快捷熟练，一般的果汁、汽水、矿泉水、啤酒在 1 分钟内完成，混合饮料 1~2 分钟完成，鸡尾酒包括装饰品 2~4 分钟完成；有时五六位客人同时点要酒水，调酒师也不能慌张忙乱，可先一一答应下来，再按次序调制；一定要先应答客人，不能不理睬客人的酒水要求而专注于酒水配制操作。

● 卫生标准。调酒师一定要注意卫生标准，稀释果汁和调制饮料，都要用冷开水；无冷开水时，用容器盛满冰块倒入开水，等冰块融化后也可使用，绝对不允许使用自来水；配制酒水时，有些过程允许用手直接操作，所以调酒师要经常洗手，保持手部清洁；过期、变质的酒水不能使用；其他卫生标准可参看《中华人民共和国食品卫生法》。

3. 营业后的工作程序

调酒师在营业后的工作，主要包括清理酒吧、填写每日工作报告、清点酒水、检查火灾隐患、关闭电器开关等。

（1）清理酒吧

营业时间到点，调酒师要等顾客全部离开后，才能动手清理酒吧，绝对不允许赶顾客出门。顾客全部离开后，调酒师要先把酒杯全部收起来送清洗间，酒杯清洗消毒后全部取回酒吧，摆放到相应位置后，调酒师才算完成一天的工作任务。

污物桶和杂物桶要清空，清洗干净，否则第二天早上，酒吧就会因桶中物品发酵而充满异味。把所有陈列的酒水小心取下，放入柜中，开瓶后的瓶装酒，要用湿毛巾把瓶口擦拭干净，密封后再放入柜中。水果装饰物要放回冰箱中保存，并用保鲜膜封好。凡是开了罐的汽水、啤酒和其他非果汁罐装饮料要全部处理掉，不能放到第二天再用。酒水收拾好后，酒水存放柜要上锁以防止失窃。酒吧台、工作台、水池要清洗一遍。酒吧台、工作台用湿毛巾擦抹，水池槽用洗洁精清洗，单据表格夹好后放入柜中。

（2）填写每日工作报告

调酒师每日工作报告有几个项目，如当日营业额、顾客人数、平均消费额、特别事件和顾客投诉。每日工作报告主要供酒吧经营者掌握酒吧的营业状况和服务情况。

（3）清点酒水

把当天所销售出的酒水，按供应单数目及吧台现存酒水数量，依次填写到酒水记录簿上。清点酒水工作要细心，不准弄虚作假，否则会影响第二天的营业管理，也会给调酒师带来很大的麻烦。贵重的瓶装酒，在清点时要精确到 0.1 瓶。

（4）检查火灾隐患

全部清理、清点工作完成后，调酒师要把整个酒吧检查一遍，看看有没有可能引起火灾的隐患，特别是掉落在地毯上的烟头。消除火灾隐患是调酒师和酒吧其他工作人员都必须非常重视的工作，每个员工都要担负起责任。

（5）关闭电器开关

除冰箱冰柜外，所有的电器开关都要关闭，包括照明灯、咖啡机、咖啡炉、生啤机、电动搅拌机、空调和音响设备等。

（6）锁好门窗

离开酒吧时，要留意把所有的门窗锁好，再将当日的酒水供应单、酒水领料单与工作报告送到酒吧经理处。酒水领料单通常由酒吧经理签名后，提前投入食品仓库的领料单收集箱内，以便库房人员及早准备供应。

二、酒吧的分类及特点

酒吧的种类很多，根据不同标准，可以分为不同类型。根据酒吧服务方式的不同，一般可分为立式酒吧、主酒吧、服务酒吧、鸡尾酒廊、宴会酒吧、多功能酒吧以及其他类型的酒吧。不同类型的酒吧对调酒师有不同的要求。

（一）立式酒吧（Bar）

立式酒吧是最典型、最有代表性的酒吧，也是传统意义上的酒吧。立式酒吧在吧台前设有吧椅或吧凳，以供客人饮酒小憩。这类酒吧的特点是客人直接面对调酒师坐在酒吧台前，和调酒师聊聊天，当面欣赏调酒师的操作，调酒师从准备材料到酒水的调制和服务全过程都在客人的目光下完成。该类型酒吧一般由调酒师单独工作，因为不仅要负责酒类及饮料的调制，还要负责收款工作，同时必须掌握整个酒吧的营业情况，所以立式酒吧也是以调酒师为中心的酒吧。

（二）主酒吧（Main Bar or Pub）

主酒吧以供应各类烈性酒、鸡尾酒和混合饮料为主，酒吧大多装修高雅、美观、格调别致，而且在酒水摆设和酒杯摆设中要创造气氛，吸引客人，使客人觉得置身其中饮酒是一种享受。

主酒吧一般备有足够的靠台吧椅、吧凳，酒水、载杯及调酒器具等种类齐全的设施，摆设得体、特点突出。客人坐在吧台前的吧椅、吧凳上，面对调酒师并欣赏调酒师的操作技艺，因此对调酒师的业务技术和文化素质要求较高。

到主酒吧消费的客人，大多是来享受音乐、美酒以及无拘无束的人际交流带来的乐趣的，所以主酒吧的视听设备都比较完善。许多主酒吧还有各具风格的乐队表演，或向客人提供台球、飞镖、室内攀岩等娱乐设施。

（三）服务酒吧（Service Bar）

服务酒吧常见于酒店餐厅及大型独立的中西餐厅中，服务对象以用餐客人为主，所以也称餐厅酒吧。由于服务酒吧主要为餐厅用餐客人服务，因而佐餐酒的销量比其他类型的酒吧要大得多。

在餐厅就餐过程中，客人一般通过餐厅服务员获得酒水服务，所以调酒师必须与餐厅服务人员合作，按照餐厅服务人员所开的酒单配酒或提供各种酒水饮料。

中餐厅服务酒吧的服务项目相对容易，酒水种类也以国产为多。西餐厅服务酒吧较为复杂，除要具备种类齐全的洋酒之外，调酒师还要具有全面的酒水保管和服务知识。同其他类型酒吧相比，服务酒吧有以下特点。

1. 调酒师与客人不直接接触

服务酒吧在提供酒水服务时，一般先由餐厅服务员接受客人酒水方面的要求，并将所点的酒水记录在客人的账单上，而后将此账单中的一联送到吧台。当吧台调酒师调制好酒水后，由餐厅服务员将酒水送到就餐客人的桌上。

2. 酒水品种多

服务酒吧比其他类型酒吧所提供的酒水品种要多，酒吧调酒师在服务时必须熟悉各种酒水。

3. 调酒师工作相对轻松

服务酒吧的调酒师只负责酒水调制和管理工作，不负责酒水推销，也不直接面对客人服务，所以工作相对轻松。

在酒店餐厅中，一般设有专职的收款员，调酒师不负责酒类饮料的收款工作。收款工作通常都由餐厅收款员负责，所以调酒师一般不接触现金。

（四）鸡尾酒廊（Lounge）

较大型的酒店中都设有鸡尾酒廊这种类型的酒吧。鸡尾酒廊通常设于酒店门厅附近，或是门厅的延伸空间，可用墙壁将其与酒店门厅隔开。鸡尾酒廊气氛比较高雅，对灯光、音响、家具、环境等方面均有较高的要求。

鸡尾酒廊一般比立式酒吧宽敞，常有钢琴、竖琴或者小乐队为客人演奏，有的还有小型舞池，供客人即兴起舞。

鸡尾酒廊大多设有高级的桌椅、沙发，环境较立式酒吧优雅、舒适、安静，节奏也较缓慢。鸡尾酒廊的客人多会在酒吧逗留较长时间，所以酒廊除供应各种鸡尾酒和清凉饮料外，一般还备有精美小食。

鸡尾酒廊的营业过程与服务酒吧大致相同，每一组客人都有一位服务员提供服务，如为客人开票、送酒等，如果酒廊规模不大，收款工作一般可由服务员自行负责。在较大和较正式的鸡尾酒廊中，一般多设有专门的收款员，并有专门收拾酒杯、桌椅并负责原料补充的服务员。

（五）宴会酒吧（Banquet Bar）

宴会酒吧又称为临时性酒吧，是酒店、餐馆为宴会业务专门设立的酒吧设施。宴会酒吧的特点是临时性强，营业时间较短，客人集中，营业量大，服务速度相对较快。宴会酒吧通常要求酒吧服务人员每小时能够服务 100 位左右的客人，因而服务人员必须头脑清晰，工作有条理，具有接待大批客人的能力。

宴会酒吧营业前，要求服务人员做好充分的准备工作。各种酒类、原料、配料、酒杯、冰块、工具等，必须有充足的储备，不至于营业中原料短缺而影响服务。由于宴会酒吧要求服务快速，因此供应的饮料种类会受到限制，混合饮料一般都可以事先配制成成品。

宴会酒吧的大小和格局，由各种宴会、酒会的规模和形式决定，营业时间通常比较灵活。宴会酒吧的吧台可以随时拆卸移动，当然也可以永久性地固定安装在宴会场所。

宴会酒吧的营业方式，常见的有外卖酒吧、现金酒吧和一次性结账酒吧等几种。外卖酒吧是根据客人要求，在某一地点如大使馆、公寓、风景区等临时设置的酒吧。现金酒吧是指参加宴会的客人取用酒水时须随付现金，宴会举办者不负责客人在酒吧饮用酒水的费用。一次性结账酒吧是指客人在宴会上可随意取用酒水，所有费用在宴会结束后，由宴会举办者结账。

（六）其他类型的酒吧

除传统酒吧的经营方式和内容之外，还有很多适应现代消费者，能满足各类需求的各种特色类型的酒吧，因其独特的经营方式，在市场上异军突起，引领新的消费潮流。

1. 威士忌酒吧

受日式调酒的影响，以及日本威士忌在市场上的迅速崛起，近些年兴起的一种高端消费的酒吧，旨在品味和鉴赏，酒吧主要的产品是市场上颇具口碑甚至天价难求的精品高端威士忌（如苏格兰的单一麦芽威士忌、日本威士忌），服务极其专业，是很多懂酒、爱酒人士的选择。

2. 主题酒吧

有明显的主题风格，各类硬件配置和服务项目围绕其主题风格开展并延伸，满足现代消费者的各类需求，能不断地吸引新客人，并且结合当下“情怀特色”的营销方式，经营十分成功，深受各年龄层次的消费者喜爱。常见的主题有足球酒吧、摩托酒吧、电影酒吧……

3. 餐饮酒吧

以传统餐饮项目和餐饮消费习惯作为经营特色，结合酒吧的装修风格和经营方式，甚至把酒水产品和服务作为附属的独特酒吧，对于追求生活品质，“醉翁之意不在酒”的消费者再适合不过了。此类酒吧的代表有餐吧、烟吧、水吧……

4. 超市酒吧

酒吧以提供各种齐备价廉的酒水为主要经营特色，其酒水价格比超市还要便宜，因此生意火爆。此类酒吧主要销售的酒水为啤酒，进货渠道十分独特——大多是临期下架的产品，需要其经营者在酒商中有广阔的人脉，从而最大程度地节约酒水进货成本，在市场上颇具竞争力。

5. 休闲娱乐酒吧

酒吧里为客人提供各种休闲娱乐设施，如台球、桌上足球、桌游、电玩等项目，在酒吧消费的同时参与各种娱乐项目活跃气氛、愉快身心，深受年轻人的喜爱。

6. Live house

有现场乐队和歌手演绎的一种酒吧，与只提供弹唱歌手的小型酒吧有着天壤之别，对灯光音响设备要求高，专业的 Live house 成本颇高，场地面积较大，有举办小型甚至中型室内演出的空间和实力，特别是摇滚演出，能邀请到业界具有知名度的专业人士，是促进当地音乐文化交流和发展的平台，大多数情况下经营收益不高。

7. 夜店

由 20 世纪八九十年代迪厅演变而来，提供酒水服务的一种高消费的酒吧。装修豪华，深受年轻人以及追求刺激消费者的喜爱，用大功率的音响声浪和炫目灯光营造出十分热烈的氛围，在蹦迪畅饮之余，发泄情绪。很多不正规的夜店酒吧酗酒闹事、毒品传播、诱骗年轻女孩等各类恶性事件屡屡发生，因此，建议年轻人去此类场所消费一定选择正规场所，并理智消费。

8. 俱乐部

采用会员制，结合酒吧经营应运而生的一种高端消费场所，客人有一定的社会地位。

9. 外卖酒吧

只提供酒水产品，没有消费空间，类似外卖的一种经营模式，在房租、人工等方面最大限度地节约了成本。

以上是一些较传统酒吧来说，比较典型的几种现代酒吧的经营模式，而且各类项目不是单一存在，而是把各类相近或有益的经营项目结合起来，从而满足各类客户群体的需求，最大限度地做到经营辐射，不断地扩大、壮大消费者群体。

三、酒吧区域的划分

根据酒吧经营的实际情况，可以把酒吧划分为 6 个区域，每个区域都有不同的作用，互相之间有着重要的关联，认真策划、设计好这 6 个工作区域，并根据工作需要完成相应的工作任务，可以使酒吧的经营更加得心应手。

（一）操作空间

操作空间指的是酒吧吧台及附近的区域，客人进入酒吧的那一刻起，吧台的装修风格、布局以及服务人员的一言一行，都会给客人留下深刻的第一印象。酒吧工作人员在这里与客人直接接触，在做好酒水推销的同时，为客人进行酒水的制作与服务，客人消费结束后，为客人提供结账服务，因此吧台的设计与服务操作的规范至关重要。

吧台是调酒师工作的空间。酒吧的硬件通常由吧台、操作台、酒柜、酒水冷藏柜、制冰机、碎冰机、搅拌机、咖啡机、洗杯机、消毒池、洗涤槽等设施构成。其中吧台是酒吧的中心，也是调酒师工作的空间。一般酒吧的各种调酒设备和用具，都安置在吧台或附近的区域，以便于调酒师为客人提供高效的服务。

1. 吧台（Bar Counter）

吧台式客人饮用酒水的地方，通常位于酒吧的中心部位或正对门口。吧台由吧台（前吧）、中心吧（操作台）、后吧（展示柜）组成。

（1）前吧

吧台的长度、宽度、高度，每个酒吧都会有所不同。通常吧台高度为 120~130 厘米，最高不能超过 130 厘米，宽 70~75 厘米。吧台多采用大理石或较容易擦拭且耐磨、不易腐蚀的材料制成。

为了方便服务客人，吧台一般有三种形式。直线形吧台：这种吧台两端封闭，是立式酒吧中最常见的一种吧台设计形式。马蹄形吧台：马蹄形吧台又称 U 形吧台。马蹄形吧台两端抵住酒吧一边的墙壁，中间凸入酒吧内部空间，一般可安排三个或更多的操作点。马蹄形吧台中间可以设置一个岛型贮藏柜，用来存放酒水或其他日常用品。环形吧台：环形吧台又称为中空的方位吧台，吧台中间一般设有一个“小岛”，供陈列酒水和贮存物品用，见图 1-1。

图 1–1　环形吧台

根据吧台的高度，吧凳高度一般为 90~100 厘米，多为木质或金属材料制成。吧凳也可选用海绵材料，这样客人靠在椅背上会感到更加舒适。

（2）中心吧（Making Table）

中心吧也叫操作台，位于前吧的后下方，见图 1–2。中心吧的高度通常根据前吧来定，原则上应比前吧低 40~50 厘米，高度为 70~90 厘米，宽 40~50 厘米。中心吧主要摆放调酒用具，是调酒师制作鸡尾酒和果盘的地方。

图 1–2　中心吧

（3）后吧（Wine Board）

后吧也就是酒吧的展示柜，如图 1–3 所示。展示柜高度最高不能高过 180 厘米，最下层不能低于 120 厘米，这样才能方便调酒师取酒与摆放酒品。

展示柜上面几层大多摆放一些较名贵的酒品，以显示酒吧的档次和接待能力；下层则摆放较常见且用量大、使用频率高的酒品，以方便调酒师取用。

后吧与中心吧的距离应保持在 90~110 厘米。如果酒吧较大，吧台较长，客人较多，调酒师们在吧台内经常需要交叉换位，这样宽度要适合两个人同时半侧身通过才行。如果酒吧安排有花式调酒表演，那么后吧与中心吧的距离还要更大一些，距离一般在 150~200 厘米，这个距离才能满足花式调酒的需要。

图 1–3　后吧

2. 洗涤槽（Dishwasher）

洗涤槽是吧台必备设施。洗涤槽通常由三个水池组成，一个用于清洗杯具、用具，一个用于浸泡消毒杯具、用具，一个用于清洗其他物品。洗涤槽通常被安置在操作台的中心部位，这样无论调酒师从吧台哪个位置撤回用具，都能方便、快捷地对其进行冲洗。

3. 冷藏设备（Refrigerater）

因为大多数酒水需要冷藏，而且冷藏后的酒水口感颇佳，所以冷藏设备是酒吧必不可少的一项设施。冷藏设备通常有卧式、立式两种，两种形式各有利弊。

（二）服务空间

服务空间指的是酒吧的公共区域，包括酒吧的散座、包间等。服务人员在为客人提供各类常规服务的基础之上，还可为客人提供各类席间的相关服务，包括酒水的二次推销、席位的添加、消费的整合等，因此应注意公共区域卫生的保持、服务用具的齐备、各类设施的正常使用，以保证服务工作的顺利开展。

（三）演艺空间

某些酒吧带有演艺功能，在客人品饮酒水的同时，为客人提供歌舞类节目助兴；酒吧也可以设立演艺舞台，为酒吧举办的各类活动提供很好的活动空间。此区域，应对音响灯光设施提供应有的保障，尤其是用电功率，一定要提前做好设计。

（四）娱乐空间

酒吧销售的不仅仅是酒水，还包括整体的氛围，给客人提供一个安全、放松的环境，并且可以提供一些简单的娱乐设施，供客人消遣、娱乐，为客人的消费起到助兴的作用。如台球、飞镖、桌游、电子游戏机等娱乐项目，可设置单独的空间区域，也可与其他空间区域结合。

（五）盥洗空间

盥洗区域为客人提供最基础需求，高质感的盥洗区也能带来好的心情。盥洗区虽然空间不大，但也要注意装修的布局，与整体风格相协调，并随时做好卫生的保持。

（六）贮存空间

酒吧进货的各类物品——酒水、食品服务用品等，都需要有独立的贮存空间，合理地贮存各类货物，并设专人保管，物品出库要有详细记录。岗位设置不能由同一人担任采购与库管两个岗位。

四、酒吧器具及清洁

（一）酒杯（Glasses）

酒杯是用来盛放酒水的容器，是直接供客人使用的。

1. 烈酒杯（Shot Glass）

其容量规格一般为 56 毫升，用于各种烈性酒。只限于在净饮（不加冰）的时候使用（喝白兰地除外），见图 1–4。

2. 古典杯（Old Fashioned Glass / Rock Glass）

其容量规格一般为 224~280 毫升，大多用于喝加冰块的酒和净饮威士忌酒，有些鸡尾酒也使用这种酒杯，见图 1–5。

3. 浅碟形香槟杯（Champagne Saucer）

容量规格一般为 126 毫升，用于喝香槟和某些鸡尾酒，见图 1–6。

图 1–4　烈酒杯

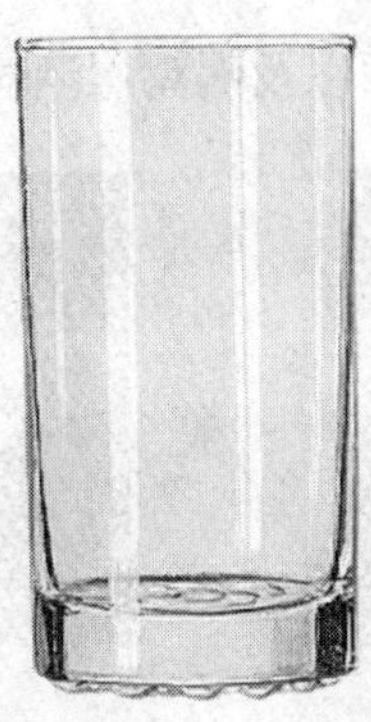

图 1–5　古典杯

图 1–6　浅碟形香槟杯

4. 郁金香形香槟杯（Champagne Tulip）

容量规格为 126 毫升，只用于喝香槟酒，见图 1–7。

5. 白兰地杯（Brandy Snifter）

容量规格为 224~336 毫升，净饮白兰地酒时使用，见图 1–8。

图 1–7　郁金香形香槟杯

图 1–8　白兰地杯

6. 果汁杯（Juice Glass）

容量规格一般为 168 毫升，喝各种果汁时使用。

7. 高球杯（Highball Glass）

容量规格一般为 224 毫升，用于特定的鸡尾酒或混合饮料，有时果汁也用高球杯。

8. 柯林杯（Collins Glass）

容量规格一般为 280 毫升，用于各种烈酒加汽水等软饮料、各类汽水、矿泉水和一些特定的鸡尾酒（如各种长饮）。

9. 水杯（Water Glass）

容量规格为 280 毫升，喝冰水和一般汽水时使用，见图 1–9。

10. 鸡尾酒杯（Cocktail Glass）

容量规格为 98 毫升，调制鸡尾酒以及喝鸡尾酒时使用，见图 1–10。

图 1–9　水杯

图 1–10　鸡尾酒杯

11. 餐后甜酒杯（Liqueur Glass / Cordial Glass）

容量规格为 35 毫升，用于喝各种餐后甜酒、鸡尾酒等，见图 1–11。

图 1-11 餐后甜酒杯

12. 啤酒杯（Pilsner）

容量规格为 280 毫升，餐厅里喝啤酒用。在酒吧中，女士们常用这种杯喝啤酒，见图 1-12。

13. 扎啤杯（Beer Mug）

在酒吧中一般喝生啤酒用，见图 1-13。

14. 白葡萄酒杯（White Wine Glass）

容量规格为 98 毫升，喝白葡萄酒时使用。

15. 红葡萄酒杯（Red Wine Glass）

容量规格为 224 毫升，喝红葡萄酒时使用，见图 1-14。

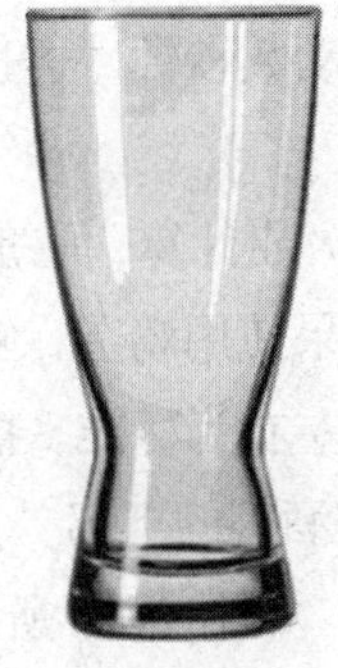

图 1-12 啤酒杯

图 1-13 扎啤杯

图 1-14 红葡萄酒杯

16. 雪莉酒杯（Sherry Glass）

容量规格为 56 毫升或 112 毫升，专门用于喝雪莉酒。

17. 波特酒杯（Port Wine Glass）

容量规格为 56 毫升，专门用于喝波特酒。

18. 特饮杯（Hurricane）

容量规格为 336 毫升，喝各种特色鸡尾酒。

19. 酸酒杯（Whisky Sour）

容量规格为 112 毫升，喝酸威士忌鸡尾酒时使用。

20. 爱尔兰咖啡杯（Irish Coffee）

容量规格为 210 毫升，喝爱尔兰咖啡时使用。

21. 果冻杯（Sherbert）

容量规格为 98 毫升，吃果冻、冰激凌时使用。

22. 苏打杯（Soda Glass）

常用容量规格为 448 毫升，用于吃冰激凌。

23. 水罐（Water Pitcher）

容量规格为 1000 毫升，装冰水、果汁用。

24. 滤酒器（Decanter）

有几种规格，如 168 毫升、500 毫升、1000 毫升等，用于过滤红葡萄酒或出售散装红、白葡萄酒。

（二）常用调酒用具

1. 摇酒器（Standard Shaker）

摇酒器又称调酒壶或摇桶，是由银或不锈钢制成的饮料混合器，也有少数为玻璃制品。摇酒器是一种能将各种不同的基酒和调酒原料充分混合并且凉透的工具。

摇酒器由壶身、过滤器、壶盖三部分组成，型号有 250 毫升、350 毫升、530 毫升三种。另外有一种实用的不锈钢制计量杯，一端可以量 20 毫升的分量，另一端则可以量 40 毫升的分量。摇酒器主要用于绅士法调制鸡尾酒，所以又称为绅士调酒壶。

使用摇酒器时，放入冰块、基酒等原料后，合上摇酒器，用力摇动数秒钟。透过隔冰器把调好的酒倒进杯里，即制成一杯鸡尾酒。

使用摇酒器时，要尽量保持仪态的美观大方。摇动时间按摇动次数计算，一般摇 15~16 次，接触摇壶器的指尖发冷，壶身表面出现白霜时就可以了。如果使用鸡蛋、鲜奶油等不易混合的原料，或者用大摇酒器混合成倍的基酒，以摇动 20 次左右为标准。摇后可打开顶盖，用食指按住过滤器向酒杯里倾倒饮料，这时另一只手扶住酒杯的下部。

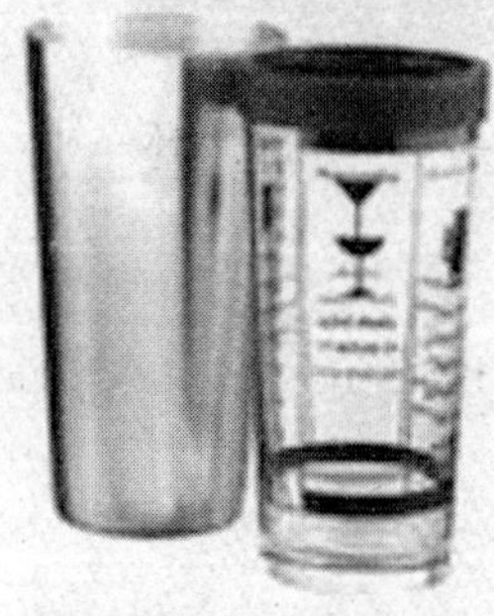

图 1–15　波士顿摇酒器

波士顿摇酒器是比较典型的摇酒器之一，如图 1–15 所示，由不锈钢壶身和厚壁强化玻璃杯组成。波士顿摇酒器比小、中型绅士摇酒器容量大，且一般只有一种型号，是花式专业调酒师多使用的摇酒器。波士顿摇酒器可直接通过玻璃杯看到酒液混合的过程，便于花式调酒表演，所以也称为花式调酒壶，一般还包括两只锥形杯。

2. 量酒器（Jigger）

量酒器也叫量杯或盎司杯，由不锈钢制成，形状为两个大小不一对尖圆锥形用具，是用来量取各种液体的标准容量杯，

图 1–16　量酒器

见图 1–16。用量酒器时，首先在杯子里投入冰，把量酒器放在杯边，量好酒后倾入杯子。

量酒器两头圆锥形容器，容量分别为 1 盎司和 1.5 盎司、1.5 盎司和 2 盎司或者 1 盎司和 2 盎司三种组合，这种容器便于调酒师制作鸡尾酒时准确用料，如图 1–16 所示。

鸡尾酒的调配，一定要按照配方比例来制作。有些鸡尾酒需要很多的冰霜或新鲜水果来调制，所以经常使用到量酒器。

量酒器最常用于调制“彩虹”类酒水，因为“彩虹”类或者其他分层酒水对计量要求比较严格。使用量酒器，酒水不再进入摇酒器，而是从酒瓶进入量酒器，然后沿长勺直接倒入酒杯，以此完成“彩虹”类酒水的调制。

量酒器型号：

1/2 盎司 + 1 盎司

1/2 盎司 + 3/4 盎司

3/4 盎司 + 11/4 盎司

3/4 盎司 + 11/2 盎司

1 盎司 + 2 盎司

3/4 盎司 + 1 盎司

5/8 盎司 + 1 盎司

5/8 盎司 + 11/4 盎司

7/8 盎司 + 11/4 盎司

1 盎司 + 11/4 盎司

3/2 盎司 + 2 盎司

酒具的容量习惯用盎司（oz）来计算，现在又统一按毫升（ml）来计算，1oz ≈ 28ml。

3. 吧匙（Bar Spoon）

吧匙一般由不锈钢制成，其一端为匙，另一端为叉，中间部位呈螺旋状，见图 1–17，分大、中、小三个型号。吧匙一般在调和饮料和取放装饰物时使用，叉状一端通常用于叉柠檬片及樱桃，匙状一端主要用于计量和搅拌混合，或捣碎配料，一般一长匙相当于一茶匙。

吧匙通常用于制作分层鸡尾酒，以及一些需要搅拌法调制的鸡尾酒。

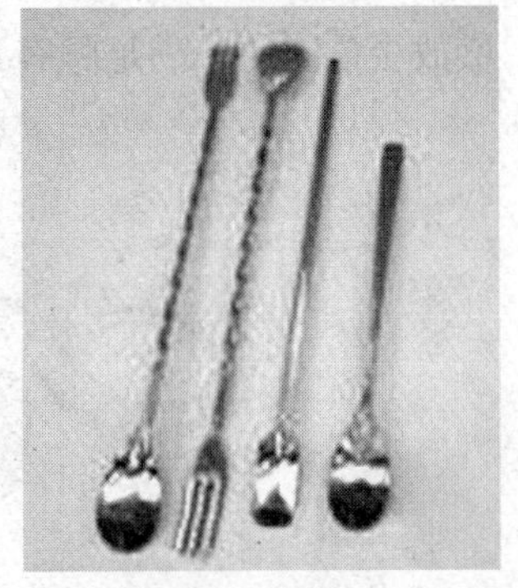
图 1–17　吧匙

使用吧匙时，用中指和无名指夹住吧匙的螺旋状部位，用拇指和食指握住吧匙的上部。搅动时，用拇指和中指轻轻扶住吧匙，以免吧匙倾倒，用中指指腹和无名指背部按顺时针方向转动吧匙。向调酒杯里放入吧匙或取出吧匙时，应使吧匙背面朝上；搅拌时，应保持吧匙背面朝着调酒杯外侧，以免吧匙碰到冰块。搅动的次数以 7~8 次为标准，搅动时还应注意手腕处子母扣的节奏。搅动结束后，使吧匙背面朝上轻轻取出来。

4. 调酒棒（Mixing Stirrer）

调酒棒大多是由塑料或玻璃制成的细棒，也是一种搅拌工具，见图 1-18。棒的一端为球根状，常用来捣碎饮料中的薄荷类原料。大的调酒棒通常搭配调酒杯使用，小一点的交饮用者使用，具有装饰鸡尾酒的作用。

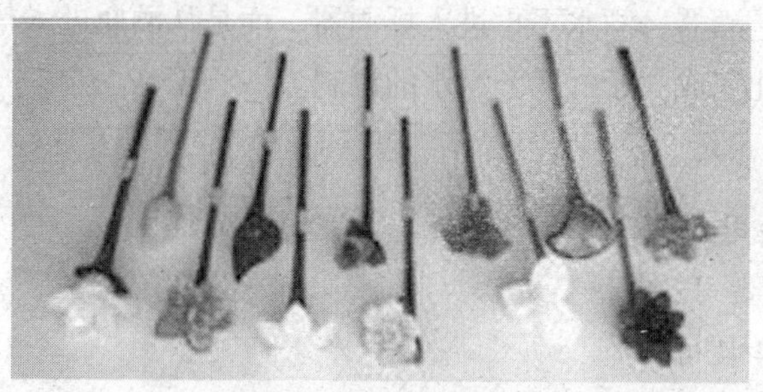

图 1-18　调酒棒

5. 滤冰器（Strainer）

滤冰器又称滤网，是一种带网眼的滤冰工具，见图 1-19，大多为不锈钢制品。滤冰器呈扁平状，上面均匀排列着滤孔，边缘围有弹簧。放在摇酒器中的过滤网，倒酒时过滤冰块，与调酒杯搭配使用，防止调酒杯内的冰块滑落在鸡尾酒杯内。倒饮料时，防止冰块或柠檬籽进入杯内。滤冰器有一螺旋形钢丝，使过滤器可适用多种尺寸的调酒杯。滤冰器规格有多种，常见的有 168 毫升、500 毫升、1000 毫升等。

6. 冰桶（Ice Bucket）

冰桶由不锈钢或玻璃制成，桶口边缘有两个对称双耳，呈原色或镀金色，见图 1-20。冰桶主要用于装冰块、温烫米酒和中国白酒。玻璃制成的冰桶体积小，用于盛放少量冰块，满足顾客不断加冰的需要。用冰桶盛冰可减缓冰块融化的速度。

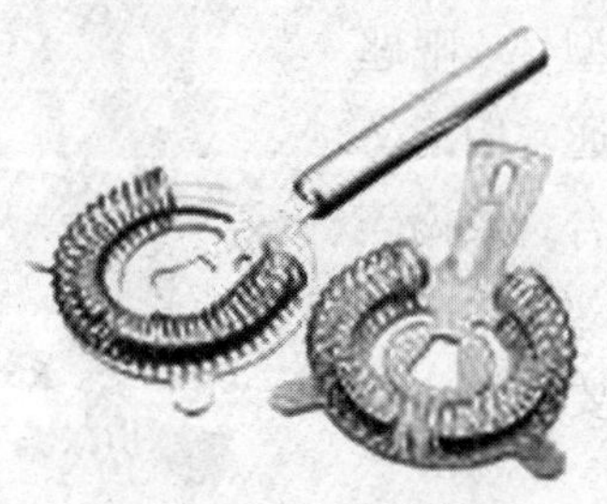

图 1-19　滤冰器

图 1-20　冰桶

7. 冰夹（Ice Tong）

冰夹由不锈钢或塑料制成，夹冰部位呈齿状，见图 1–21，以利于夹取冰块。调酒师主要用冰夹加冰块、水果和鸡尾酒装饰物。有时冰夹附在冰桶上面，由顾客或服务人员加冰块使用。

8. 冰铲 / 冰勺（Ice Scoop）

冰勺由不锈钢或塑料制成，见图 1–22，用于从制冰机或冰桶内勺取冰块，每次取用量比较多。有 24 盎司大冰铲和 12 盎司小冰铲等规格。

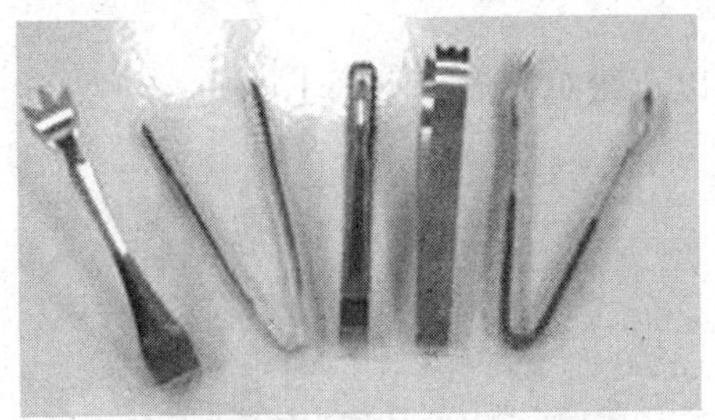

图 1–21 冰夹

图 1–22 冰铲 / 冰勺

9. 雪糕勺（Ice Cream Dipper）

雪糕勺由不锈钢制成，用于量取冰激凌，见图 1–23。

10. 香槟桶（Champagne Cooler）

香槟桶由不锈钢制成，由桶和桶架两部分组成，见图 1–24。香槟桶桶身较大，主要用于冰镇白葡萄酒、玫瑰红葡萄酒、香槟酒和气泡酒。配上桶架置于客人桌旁，可确保酒液的温度始终不会升高或降低。

图 1–23 雪糕勺

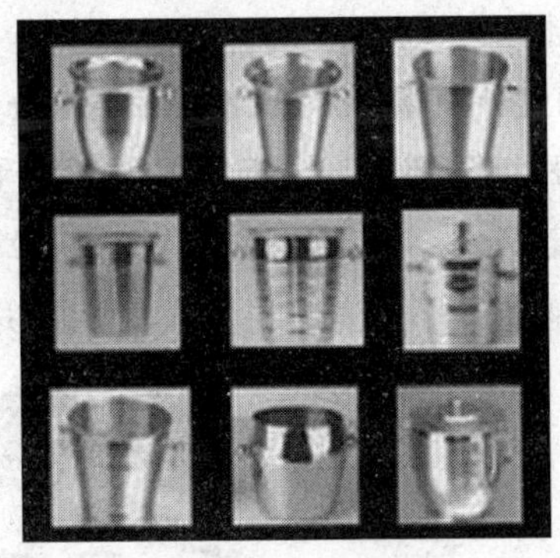

图 1–24 香槟桶

11. 砧板（Cutting Board）

砧板用于切水果和制作装饰品。配合小水果刀使用，防止刀子破坏工作台面。

12. 水果刀（Knife）

水果刀用于切雕鸡尾酒装饰物和制作水果拼盘。

13. 捣碎器（Moter&Pestle）

由不锈钢、塑料或玻璃制成，通常用来捣碎香草以混合在鸡尾酒内，见图 1–25。

14. 吧刀（Bar Knife）

吧刀由不锈钢制作，体积小，呈柳叶状，类似于西餐厨房用刀，用于制作果盘和鸡尾酒装饰物。

15. 装饰叉（Decorative Fork）

装饰叉常由竹木制成，用来把装饰物放置在鸡尾酒杯边。

16. 装饰签（Cocktail Pick）

装饰签穿插各种水果如樱桃、橄榄等，用以点缀鸡尾酒，见图 1–26。

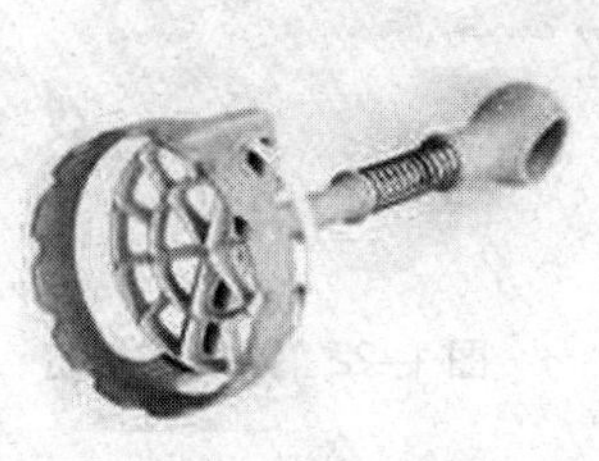

图 1–25　捣碎器

图 1–26　装饰签

17. 削皮刀（Zester）

削皮刀是为装饰饮料而用来削柠檬皮等水果皮的特殊刀。

18. 葡萄酒开瓶器（Corkscrew）

葡萄酒开瓶器也叫木塞拔起器。用该工具割取瓶颈上的铅皮，以便于拔取葡萄酒瓶上的木塞。

19. 开瓶器（Bottle&Can Opener）

开瓶器是用不锈钢制成的开瓶工具，以具有螺丝钻、开瓶、开罐等多种功能为佳。开瓶器通常一端为扁形钢片，另一端为镂空钢圆，见图 1–27，专门用于开瓶盖及罐头，如啤酒瓶盖子、灌装果汁或水果罐头等。

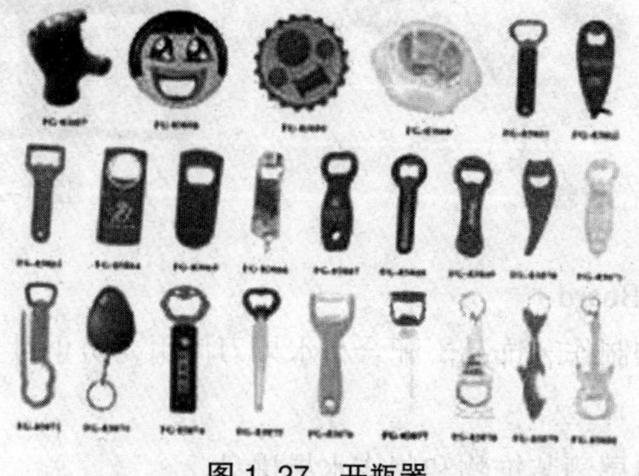

图 1–27　开瓶器

20. 铝箔松开器（Foil Clipper）

铝箔松开器用于打开瓶盖上的铝箔。将铝箔松开器置于瓶盖上，压紧旋转一圈后，瓶盖上的铝箔会自动脱落。

21. 吸管（Straw）

吸管是用塑料制成的管状物，冰镇饮料适用，能帮助调酒师和客人品尝酒水，有单色或多色。吸管常用于吸饮量大而清淡的混合酒水，异型杯子或杯上有装饰物的时候，也需要使用吸管。

22. 杯垫（Coaster）

杯垫一般以吸水性能好的硬纸、硬塑料、胶皮、布等制成，有圆形、方形、三角形等多种形状，见图 1–28，主要起隔热、隔冷作用。一般都垫在鸡尾酒杯下方，预防杯子的水珠流到桌上，保持桌面干净。

23. 糖盅（Sugar Bowl）

糖盅用于放置砂糖，多由陶瓷或玻璃制成，见图 1–29。

24. 糖 / 盐边盒

糖 / 盐边盒有两个盒子，一个盒子放糖，另一个放盐，主要用于制作糖 / 盐霜，见图 1–30。

图 1–28　杯垫

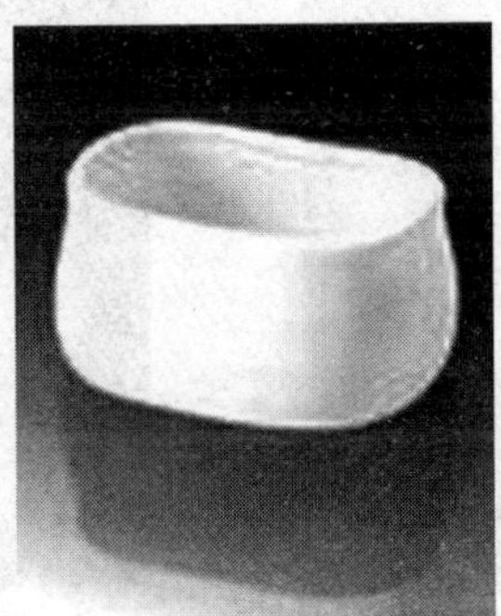

图 1–29　糖盅

图 1–30　糖 / 盐边盒

25. 托盘（Tray）

托盘用于取送或放置酒水、饮料。

26. 奶盅（Milk Jug）

奶盅用于盛放淡奶或牛奶，见图 1–31。

27. 瓶嘴（Mouth of Bottle）

瓶嘴在倒酒时用于控制酒液的流量，减少酒液对酒杯的冲击力。

28. 水壶（Water Jug）

水壶用于盛放饮用水。有些酒必须附带一杯冰水，有些酒吧已改用自动供应水枪。

图 1–31　奶盅

29. 口布（Napkin）

口布用于擦拭杯子，麻布最好，棉布易吸水。

30. 酒针（Cocktail Stick）

酒针用于穿插各种水果及点缀品，一般由塑料制成，有多种颜色及造型，是一种很好的装饰品，见图 1–32。

31. 漏斗（Funnel）

漏斗是用来将酒液或饮料从一个容器倒入另一个容器的工具，其优点是快捷、准确、无浪费。为保证酒的气味及口味的纯正，一般使用不锈钢制品。

32. 温度计（Wine Thermometer）

温度计用来测量酒水温度。

33. 真空酒瓶塞（Wine Savor）

用于将没喝完的葡萄酒盖起来，以防止葡萄酒走味。

34. 练习瓶

练习瓶供调酒师练习花式调酒动作使用，见图 1–33。有些酒吧还有夜光表演瓶，用以在昏暗的灯光下表演花式调酒。

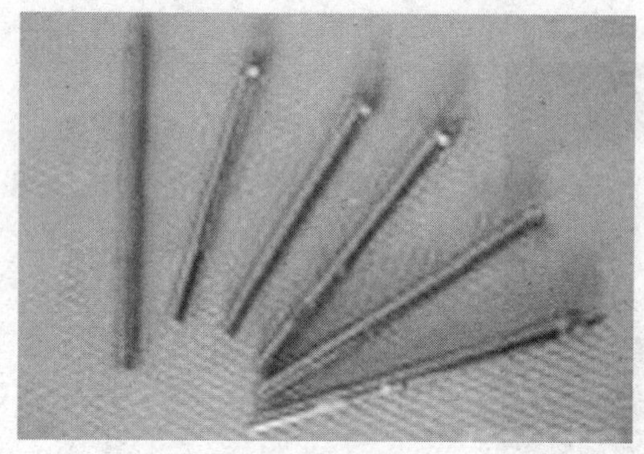

图 1–32　酒针

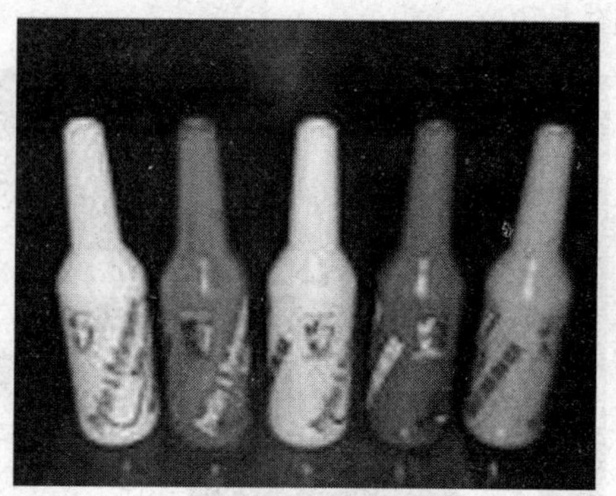

图 1–33　练习瓶

（三）酒吧常用设备

1. 果肉榨汁机（Juicer）

果肉榨汁机是用来榨取西瓜、苹果、梨、草莓、黄瓜、苦瓜、胡萝卜等各种水果、蔬菜汁液的设备，见图 1–34。此设备多为小型台式机，与家用榨汁机相差无几。

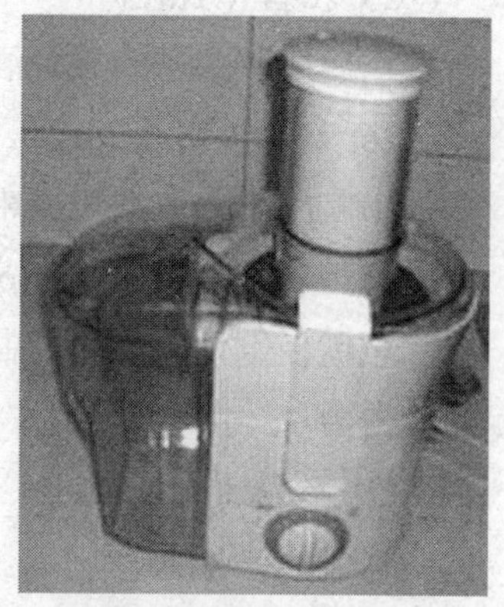

图 1–34　果肉榨汁机

果肉榨汁机使用简单，操作方便。在使用之前，应先接通电源，开机运转一下，看机器有无异常。确认无异常反应后，方可进行操作。

操作前，应先将所榨水果清洗干净，需除皮的水果应剥掉外皮，西瓜应剥除青皮。有的水果果核坚硬，在榨汁前必须先去除果核，不能直接放入机内，以免损坏刀片及机器。果肉分切成小于进料口的块或条状，存放在消毒后的容器内。开机后，即可将所榨水果放入榨汁机内榨汁。如果酒吧对果汁用量大，可预先榨汁。原则上果汁不宜搁置太久，以保证果汁的新鲜度。

例如，橙子榨汁机是专门用于榨取橙、橘、柠檬类水果汁液的榨汁机。也有全能型的榨汁机，这种全能型的榨汁机由于功率不够，在榨橙类水果时，圆锥形钻头容易抱死，所以只适合家庭或用量较少的酒吧使用。在用量较大的酒吧，应置备专用的橙子榨汁机。

2. 冰柜（Refrigerater）

冰柜是酒吧中用于冷藏酒水饮料，保存适量酒品和其他调酒用品的设备，见图 1–35。冰箱大小型号可根据酒吧规模、环境等条件选用，冰箱内温度要求保持在 4~8℃。冰箱内部需要分层分隔，以便存放不同种类的酒品和调酒用品。通常白葡萄酒、玫瑰葡萄酒、香槟、啤酒需放入柜中冷藏。

3. 立式冷柜（Wine Cooler）

立式冷柜是专门存放香槟和白葡萄酒的设备，见图 1–36，其全部材料都是木质的，里面分成横竖成行的格子，香槟及白葡萄酒插入格子存放。此类冷柜温度可调节，贮藏温度根据酒的种类不同，柜内温度可保持在 4~8℃。

图 1–35　冰柜

图 1–36　立式冷柜

4. 制冰机（Ice Cube Machine）

冰块是酒吧用量较大的调制酒水原料。99% 以上的鸡尾酒和花式冰咖啡，在制作过程中甚至包括制作完成后，都需要用到冰块。有些酒吧可以购买冰块，但许多酒吧只能由自备的制冰机供应冰块。

制冰机可制作不同形状的冰块，如四方体、圆体、扁圆体和长方条等多种，见图 1–37。四方体形的冰块不容易融化，冰块的融化对鸡尾酒味道影响不太明显。制作什么形状的冰块，各酒吧要视具体情况而定。

图 1–37　制冰机

制冰机属于连续运行设备，应由固定使用人员负责日常管理。不得在制冰机贮冰箱内放置任何其他物品，也不得在制冰机顶部和周围堆放物品，还要保持取冰用具的清洁，以免影响通风和冰的质量。开关贮冰箱门和取冰动作要轻柔，以防贮冰箱和出冰口变形。要及时清理出冰口，防止堵塞、冻结出冰口。

5. 碎冰机（Crushed Ice Machine）

图 1–38 碎冰机

酒吧在调制酒水时，经常会用到冰屑或冰粒，如制作奶昔、冰沫玛格丽特等。碎冰机就是粉碎大块冰块，提供冰屑或冰粒的专用设备，见图 1–38。在未配备碎冰机的酒吧，临时需要少量碎冰时，可将整冰放入硬质器皿中捣碎，或放入搅拌机中打碎，但效果均不如碎冰机。有的碎冰机直接制作出细小的冰粒，还有的碎冰机是将冰块研磨成冰沫状，就像雪一样。同样是碎冰，第二种碎冰机更受酒吧欢迎。在使用碎冰机时，冰粒的出口不能堵塞，否则会卡死刀盘，烧坏电机。碎冰机使用完毕后，应关掉开关，拔除电源插头，用干净毛巾擦去机身上的冰粒，放置于干燥通风处。

6. 冰杯机（Frozen Glass Machine）

冰杯机与卧式冰柜外形相仿，只是常在上方设有一个水平推拉门。冰杯机用于冰镇鸡尾酒杯、冰激凌杯、啤酒杯等多种杯具。冰杯机温度应该控制在 4~6℃。当杯具从冰杯机中取出时，杯具上应有雾霜，但不可结有水滴。

例如，生啤酒为桶装，一般客人喜欢喝冰啤酒，生啤机专为此设计。生啤机又称扎啤机，由二氧化碳气瓶、啤酒桶、接口、输酒管、制冷机组、出酒口组成。输酒管一头连接啤酒桶，一头接通二氧化碳气瓶，有开关控制气压大小，工作时输出气压常保持在 25 个大气压（有气压表），当气压不足时需及时更换。制冷机组是急冷型的，由于输酒管与制冷器相通，所以输出来的啤酒就是冰冻的生啤酒，生啤酒泡沫厚度可由开关控制。无论啤酒桶贮存时是否冷藏，它通常的保质期是 30 天左右。生啤机不用时，必须断开电源并取出插入生啤酒桶口的管子。生啤机每 15 天需由专业人员彻底清洗消毒一次。

7. 洗杯机（Washing Machine）

洗杯机用于清洗各种杯具，见图 1–39，包括玻璃杯、瓷杯等。洗杯机有高压喷水器，一般将酒杯放入杯筛中，再放进洗杯机里，调好程序，按下电钮即可清洗。除此之外，洗杯机还有高温气管，用来配合消毒液对杯具进行彻底消毒。比较先进的洗杯机，有自动输入清洁剂和催干剂装置，可直接放入消毒药品，打开电源，喷水器即会喷出混有消毒液的高温水。杯子冲洗干净后，还可自动将酒杯烘干。洗杯机有一个输水口用于排水，以防止积有污水和残留物，故安装清洗机时应连接上下水管。

图 1–39　洗杯机

洗杯机有许多种，酒吧可根据需要选用。如一种较小型的旋转式洗杯机，每次只能洗一个杯子，一般装在吧台的边上。许多酒吧因资金和空间等方面的限制，还要手工清洗酒杯，手工清洗酒杯需要有清洗槽盘。

8. 奶昔机（Blend Milk Shaker）

奶昔英文为 Milk Shake，是蛋白混合饮料与脱脂奶混合而成的甜品。将奶昔盛装在纸杯或塑料杯中，加盖带有十字形缝隙的薄塑料盖，吸管可以从盖上的十字缝中方便地插入杯中。

奶昔首先出自于美国，主要有机制奶昔和手摇奶昔两种。传统奶昔是机制的，一般是用奶昔机现做现卖，顾客现买现饮，通常出售香草、草莓和巧克力三种风味的奶昔。

9. 咖啡机

咖啡机用于研磨咖啡、加热牛奶、提供开水，见图 1–40，制作一些人们常见的意式特浓咖啡、卡布奇诺等。咖啡机有很多型号，用量不大的酒吧，可选用人工加水的小型咖啡机，反之，则需较大型的咖啡机。

图 1–40　咖啡机

图 1–41　咖啡保温炉

10. 咖啡保温炉

咖啡保温炉是为煮好的咖啡保温的设备，见图 1–41。将研磨煮好的咖啡装入与咖啡保温炉配套的咖啡保温壶中，放置于炉上，可以使咖啡保持适宜的饮用温度。通常的咖啡保温炉有加热、保温两个温度调节挡，选定温度，接通电源即可。咖啡保温炉适用于大型酒吧，以接待大量顾客为主。咖啡保温炉虽然可为煮好的咖啡保温，但咖啡的质量会随时间的推移而下降，一般保温的咖啡最多保留 8 小时。除此之外，咖啡保温炉还适合对红茶等进行保温。

11. 电动搅拌机（Blender）

电动搅拌机为不锈钢制品，由底座、器身（长筒形）、电线插头和桶盖组成，用于制作鸡尾酒和奶昔。电动搅拌机桶身内设有 3~5 个钢制的螺旋扇面，可将原料迅速混合。机器设有低、中、高三个转速按钮，在调制分量多或基酒中有固体物难以充分混合的饮料时使用。

12. 碳酸饮料机（Carbonated Machine）

碳酸饮料机由冷凝器等组成，且集中了多种不同饮料的疏导管，下接饮料和二氧化碳气瓶，上接饮料出口。当按不同的按钮时，会打出不同的饮料，同市面上的可乐机原理一样。

13. 微波炉（Microwave Oven）

与家用微波炉外形、构造一样，用于加热饮料和制作爆米花等。因酒吧内只用加热功能，故选购时不用选择带有过多功能的高档微波炉（如有烧烤、解冻等功能的微波炉）。

（四）常用器具的清洗与消毒

1. 器皿的清洗与消毒

（1）器皿的清洗

器皿包括酒杯、碟、咖啡杯、咖啡匙、点心叉、烟灰缸等（烟灰缸只用自来水冲洗干净就行了）。清洗时通常分为 4 个程序：冲洗—浸泡—漂洗—消毒。

- 冲洗。用自来水将用过的器皿上的污物冲掉，这道程序必须注意冲干净，不留任何点、块状的污物。
- 浸泡。将冲洗干净的器皿（带有油迹或其他不易冲洗的污物）放入洗洁精溶剂中浸泡，然后擦洗至没有任何污物。
- 漂洗。把浸泡后的器皿用自来水漂洗，使之不带有洗洁精的味道。
- 消毒。用开水、高温蒸汽或化学消毒法（也称药物消毒法）消毒。

常用的消毒方法有高温消毒法和化学消毒法。凡有条件的地方都要采用高温消毒法，其次才考虑化学消毒法。

（2）高温消毒法

● 煮沸消毒法。是公认的简单而又可靠的消毒方法。将器皿放入水中后，将水煮沸并持续 2~5 分钟就可以达到消毒的目的。注意要将器皿全部浸没水中，消毒时间从水沸腾后开始计算，水沸腾后中间不能降温。

● 蒸汽消毒法。消毒柜上插入蒸汽管，管中的流动蒸汽是过饱和蒸汽，一般在 90℃左右。消毒时间为 10 分钟。消毒时要尽量避免消毒柜漏气。器皿之间要留有一定的空间，以利于蒸汽穿透畅通。

● 远红外线消毒法。属于热消毒，使用远红外线消毒柜，在 120~150℃高温下持续 15 分钟，基本可达到消毒的目的。

一般情况下，不提倡化学消毒法，但在没有高温消毒的条件下，可考虑采用化学消毒法。常用的药物有氯制剂（种类很多，使用时用其千分之一的溶液浸泡 3~5 分钟）和酸制剂（如过氧乙酸，使用时用 0.2%~0.5% 溶液浸泡器皿 3~5 分钟）。

2. 用具的清洗与消毒

用具指酒吧常用工具，如酒吧匙、量杯、摇酒器、电动搅拌机、水果刀等。用具通常只接触酒水，不接触客人，所以只需直接用自来水冲洗干净就行了。但要注意：酒吧匙、量杯不用时一定要浸泡在干净的水中，要经常换水。摇酒器、电动搅拌机每使用一次要清洗一次。消毒方法也采用高温消毒法和化学消毒法。

常用的洗杯机是将浸泡、漂洗、消毒 3 个程序结合起来的，使用时先将器皿用自来水洗干净，然后放入筛中推入洗杯机中就行了，但要注意经常换洗杯机内部缸体中的水。旋转式洗杯机是由一个刷子和喷嘴电动机组成的，把杯子倒扣在刷子上，一开机就有水冲洗，注意不要用力把杯子压在刷子上，只轻轻接触，否则杯子会被压破。

（五）酒吧用具的保管

1. 玻璃用品的保管

（1）搬运

玻璃器皿应轻拿轻放，整箱搬运时应注意外包装上的向上标记。在拿平底无脚杯和带把的啤酒杯准备摆台时，应该倒扣在托盘上运送。拿葡萄酒杯、高脚酒杯时，可以用手搬运，方法是将杯脚插入手指中，平底靠向掌心。但在服务过程中，所有的杯都必须用托盘搬运。

（2）测定耐温性能

餐厅对新进的玻璃器皿可进行一次耐温急变测定。测定时，可抽出几个器皿放置在 1~5℃的水中约 5 分钟，取出后用沸水冲试。若质量稍差者可放置在锅内加入凉水和少许食盐逐渐加热煮沸，提高它的耐温性，以利于使用和洗涤。

（3）检查

在摆台前要对全部器皿认真做好检查，不得有丝毫破损。

（4）清洗

使用过的酒杯先用冷水浸泡除去酒味，然后再用洗净剂洗涤，冲洗后消毒，保持器皿的透明光亮。高档酒杯以手洗为宜。

（5）保管

洗涤过的器皿要分类存放好，经常不用的器皿要用软性材料隔开，以免直接接触发生摩擦和碰撞，造成破损。要注意避免将彩绘器皿与油类、酸碱类物品放在一起，禁止与氧化物、硫化物接触。

2. 陶瓷制品的保管

（1）检查破损

在器皿上桌前，应对器皿进行检查，最简单的方法就是敲击法，将两个瓷器轻微地碰撞一下，声音清脆说明质量完好，声音沙哑说明带有暗损。

（2）及时清洗

用后的器皿要及时清洗，不得残留油污、茶锈和食物。清洗时可用温水浸泡冲洗，而不要用去污粉、洗衣粉等化学物品，因为这些物品残留在器皿上会对人体产生危害。对特别难洗的污垢，可用酒石膏、过氧化氢膏的草酸溶液去污。高档器皿应以手洗为主，以防损伤瓷器表面的光洁度及描金。洗净的器皿要经过消毒才可以使用。

（3）分类存放

应在洗涤后立即分类清点管理，对经常不用的瓷器，应用纸包好，并留一个原物在上面以便认取。保存时谨防潮湿，保管瓷器的库房要通风、干燥。虽然瓷器本身不会因潮湿而发生霉烂，但它的包装材料如稻草、纸怕潮。受潮后，稻草中的碱性物质浸到瓷器表面，会使金、银边变得灰暗无光，粉彩变色或产生裂纹，降低瓷器质量。

完成任务

一、调酒师仪容仪表训练

（一）分组练习

每 3~5 人为一小组，按调酒师素质要求整理自己的仪容仪表。仔细观察每个人的动作及效果。

（二）讨论、对比

对每个人的表现进行组内分析讨论、组间对比互评，加深对调酒师整体仪容仪表要求的理解与掌握。

（三）综合评价

教师对各小组成员进行讲评。然后要求每个人找到自己的不足和差距，并按标准严格要求自己，使自己能够胜任调酒师的工作。

二、酒吧常用器具认知

通过本节内容的学习，熟记一些酒吧常见器具，并完成下表。

图	名称	用途	清洁保养	其他

能力评价

一、分组练习

每 3~5 人为一小组，给每人分配任务，然后按要求完成酒吧调研任务并完成调研报告。调研过程中，发挥学生不同特点，培养学生团队合作能力及市场调研能力。

二、讨论、对比

对每个人的表现进行组内分析讨论、组间对比互评，学生之间互相指正、互相学习。

三、综合评价

教师对各小组的调研过程、报告、讲解进行讲评。然后把个人评价、小组评价、教师评价简要填入以下评价表中。

被考评人					
考评地点					
考评内容	酒吧调研能力				
考评标准	内容	分值 / 分	自我评价 / 分	小组评议 / 分	实际得分 / 分
	调研记录内容全面、准确性高	25			
	调查书面总结及时、认真	25			
	调查报告能体现出对酒吧共同性的认识，且具有合理性的见解	20			
	调查报告能体现出对不同酒吧的认识，且具有合理性的见解	20			
	调查过程中表现良好，穿着、仪态、礼节合乎标准	10			
合计		100			

能力拓展

1. 通过市场调查，加深了解酒吧的类型、特点。
2. 熟悉酒吧常用设备及用具。
3. 掌握调酒师的素质要求。
4. 了解并宣传酒吧文化。

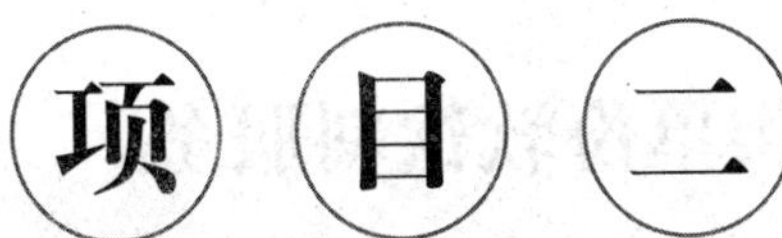

单饮类酒水调制与服务

酒水是酒吧的主要产品，调酒师要通过专业、标准的技能为客人调制出成百上千种酒水，见图 2–1，通过丰富的专业知识、规范的服务为客人提供高品质的服务，传播、发扬酒水文化。

图 2–1　单饮类酒水

【学习目标】

- 独立完成单饮类单份无酒精饮料服务。
- 独立完成单饮类整瓶酒水服务。
- 独立完成单饮类单份酒水服务。

任务1　鲜榨果汁服务——单饮类单份软饮料服务

任务描述

软饮料（Soft Drink，又称 Nonalcoholic Drink），是指不含酒精或酒精含量在 0.5% 以下的饮品，此类饮品深受女士的喜爱，调酒师要能独立完成以鲜榨果汁为代表的非酒精饮料制作与服务，并根据客人需求结合酒水特点，有针对性地进行促销。

情境引入

三位女士来到酒吧，因为一会儿要参加一个会议，所以想在这里喝一些软饮料。调酒师为她们推荐了三杯鲜榨果汁，见图 2–2，下面请看调酒师是如何为客人推荐与提供服务的……

图 2–2　鲜榨果汁饮品

任务分析

1. 要完成为客人服务单份无酒精饮料，应熟练掌握：

- 酒吧服务流程
- 榨汁机的使用
- 鲜榨果汁的服务

2. 要完成为客人推荐单份无酒精饮料，应熟练掌握：

- 无酒精饮料的概念
- 无酒精饮料的种类及特点
- 鲜榨果汁的营养价值

必备知识

完成本次工作任务，以及酒吧的各类工作任务，首先要做到熟悉酒吧的工作流程。酒吧开吧后，服务人员对进店的客人应进行专业化的接待与服务，按照标准的服务程序和要求，结合酒吧经营的实际情况，发挥应变能力，做好每处细节的工作。

一、榨汁机的使用

接受客人点单之后，按照需要完成鲜榨果汁（橙汁、西瓜汁、苹果汁）的制作，可根据酒吧的设施和质量标准选择榨汁方式。市场上常见的榨汁机有两种：一种是电动榨汁机，用电机带动刀片高速旋转以达到搅拌、粉碎、切割水果、冰块或其他食物目的。其中用途最多的是多功能榨汁搅拌机，集合了榨汁机和搅拌机的功能，启动机器以后，电机带动刀网高速旋转，在刀网高速运转所产生的离心力的作用下，把水果蔬菜等均匀削碎。另一种是手动榨汁器，采用手动的方式压榨出纯鲜果汁，操作简便，成本较高。

（一）电动榨汁机的使用方法

1. 将水果（橙汁、西瓜汁、苹果汁）或蔬菜洗净、去皮、去核、切成小块，再放到榨汁机中。

2. 接通电源，将转速调整到最小位置，打开开始键。

3. 电机转动后，调整转速，保持匀速推进、避免过快过猛的动作导致发生不必要的危险。

4. 在使用榨汁机时，位置摆放不能倾斜，选择摆放榨汁机的位置一定要平整，并且要摆放牢固不能有松动现象。

5. 榨汁完毕后，拔下电源，取出残渣，将各个零件清洗干净即可。

（二）手动榨汁器的使用方法和操作步骤

1. 将水果洗净，按加料口的大小切配好，放置在加料口。

2. 将盛放果汁的容器放置在出汁口。

3. 用力压下杠杆，挤压出汁液。

4. 操作完成后，将果汁滤入载杯备用，清洁操作工具。

二、软饮料服务操作应注重的细节

软饮料服务一般选用各类长饮杯（海波杯、果汁杯等）；加冰时，冰块的量要充足，饮料添至杯口 8 分满的位置；可加入柠檬等调料增加风味；掌握简单装饰物的制作，并合理搭配搅拌棒和吸管；服务时注意为客人附上杯垫。软饮料服务操作应注重的细节如表 2–1 所示。

表 2-1　软饮料服务操作应注重的细节

名称	载杯	饮用温度	冰块	饮用前摇匀	是否加入调料	贮存情况
碳酸饮料	水杯或果汁杯	可冰镇	可加入	否	可加入	冷藏
果汁	水杯或果汁杯	可冰镇	可加入	是	可加入	冷冻或冷藏
矿泉水	水杯或果汁杯	可冰镇	不加入	否	可加入	冷藏

三、服务程序

（一）迎接客人

客人到达酒吧时，服务员应主动热情地问候“您好”“晚上好”等礼貌性问候语。

（二）引领座位

引领客人到其喜爱的座位入座。单个客人喜欢到吧台前的吧椅就座，对两位以上的客人，服务员可按客人特点和需求安排就座并协助拉椅，遵照女士优先的原则。

（三）递酒水单

客人入座后服务员应马上递上酒水单，稍等片刻后，服务员或调酒师再询问客人喝什么酒水。

（四）点酒（接受或婉拒、推销）

服务员应向客人介绍酒水和鸡尾酒的品种，并耐心回答客人的有关提问，接受客人的点酒，如客人所点的酒水单上没有，应征询客人的意见婉拒或推销；开单后，服务员要向客人重复一遍所点酒水的名称、数目，得到确认以免出错。酒水单一式三联，填写时要写清日期、台号、酒水品种、数量、经手人及客人的特殊要求等。第一联交收银台记账，第二联由收银员盖章后交吧台取酒水，第三联由调酒师保存。坐在吧台前吧椅上的客人由调酒师负责点酒（同样也应填写点酒单）。

（五）酒水服务（饮品制作）

调酒师接到点酒单后要及时调酒或制作饮品，动作要潇洒、自然大方；操作时，应始终面对客人，去陈列柜取酒时应侧身而不要转身。严格按配方要求调制；对吧台消费的客人应进行斟酒服务，若要斟一杯以上的酒，应将酒杯整齐排列在吧台上，然后由左至右反复斟倒，使各杯的酒水浓度均匀；随时保持吧台及操作台的卫生，用过的酒瓶应及时放回原处，调酒工具应及时清洗；当吧台前的客人杯中的酒水不足 1/3 时，调酒师可建议客人再来一杯，起到推销的作用；掌握好调制各类饮品的时间，不要让客人久等。

（六）上酒

取用饮料必须使用托盘配备杯垫等服务用品，服务中始终保持微笑；取杯具时手指不碰触杯口，握在杯具 2/3 以下或杯脚部分；提供每份饮料时应同时报酒名，提供杯垫、餐巾纸或口布；所有酒水饮料应按标准斟倒；服务员应将调制好的饮品用托盘从客人的右侧送上；送酒时应先放好杯垫和免费提供的佐酒小吃，递上餐巾后再上酒，报出饮品的名称并提示客人：“您的 ××，请慢用。”

（七）客人消费期间的服务

服务员要巡视自己负责的服务区域，及时撤走桌上的空杯、空瓶（听），并按规定要求撤换烟灰缸；在送酒服务过程中，服务员应注意轻拿轻放，手指不要触及杯口，处处显示礼貌卫生习惯；适时向客人推销酒水，如发现客人饮酒已过量，不得再向其提供含酒精饮料，发现问题应及时汇报领班。

（八）结账送客

客人示意结账时，服务员应立即到收银台处取账单；取回账单后，服务员要认真核对台号、酒水的品种、数量及金额是否准确；确认无误后，服务员要将账单放在账单夹中用托盘送至客人的面前，唱收唱付，找回零钱的同时要向客人道谢，并欢迎客人下次光临。

（九）卫生清理

搞好前台、后台和服务区域的清洁卫生；将剩余的酒类、配料等妥善存放，用托盘将台面上撤下的杯具等送至工作间清洗、消毒；打开门窗通风换气，使空气对流以消除酒吧内的酒气和烟味，并清除垃圾。

拓展知识

酒吧里常用的软饮料种类包括以下几种。

一、果汁饮料（Juice）

以各种水果为原料，经过选果、清洗、榨汁、过滤、杀菌等工序，并加入适量的水、糖、香精、色素或其他添加剂，制成的浓缩或稀释的饮料。

（一）果汁饮料的功效

果汁的色泽艳丽，香气浓郁优雅，多数口味酸中带甜，能提供人体所需要的维生素，如VC、矿质元素和膳食纤维等营养成分，增加对各种疾病的抵抗力；含有不同程度的钾、钠、镁、钙、磷、铁等人体生长发育所需的矿物质和微量的蛋白质、脂肪、氨基酸等；果汁中的有机酸能够维持人体酸碱平衡，促进胃肠道消化液的分泌，具有开胃健脾，增加食欲的功效。

（二）果汁饮料的分类

1. 按成品的状态分

（1）鲜榨果汁——由新鲜水果直接榨汁，不稀释，不发酵的纯果汁，其果汁含量为100%。

（2）成品果汁——由生产厂家制作出来的各类成品状态的果汁产品。

①浓缩果汁——新鲜水果榨汁后加以浓缩，用物理分离方法从原果汁（100%）中去除一定比例的天然水分后所得的、具有该种水果原汁应有特征的制品质量上等的浓缩果汁。不加糖、色素、防腐剂、香料、乳化剂及人工甘味剂等，需冷冻保存，以防变质，可作为果汁饮料的基本原料，可加水稀释直接饮用。

②稀释果汁——用天然果汁加糖、水、柠檬酸及色素等其他原料调制而成的单一果汁或混合果汁制品，调至适宜的酸甜度，装瓶销售。其果汁含有率在6%~30%，可直接饮用，有清汁混汁之分。含两种以上原果汁的称为什锦果汁，这类果汁是市场上占大多数的果汁饮料。

③发酵果汁——在果汁中加入酵母进行发酵得到酒精含量0.5%左右的发酵液，再添加适量的柠檬酸、糖、水而调配而成的酒精含量低于0.5%的软饮料，具有鲜果的香味、略带醇香的味道。常加入碳酸气体，口感更加爽适，香味浓郁、独特。

2. 按水果原料分

橙汁（Orange Juice），苹果汁（Apple Juice），柠檬汁（Lemon Juice），草莓汁（Strawberry Juice），菠萝汁（Pineapple Juice），荔枝汁（Lychee Juice），猕猴桃汁（Kiwi Fruit Juice），葡萄汁（Grape Juice），黑加仑汁（Black Currant Juice），青柠汁（Lime Juice），杨桃汁（Carambola Juice），杨梅汁（Red Bayberry Juice），椰子汁（Coconut Juice），甘蔗汁（Sugarcane Juice），西瓜汁（Watermelon Juice），西番莲汁（Passion Fruit Juice），梨汁（Pear Juice），山楂汁（Haw Juice），杧果汁（Mango Juice），橄榄汁（Olive Juice），葡萄柚汁（Grapefruit Juice）。

二、碳酸饮料（Carbonated Beverage）

碳酸饮料是含有二氧化碳气体的饮料的总称，俗称汽水（Aerated Water），指在低温、低压的条件下充入二氧化碳气的饮料，主要成分包括：碳酸水、柠檬酸等酸性物质、白糖、香料，有些含有咖啡因、人工色素等。除糖类能给人体补充能量外，几乎不含营养素。

碳酸饮料在饮用时能起到清凉解暑的作用；并且因其气体充足产生的强烈的杀口感，在调配混合饮品时，能增强酒水与饮料的独特风味；还可与酒精产生作用，促进吸收。酒吧常用的碳酸饮料包括：

（1）不含香料的碳酸饮料，如苏打水（Soda Water）。

（2）含香料的碳酸饮料，如汤力水（Tonic Water）、干姜水（Ginger Ale）等。

（3）果味型碳酸饮料，如可乐（Coke）、芬达（Fanta）、雪碧（Sprite）、七喜（Seven Up）等。

三、矿泉水

具有一定矿化度和特殊成分的天然的或人工的净水，在20世纪70年代西方工业化发达的国家开始盛行，因工业化发达的国家，饮用水严重污染，因而矿泉水成为日常饮料，产量和消费量大大超过果汁、汽水及其他饮料。

（一）矿泉水的分类

从国内外生产状况可分为天然矿泉水和人造矿泉水两大类。

天然矿泉水——取自自然涌出地表，或通过人工钻孔的方法引出的地下水，常以产地命名，并在矿泉所在地直接包装，受产地地质结构和水文状况影响，矿物质成分的含量差别很大，生物效应不尽相同。

人造矿泉水——把普通的饮用水经过净化、矿化、除菌等过程加工而成，所含成分可以通过人为的选择来调整，并使其成分保持相对稳定，不受地区及其他自然因素的影响，是矿泉水最终的生产方向。

（二）矿泉水的特点

天然矿泉水是极少受到污染的优质水，多处于远离城市的山地，水源引自地下深层部位，经长距离各地质层的过滤，质量高于任何水源，含钠、钾、钙、镁等常量元素以及锌、铁、锰、硒等十多种微量元素。通常情况下，化学成分稳定，具有医疗保健价值，是制造各种饮料的优质水，饮料工业中的关键原料。

（三）世界知名的矿泉水品牌

1. 巴黎矿泉水（Perrier）

音译为“佩利雅”，商业上以“巴黎”二字谐音定名（很多酒水饮料均是如此），矿泉位于法国南部，公元前218年由汉尼巴尔（Hannibal）发现，1863年该矿泉被开发；英国人哈姆斯沃思（St.John Harmsworth）于1903年斥巨资购入业权，以其好友Perrier博士的名字命名。

2. 埃维昂（Evian）

译为“依云”，产自法国东南部埃维昂莱班镇（Evian-les-Bains），背后雄伟的阿尔卑斯山是依云水的源头，高山融雪和山地雨水在阿尔卑斯山脉腹地经过多年的天然过滤和冰川砂层的矿化形成了依云水。这种水是不发泡的纯净矿泉水，口感柔顺，略带甜味。

3. 维希（Vichy-Celestins）

产自法国中央高原著名旅游胜地（Vichy），Vichy城以拥有众多温泉而闻名，该区的多处矿泉，多数皆因药性重无法多喝，只有Celestins唯一可以放心饮用，且风味独特，质量优秀，年产量8000万瓶以上。

完成任务

完成混合饮料——“灰姑娘”的调制，其具体的调制过程可参考下表。

一、分组练习

每3~5人为一小组，角色扮演，情景练习。练习过程中仔细观察调酒师的推销技巧、知识掌握和调制手法。

二、讨论、对比

对每个人的表现进行组内分析讨论、组间对比互评，加深对整个对客服务步骤、方法及要求的理解与掌握。

软饮名称	榨汁工具	软饮饰品	材料
灰姑娘	手动榨汁机	DIY 软饮杯　吸管 柠檬片	橙汁 1oz 柠檬汁 1oz 菠萝汁 1oz

能力评价

教师对各小组的制作过程、成品、软饮服务进行讲评。然后把个人评价、小组评价、教师评价简要填入以下评价表中。

一、品饮记录与评价表

评价项目	内容描述	个人评价	小组评价	教师评价
色	依据与标准成品颜色接近程度分为 A优　B良　C一般			
	依据与标准成品浊度接近程度分为 A优　B良　C一般			
	依据与标准成品混合情况接近程度分为 A优　B良　C一般			
香	依据香气丰富完美程度分为 A优　B良　C一般			
	依据香气和谐精细情况分为 A优　B良　C一般			
	依据异杂气味有或无（强或弱）分为 A无　B弱　C强			
味	依据口感舒适度分为 A优　B良　C一般			
	依据口感舒适度分为 A优　B良　C一般			
	依据口感舒适度分为 A优　B良　C一般			
	依据口感舒适度分为 A优　B良　C一般			
	依据口感舒适度分为 A优　B良　C一般			
	依据口感舒适度分为 A优　B良　C一般			
	依据口感舒适度分为 A优　B良　C一般			
	依据口感舒适度分为 A优　B良　C一般			
器	依据榨汁机的使用程序与操作手法是否符合要求分为 A优　B良　C一般			
形	依据饮品形状分为 A优　B良　C一般			
	依据标准量要求分为 A优　B良　C一般			
整体评价	改进建议			

二、综合评价

内容		评价	
学习目标	评价项目和要求	小组评价	教师评价
知识	掌握软饮料的概念及种类		
	掌握单饮类单份软饮操作要求、程序		
	掌握软饮料的适宜人群和营养价值		
	掌握对客服务要求及沟通技巧、促销知识		
专业能力	具备单饮类软饮调制与服务能力		
	榨汁机的使用能力		
	辨认与选择饮杯的能力		
	自制创意软饮的能力		
	现金结账的能力		
社会能力	组织能力		
	沟通能力		
	解决问题能力		
	自我管理能力		
	创新能力		
	敬业精神		
	服务意识		
态度	爱岗敬业		
	态度认真		
整体评价		改进建议	

能力拓展

1. 巩固练习软饮料的单饮服务。
2. 根据软饮料的种类及适宜人群有针对性地进行推销。
3. 自创几款软饮料。

任务2 啤酒服务——单饮类整瓶酒水服务

任务描述

啤酒是酒吧畅销的酒品，作为调酒师要能独立完成以啤酒为代表的整瓶酒水的推销及服务，流利回答客人有关发酵酒的相关知识，并能有效进行啤酒的促销。

情境引入

酒吧来了两位客人，分别为英国和德国客人。他们各自点了一瓶自己国家产的啤酒，如图 2–3 所示，下面就看调酒师是如何提供服务的……

图 2–3　英国宝汀顿啤酒和德国柏龙啤酒

任务分析

1. 通过任务描述，我们要为两位客人提供准确、高效的啤酒服务，应熟练掌握：

- 熟悉啤酒的著名品牌、产地及特点。
- 了解啤酒饮用温度等要求及使用杯具。
- 能熟练提供啤酒服务。
- 能够进行啤酒品鉴。

2. 要完成单饮类整瓶酒水服务，应熟练掌握：

- 单饮类整瓶酒水服务所需用具。
- 单饮类整瓶酒水服务规范。

必备知识

一、著名啤酒的产地与品牌

（一）德国啤酒

德国拥有啤酒厂 1500 多家，品牌 5000 多个。其代表品牌有：贝克啤酒（Beck's）（见图 2–4）、多特蒙德啤酒（Dortmund）、海宁格啤酒（Henninger）、比尔戈啤酒（Bilger）、戴伯啤酒（Dab）、爱德尔啤酒（Eder）、耶弗尔啤酒（Jever）、卢云堡啤酒

图 2–4　德国贝克啤酒

（Lowenbrau）、慕尼黑啤酒（Munchen）。

（二）美国啤酒

美国啤酒的生产量和消费量在世界上都居于前列，有多个啤酒品牌行销世界。美国啤酒代表品牌有：蓝带啤酒（Blue Ribbon）、百威啤酒（Budweiser）、布什啤酒（Busch）、幸运啤酒（Lucky）、米勒啤酒（Miller），其中以百威啤酒（见图 2–5）的销路最好。

（三）英国和爱尔兰啤酒

从 20 世纪 60~70 年代起，下发酵啤酒就已经风靡世界，但英国和爱尔兰却保持着自己传统的生产方法，英国以生啤和淡啤为主，大部分用上发酵方法生产，因此饮用时不需冷冻。生啤用桶装，度数为 3.5~4 度，淡啤酒用瓶装。代表品牌有：健力士（Guinness Stout）、姜汁啤酒（Ginger Ale）、爱尔牌淡啤酒（Pale Ale）。其生产的啤酒如图 2–6 所示。

图 2–5 美国百威啤酒

图 2–6 英国和爱尔兰啤酒

（四）其他国家啤酒品牌

1. 丹麦啤酒

在丹麦，啤酒的生产最早起源于 15 世纪。代表品牌：嘉士伯（Carlsberg）、图波（Turbog）等。其生产的啤酒如图 2–7 所示。

2. 荷兰啤酒

荷兰啤酒也起源于 15 世纪。代表品牌：阿姆斯台尔（Amstel）、喜力（Heineken），见图 2–8。其中喜力啤酒产量居世界第四位，占本国啤酒年产量的 60%。

图 2–7 丹麦啤酒

图 2–8 荷兰啤酒

3. 比利时啤酒

比利时在1890年开始生产底部发酵啤酒。代表品牌：亚多瓦（Amstel）、皮爱伯夫（Piedboenf）等。

4. 中国啤酒

中国啤酒的代表品牌是青岛啤酒。该酒采用大麦为原料，用自制酒花调香，并取崂山矿泉水两次糖化，低温发酵而成，度数为3.5oP左右。

图2–9 新加坡啤酒

5. 新加坡啤酒

新加坡啤酒的代表品牌有：虎牌（Tiger）（见图2–9）、锚牌（Anchor）。虎牌啤酒闻名于世，它由新加坡和荷兰喜力公司合资经营，在马来西亚设有分厂。

6. 西班牙啤酒

西班牙啤酒的代表品牌是生力（Sanmiguel）。该酒原产于西班牙，后转菲律宾生产，由于菲律宾经常发生动乱，最后转至中国香港生产。

其他国家常见品牌见表2–2。

表2–2 其他国家常见啤酒品牌

澳大利亚	富仕达（Foster's Lager）
捷克	皮尔森（Pilsner）
法国	香比祖尔（Champigneulles）、克罗能堡（Kronenbourg）
意大利	德莱赫（Dreher）、弗斯特（Forst）
奥地利	哥瑟啤酒（Gosser Bier）、莫劳厄啤酒（Marauer Bier）
瑞士	红衣主教（Cardinal）、菲尔斯罗森（Feldschlosschen）
瑞典	斯凯尔（Skal）、三王冠（Three Crown）
墨西哥	科罗娜（Corona）
加拿大	摩尔森.加拿大人（Molson Canadian）
新西兰	世好啤酒（Stein Lager）
日本	朝日（Asahi）、麒麟（Kirin）、札幌（Sapporo）、三得利（Suntory）

二、以啤酒为代表的整瓶酒水服务

（一）用具准备

整瓶酒水服务时所用的用具有开瓶器、酒杯、杯垫，如图2–10所示。

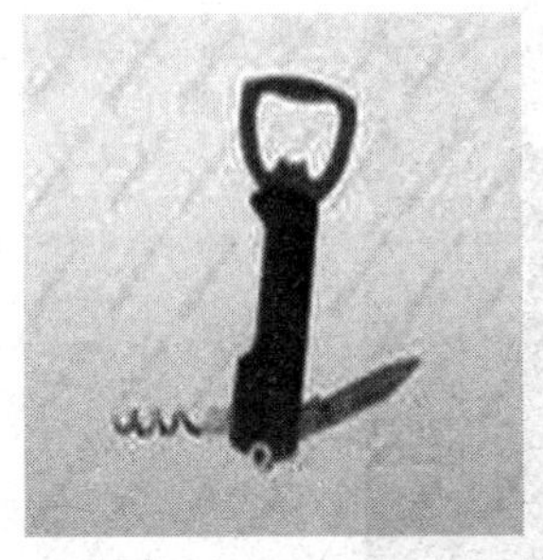

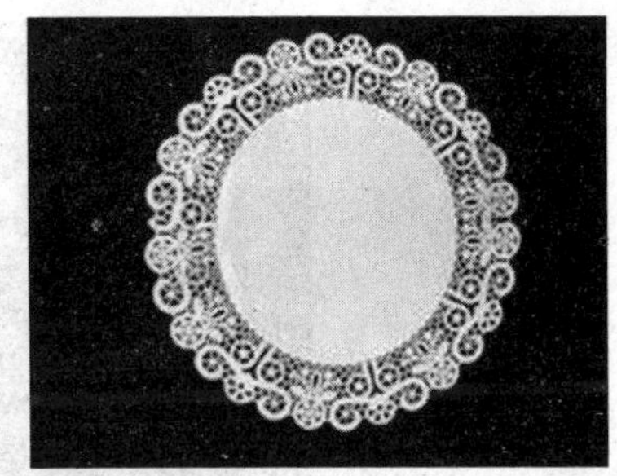

图 2-10　整瓶酒水服务时所用用具

（二）服务过程

在酒水服务中，整瓶供应的酒水与单份供应的酒水在服务方法上是不同的。一般按杯买的酒水是在吧台上为客人斟倒入酒杯中，而整瓶供应的酒水多是把整瓶酒上到客人的酒吧桌上，然后开瓶并向客人提供斟酒服务的。整瓶酒水的服务过程如下：

1. 服务前的准备工作

客人点了酒水之后，要立即为客人准备酒水，包括从酒架或贮存柜中取出客人所点品牌的酒水。同时，应注意以下几方面内容。

（1）由于啤酒有丰富的泡沫，所以在服务中要注意轻取缓放。

（2）注意啤酒的最佳饮用温度。啤酒要冰镇后饮用，最佳饮用温度为 8~10℃。温度过低，啤酒会平淡无味，泡沫少甚至消失，而且会破坏啤酒的营养成分；温度过高，啤酒苦味会增强，产生过多的泡沫，尤其是鲜啤酒，而且会失去其特有的风味。

【小知识】

熟啤酒

啤酒的最佳饮用温度是 8~10℃，这个温度下的酒液中含有的二氧化碳最为活跃，口感最好，温度过低则酒会变得淡而无味，泡沫不丰富，过高则会使酒变苦。

扎　啤

扎啤服务前通常在 3~5℃贮存，正常的饮用温度是 4~7℃，温度过高会产生过多的泡沫，苦味会加重，温度过低会平淡无味，并失去泡沫。

（3）注意酒杯的选用。饮用啤酒应该用符合规格要求的啤酒杯。常用的啤酒杯有皮尔森杯、直身杯、带柄的扎啤杯，啤酒一般对酒杯的形状要求不高，但杯具容量不宜过小。不同品牌啤酒有相应专用酒杯（见图 2-11）杯具须保持清洁无油污，因为油脂能销蚀啤酒的泡沫、口感和味道。服务时，切勿用手指触及杯沿及内壁。

图 2-11　知名品牌啤酒的专用酒杯

2. 展示酒水和开启酒瓶

整瓶供应的酒水要先向客人展示，目的是让客人对酒水进行确认，避免酒水品牌和容量等方面出现差错。展示之后就可以为客人开启酒瓶了。

由于啤酒含有丰富的泡沫，压力很大，所以开启时要注意保持瓶身平稳，不要剧烈摇动酒瓶，剧烈晃动会使二氧化碳活动异常，增加压力，开启时二氧化碳气体会连酒液一起喷出。瓶口不能对着客人，以免酒液溅洒到客人身上。要用干净的口布擦拭瓶身及瓶口。

3. 斟酒服务

注意斟酒顺序及位置。斟酒时，应使泡沫缓慢上升，以免泡沫太多；如果泡沫过多，可分两次斟倒，或者将杯子稍倾，缓缓斟倒。倒至杯满，杯子上部带一层泡沫，略高出杯沿 1 厘米左右。控制好每杯扎啤的泡沫高度，扎啤中泡沫过少，客人会认为扎啤不新鲜，或是扎啤本身的质量太差，泡沫过多则会觉得是为了节省成本，标准的泡沫高度应在 2~3 厘米。

4. 侍酒服务

客人在饮酒过程中，需要有一些侍酒服务，如撤换烟灰缸、促销酒水等。注意不要向尚有喝剩啤酒的杯内倒入新开瓶的啤酒，这样会破坏新啤酒的味道，最好的办法是等客人喝完后再倒。

5. 结账送客

（1）结账

当客人提出结账时，要迅速打出对账单。结账要快速准确，2~3 分钟内完成。

（2）打印账单

把对账单放入账单夹中，用小圆托盘托送给客人。唱单时，要小声清楚地报出客人的账单金额。

（3）收款找零

● 等待客人确认后，做好收银工作，并向客人诚恳致谢。

● 所找零钱要用账单夹托送给客人。

● 收取现金后，当客人面快速清点，并向客人唱出金额。

● 注意预防假钞。

（4）送别客人

● 客人起身时拉椅协助，提醒客人带好随身物品。

● 真诚欢迎再次光临。

6. 结束工作

（1）调酒师结束工作

调酒师结束工作在酒水出品以后开始进行，主要是放回酒水、清洗工具、清理并清洁操作台等。清洗工具和酒水复位时，要轻拿轻放，避免易碎物品的损坏。

（2）服务员结束工作

酒水服务员结束工作主要是收台、重新布置酒吧台面。应使用托盘收取物品。

【小知识】

啤酒的贮存

贮存中的啤酒不宜经受大幅度的温度变化，一般升降幅度不应超过 10℃，否则容易引起酵母的异常活动而产生异味。啤酒必须避免阳光直接照射，哪怕是轻微的照射，也会使酒花中的某些物质产生光合作用而产生一种“臭”味。

金属盖封瓶的啤酒应该直立存放，否则啤酒与瓶盖长期接触会使啤酒产生金属味；软木塞封装的啤酒必须倒放，保持瓶塞与酒液的接触并防止木塞干燥。

拓展知识

啤酒是以大麦麦芽为原料，辅以啤酒花，经酵母发酵而酿造的含二氧化碳、起泡、低酒精度的饮料酒。因其酒精含量很低，在西方一些国家，人们干脆直接把它作为一种饮料。啤酒的名称是由外文的谐音译过来的，如德国、荷兰称“Bier”，英国称“Beer”，法国称“Biere”，意大利称“Birre”，罗马尼亚称“Berea”等。这些外文都含有“B”，又由于具有一定的酒精，因而翻译成“啤酒”。

一、啤酒的起源与发展

国外学者认为啤酒的酿造，始于公元前 8000 至公元前 6000 年的某个时期，因为根据考古发现，古巴比伦国王有将啤酒作为献祭品的记载。很长一段时间内，啤酒都是在家庭作坊内手工酿制的，生产技术和酿造设备都很落后，生产的酒精都是浑浊的，制成的酒无法久藏。直到 8 世纪，德国人首创加入啤酒花来酿制啤酒，酒花给啤酒带来了清爽的苦味和芬芳的香味，并使得酒液变得澄清，这对世界啤酒酿造业是一个巨大的贡献。到了 16 世纪的时候，亚历山大 · 诺威（Alexander Nowell）博士第一个把啤酒装入玻璃瓶中，并用软木塞封口，被誉为“瓶装啤酒之父”。1860 年，法国科学家路易斯 · 巴斯德（Louis Pasteur）研究出了“巴士灭菌法”，解决了酒液变质的问题，使啤酒的保质期得以延长。新技术的不断应用，使啤酒的工业化、科学化生产成为现实，经过漫长的历史积淀，啤酒拥有了现在的美味口感，在世界范围内销量巨大。

目前，啤酒是世界产量最多、分布最广的酒精饮料，有 150 多个国家和地区生产，世界啤酒年生产量已超过一亿吨。经粗算，世界上生产优级啤酒的品牌已达到 1 万种。主要生产地区为西欧和北美，其中啤酒产量最大的国家是德国，中国其次，而世界上啤酒产量最大的企业来自于美国的百威。

二、啤酒的生产工艺

（一）生产原料

1. 大麦

大麦是啤酒的主要原料之一。在选麦的过程中，要求大麦颗粒肥大，淀粉丰富，发芽力强，通常是选用二棱或六棱的大麦，且淀粉含量要在 60% 以上。

2. 啤酒花

啤酒花又称蛇麻草，被誉为啤酒的灵魂，因为啤酒中的香味和口味均来自啤酒花。啤酒花本身含有丰富的苦味质、单宁以及酒花油，其中，苦味质含量占到 4% 左右，形成酒液中清爽的淡苦味，它还可以防止啤酒中腐败菌的繁殖，杀死啤酒发酵中产生的乳酸菌和醋酸菌以及增加啤酒泡沫的持久性。单宁含量占啤酒花的 13%，它使麦汁中的蛋白质沉淀，起到净化的作用。酒花油是芳香油的混合物，在啤酒花中的含量只有 0.3%~1%。

3. 酵母

酵母种类很多，啤酒发酵需要专用的啤酒酵母，啤酒酵母是一种单细胞细菌，它的作用是把麦芽糖转化成酒精、二氧化碳和其他副产品。它分为上发酵酵母和下发酵酵母（底部发酵酵母）两种。上发酵酵母应用于上发酵啤酒的发酵，发酵时产生的二氧化碳和泡沫将酵母漂浮于液面，最适宜的发酵温度为 10~25℃，发酵期为 5~7 天。下发酵酵母应用于下发酵啤酒的发酵，发酵时悬浮于发酵液中，发酵终结后凝聚沉于底部，发酵温度为 5~10℃，发酵期为 6~12 天。这两种酵母没有优劣之分，被发酵的啤酒在口味、酒体和酒香上各有千秋。

4. 水

酿造师通常将水称为“酿造水”，水占到成品的 90%~95%，影响着啤酒的口味和酿造过程。因此，啤酒酿造用水相对于其他酒类酿造要求要高得多。水中六大主要的盐对啤酒的质量有不同的作用：碳酸氢盐的高低会影响麦芽汁的酸性；钠盐是赋予啤酒浓郁、厚泽的物质；氯化物能使麦芽挥发出甜度，提高口感和柔和度；硫酸盐影响着酒花的滋味；钙盐可以在啤酒酿造的沸腾阶段引起蛋白质沉淀；镁盐对啤酒酵母起着滋养作用。

（二）啤酒的生产过程

1. 选麦及发芽

按照一定的标准选择优质的大麦，并按颗粒大小分类清洗。然后将大麦浸泡 3 天，送发芽室发芽，经过严格的温度控制和湿度控制，便可生长出麦芽。到麦芽产生的淀粉酶达到要求的量，大约需要 1 周的时间。

2. 制浆

将麦芽风干之后碾碎，加入热水混合搅拌，制成酿酒师们所说的“麦芽浆”。

3. 煮浆

将麦芽浆经过滤设备过滤后流入酿造罐。然后在酿造罐中煮沸麦芽汁并添加啤酒花，通常要煮 1.5~3 小时。

4. 冷却及发酵

煮浆完成后，过滤掉啤酒花的沉淀物，用离心法分离掉沉淀的蛋白质，将麦芽浆冷却至发酵温度 5℃，输送到初级发酵罐中，加入一定量新酵母，进行初步发酵，这个过程一般要持续 5~10 天。经过发酵后的浆液中，大部分的糖和酒精被二氧化碳分解，得到生涩的啤酒。

5. 成熟

将生涩的啤酒送到调节罐中低温（0℃以下）陈酿两个月，啤酒会慢慢成熟，二氧化碳逐渐溶解成调和的味道和芳香，渣滓沉淀，酒液颜色开始变得透明起来。

6. 过滤

成熟的啤酒经离心器去除杂质，酒色完全透明成琥珀色，这就是生啤酒。

7. 杀菌

对酒液进行低温杀菌（即“巴氏消毒”），就是用 60~65℃的热水对啤酒容器进行浸泡或喷淋 20~60 分钟，使酵母停止作用，酒液便能耐久贮藏。

8. 包装销售

装瓶或装桶后的啤酒经过检查，就可以贴上标签包装销售了。

三、啤酒的分类

（一）按生产工艺分类

1. 生啤酒

生啤酒即人们称的鲜啤酒，指不经过低温灭菌直接进入销售渠道的啤酒。这种啤酒味道鲜美，但容易变质，保质期 7 天左右，因此这类啤酒一般在当地销售。因生啤酒中仍有酵母菌生存，所以口味淡雅清爽，酒花香味浓，更利于开胃健脾。扎啤是这种啤酒的俗称，即高级桶装鲜啤酒。扎啤在生产线上采取全封闭式罐装，在售酒器售酒时充入二氧化碳，保证了二氧化碳的含量及最佳制冷效果。这种啤酒的出现被认为是啤酒消费史上的一次革命。

2. 熟啤酒

熟啤酒是指经过巴氏灭菌的啤酒，保存时间较长，可用于外地销售。对于保质期，我国规定普通 11°P、12°P 熟啤酒为 60 天，省优级以上的为 120 天。

（二）按颜色分类

1. 淡色啤酒（Pale Beers）

淡色啤酒为啤酒产量最大的一种。淡色啤酒又分为淡黄色啤酒、金黄色啤酒。淡黄色啤酒口味淡爽，酒花香味突出。金黄色啤酒口味清爽而醇和，酒花香味也突出。

2. 浓色啤酒（Brown Beers）

色泽呈红棕色或红褐色。浓色啤酒麦芽香味突出、口味醇厚、酒花苦味较轻。

3. 黑色啤酒（Dark Beers）

色泽呈深红褐色乃至黑褐色，产量较低。黑色啤酒麦芽香味突出、口味浓醇、泡沫细腻，苦味根据产品类型而有较大差异。

【小知识】

啤酒的度数

很多人将 12 度的啤酒误认为含有 12% 的酒精浓度，其实啤酒的度数和白酒度数的含义是两码事。白酒的度数是其酒精含量，而啤酒的度数实际上指的是麦汁浓度，即 12 度的啤酒是用含糖量为 12 度的麦芽汁酿造成的啤酒。成品啤酒的含糖量在 1.5%~2.5%。而啤酒的酒精含量多数在 3.5%~4%。德国啤酒中酒精浓度则较高，在 5%~9%，而且苦味比较重。

【小知识】

干啤酒、低醇啤酒、无醇啤酒

干啤酒：酒中所含糖的浓度不同，普通的啤酒还会有一定的糖分残留，干啤酒使用特殊的酵母使剩余的糖继续发酵，把糖降到一定的浓度之下，适合怕发胖和有糖尿病的人饮用。

低醇啤酒：低醇啤酒适合从事特殊工作的人饮用，低醇啤酒属低度啤酒，含有多种微量元素，具有很高的营养成分。

无醇啤酒：低度啤酒，糖化麦芽汁的浓度和酒精度比低醇啤酒还要低，同低醇啤酒一样营养丰富。

（三）按发酵形式分类

1. 上发酵啤酒

在发酵过程中，采用上发酵酵母，因发酵过程中掺进了烧焦的麦芽，所以，产出的啤酒色泽较深，酒精含量也相对较高（4.5% 左右）。国际上采用此法生产的啤酒越来越少。其主要产地是英国及爱尔兰，其次是比利时、加拿大等国。上发酵方法有啤酒成熟快、生产周期短、设备周转快、酒品具有独特风格等优点，缺点是产品保存期短。国际著名的上发酵啤酒有以下几种类型：

（1）爱尔啤酒（Ale）

爱尔啤酒是英式上发酵啤酒的总称，其苦味相当突出。爱尔啤酒有浓色和淡色之分。浓色的爱尔啤酒颜色深黑，麦芽香浓，酒精含量 4%~5%，口感较甜润醇厚；淡色的爱尔啤酒颜色浅黄，苦味重，富有酒花香，酒精含量稍高（5%~6%）。英国浓色爱尔啤酒颜色浅黄是英国最畅销的爱尔啤酒，其色泽呈琥珀色，麦芽香味浓，口感甜而醇厚，爽口微酸。

（2）波特黑啤酒（Porter）

因“码头工人”喜欢喝这种啤酒，因此得名，口感非常顺滑，使用焙烤麦芽酿造，焦糖甜味和苦味平衡得非常好，带有少许巧克力的味道，泡沫浓稠，酒质浓厚，酒精含量 4.5%，酒液黑褐色。

（3）世涛啤酒（Stout）

经爱尔兰改良过的波特啤酒，色泽深厚，有烘烤的焦香，还带有巧克力的甜味，咖啡般的回甘，口感也偏干爽浓郁，泡沫好，原麦汁浓度为 12%，高档产品为 20%，酒精度为 3.9%~5.3%。

2. 下发酵啤酒

下发酵啤酒在发酵过程中采用下发酵酵母。下发酵啤酒酒液澄清度好，呈金黄色，泡沫细腻，口味较重，有啤酒花香味，保存期较长，酒精含量在 4%。世界上大多数啤酒生产国采用此法生产，主要产地有日本、美国、德国，我国的啤酒均为下发酵啤酒。著名的下发酵啤酒有以下几种类型：

所有下发酵啤酒都可称为拉戈啤酒。“Lager”一词原意为陈酿，因为拉戈啤酒需贮存在冷冻酒窖中，以便缓慢老熟和澄清。优质拉戈啤酒需在 0~2℃窖藏贮存 1~3 个月的时间，才能达到完全成熟。

（1）淡色拉格（Light Lager）

最常见的啤酒，味道很淡，有轻微的麦芽香，价格便宜，有的酒厂为了节约成本加了大米或者玉米等原料，使酒的品质下降，代表：德国多特蒙德啤酒（Dortmund beer）。

（2）比尔森啤酒（Pilsener 或 Pilsner）

原产于捷克斯洛伐克的比尔森镇，色泽浅，泡沫丰富，酒花香味浓，全麦酿造，麦香浓，口味干爽，原麦汁浓度为 11%~12%，酒精含量为 3.5%~4%。

（3）深色拉格（Dark Lager）

这是一种下发酵的浓色啤酒，色泽较深，有浓郁的麦芽焦香味，味道强劲，口味浓醇，麦芽味和苦味突出，原麦汁浓度为 12%，出口产品麦汁浓度为 16%~18%，酒精含量为 4.3%，代表：慕尼黑啤酒（Munich 或 Munchner dark beer）。

（4）欧洲棕色拉格（European Amber Lager）

诞生于维也纳，因为用了红棕色的维也纳麦芽作为原料，酒液红棕色，由慕尼黑的酿酒师改进制作出 Oktoberfest 也叫三月啤酒（Märzen），三月酿造的啤酒经过熟成到十月才可以饮用，杂味很少，风味更浓。

（5）波克啤酒（Bock）

高浓度麦汁酿造，浓度为 16°P，使用焦香麦芽和黑麦芽酿造，迈博克（Maybock）啤酒使用浅色麦芽，因为原麦汁浓度高，颜色略深；双博克（Double bock）啤酒的原麦汁浓度可为 18°P 或更高。

3. 比利时自然发酵啤酒（Lambic）

比利时最知名的一种啤酒制作工艺——酿造后，把啤酒放在通风的室内，用空气中微乎其微的天然酵母来发酵，因此对于环境要求极高，Lambic 酒厂经常几十年甚至几百年都不敢打扫，挂满蛛网。

4. 精酿啤酒（IPA）

全称是 India Pale Ale，译为“印度淡色艾尔啤酒”，此种酒的产地不是印度，而是英国，当时英国、印度之间交通非常不便利，苏伊士运河还没开通，只能从南非好望角绕道，经过长途跋涉和两次赤道升温，普通啤酒容易变质，于是有的酒厂利用啤酒花的防腐作用，在啤酒中投入大量的啤酒花，使酿造出来的啤酒不易变质。

极大的啤酒花用量，是 IPA 极香和极苦的关键。因为啤酒花的缘故，香气非常浓郁，但不刺鼻，喝起来很苦，带点草药的味道，口感很清爽，用小麦酿造的 IPA，高蛋白会让啤酒多一点香蕉等果味，颜色也会更白一下；黑麦则会带有点烘焙味道，颜色也会更深，如图 2-12 所示。

图 2-12　知名 IPA 精酿啤酒

现今，美国人把 IPA 啤酒发扬光大，很多酒厂有自己的独特产品，并且每年举办各种啤酒大赛，IPA 啤酒的独特风格深受资深啤酒爱好者的喜爱，因其制作成本较高，价格相对于清淡的工业啤酒要贵上很多，但是从口感味道的角度还是很值的。

四、啤酒品质的鉴别

（一）一看

首先是看酒体的色泽，优质生啤的外观色泽应呈淡黄绿色或淡黄色，普通浅色啤酒应该是淡黄色或金黄色，黑啤酒为红棕色或淡褐色。

其次是看酒的透明度，可迎光检查，酒液应清亮透明，无悬浮物或沉淀物。

最后看泡沫，啤酒注入无油腻的玻璃杯中时，二氧化碳气泡升起，泡沫应迅速出现，泡沫高度应占杯子 1/3，洁白细腻且持久，三落后杯壁仍然留有泡沫痕迹（即常说的“挂杯”）。优质啤酒的泡沫持久性应在 3 分钟以上。当啤酒温度在 8~15℃时，泡沫应在 5 分钟内不消失。

（二）二闻

闻啤酒的香气，将啤酒倒入杯中之后，在酒杯上方，用鼻子轻轻吸气，应有明显的酒花香气，味道新鲜，而无老化气味及生酒花气味；黑啤酒还应有焦麦芽的香气。

（三）三尝

品尝啤酒的味道。入口后口味纯正，没有酵母味或氧化味、酸味、涩味、铁腥味、焦糖味等怪味、杂味；口感清爽醇厚，苦味消失迅速，无明显涩味，有二氧化碳的刺激，杀口感强。

知识链接

一、发酵酒

（一）发酵酒的概念

发酵酒又称酿造酒，是以水果或谷物为原料，在酵母的作用下，将含淀粉和糖质原料的物质进行发酵，产生酒精成分而形成酒。其生产过程包括糖化、发酵、过滤、杀菌等。发酵酒酒精含量较低，常见的发酵酒有啤酒、葡萄酒、米酒、清酒等。

（二）发酵酒的分类

根据制酒原料不同，主要分为水果发酵酒和谷物发酵酒。

1. 葡萄酒

（1）原汁葡萄酒（Natural Wine）

（2）气泡葡萄酒（Sparking Wine）

（3）强化葡萄酒（Fortified Wine）

（4）加香葡萄酒（Aromatized Wine）

2. 谷物发酵酒

（1）啤酒（Beer）

（2）黄酒（Chinese Rice Wine）

（3）清酒（Sake）

二、葡萄酒（Wine）

（一）葡萄酒概述

葡萄酒是用新鲜葡萄的果汁，经过发酵酿制而成，它的基本成分有单宁、酒精、糖分、酒酸等。单宁含量决定葡萄酒是否经久耐藏，单宁高的耐久存，单宁低要尽快喝掉。

葡萄酒的酒精度介于7~16.2度，酒精度一旦超过了16.2度，酵母就停止活动了，度数最高的葡萄酒产自法国南罗讷河谷地区。葡萄种植的纬度限制为北纬30°~52°，南纬15°~42°，中国的山东省与法国波尔多酒区纬度一致。

（二）葡萄酒的特点

法国人有句谚语："人是要喝葡萄酒的，只有鸭子才喝水。"葡萄酒含有多种营养成分：氨基酸、蛋白质、维生素C、维生素 B_1、维生素 B_2、维生素 B_{12} 等，这些营养成分得益于葡萄的天然成分和酿造过程中产生的成分，可以降低胆固醇，预防动脉硬化和心血管病；可以帮助消化并促进新陈代谢，吃饭时饮用葡萄酒可以提高胃酸含量，促进人体对食物中钙、镁、锌等矿物质的吸收；葡萄酒含酚，具有抗氧化剂的作用，防治退化性疾病，如老化、白内障、免疫障碍和某些癌症；有明显的利尿作用并补充人体热量。葡萄酒的热值与牛奶相当，适度饮用，有益健康，以每天饮用3杯为宜。

（三）葡萄酒的等级

1. 法国葡萄酒

法国葡萄酒的等级可概括为四个级别，如图2–13所示。

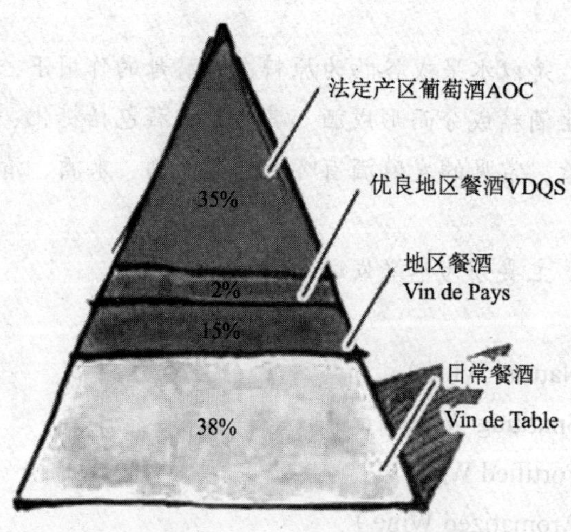

图2–13 法国葡萄酒的分级

（1）法定产区葡萄酒，级别简称AOC，是法国葡萄酒最高级别。AOC在法文意思为“原产地控制命名”，原产地地区的葡萄品种、种植数量、酿造过程、酒精含量等都要得到专家认证，只能用原产地种植的葡萄酿制，绝对不可和别地葡萄汁勾兑。AOC级别的葡萄酒产量大约占法国葡萄酒总产量的35%。酒瓶标签标示为Appellation+产区名（Origine）+Controlee。

（2）优良地区餐酒，级别简称VDQS，是普通地区餐酒向AOC级别过渡所必须经历的级别。如果在VDQS级别期间酒质表现良好，则会升级为AOC，产量只占法国葡萄酒总产量的2%。酒瓶标签标示为：Vin Delimites Qualite Superieure。

（3）地区餐酒，Vin de Pays（英文意思Wine of Country），由日常餐酒中最好的酒升级而来。地区餐酒的标签上可以标明产区。可以用标明产区内的葡萄汁勾兑，但仅限于该产区内的葡萄，产量约占法国葡萄酒总产量的15%，酒瓶标签标示为Vin de Pays +产区名，法国绝大部分的地区餐酒产自南部地中海沿岸。

（4）日常餐酒，Vin de Table（英文意思Wine of the Table），是最低档的葡萄酒。作日常饮用，可以由不同地区的葡萄汁勾兑而成，如果葡萄汁限于法国各产区，可称法国日常餐酒，不得用欧盟外国家的葡萄汁，产量约占法国葡萄酒总产量的38%。酒瓶标签标示为Vin de Table。

2. 其他国家的葡萄酒

（1）德国葡萄酒（Wein）

在德国最古老的葡萄种植区的葡萄享誉全球，关键在于阳光和土地的共同作用：大角度倾斜的太阳光线温暖了土地表层，板岩土质又很好地贮存了这些热量，这样有利于葡萄的健康生长。葡萄开花比其他地区早，使得葡萄有了一个较长的成熟期，提高了葡萄的品质，主要生产清淡型、酒精度较低的白葡萄酒，采用雷司令（Riesling）、西万尼（Sylvaner）、米勒杜尔高（Muller–Thurgau）三种优质葡萄为原料。德国葡萄酒的分级：国家名酒QmP（Qualitatswein mit Pradikat）、国家优质酒QbA（Qualitatswein bestimmte Anbaugebiete）、地方名酒Landwein、普通佐餐葡萄酒Deutscher Tafelwein。

（2）意大利葡萄酒（Vino）

意大利葡萄酒的产量排名世界第一，拥有近3000年酿酒历史，是全世界最早的酿酒国家之一，由于产量大、产区面积广阔，因此品质管制不臻完善，直到政府着手有关法规修订，严格要求酒厂遵守DOC规定，意大利酒总算在品质上有了大幅提升。然而意大利葡萄酒的分级制度仅供参考，因为有很多酒庄认为一些规定太死板而不遵守，有时一些意大利顶级葡萄酒竟然只标VDT或IGT也不足为奇。意大利的葡萄酒分级：原产地管制保证法D.O.C.G（Denominazione di Orgine Controllata Garantita）、原产地管制法D.O.C（Denominazione di Orgine Controllata）、普通佐餐葡萄酒V.D.T（Vino da Tavota）。

（3）西班牙葡萄酒（Vino）

西班牙拥有世界上面积最多的葡萄种植园，但严酷的生长环境和比较粗放式的种植，使总产量少于意大利和法国，位居第三，西班牙拥有600种以上的葡萄品种，以白色品种占多数。近年来西班牙在酿酒技术方面已有长足的进步，受到国际的肯定。西班牙葡萄酒的分级：国家名酒D.O.C（Denominacion de Origen Calificada）、国家优质酒D.O（Denominacion de Origen）、普通佐餐葡萄酒V.D.M（Vino de Mesa）。

（四）葡萄酒的分类

1. 按含糖量分

（1）根据葡萄酒的含糖量，可分为四种。包括：干型（Dry）含糖量在4g/L以下，不甜；半干型（Medium Dry）含糖量4~12g/L，微甜；半甜型（Medium Sweet）含糖量12~45g/L，较甜；甜型（Sweet）含糖量在45g/L以上，甜。

（2）香槟及气泡葡萄酒的5级甜度划分，包括：原型（Burt Nature）含糖量0%~0.5%，酸；特干（Extra-Sec）含糖量1%~2%，偏酸；干型（Sec）含糖量2%~4%，微酸；半干（Demi-Sec）含糖量4%~6%，较甜；甜型（Doux Rich）含糖量8%~10%，甜。

2. 按原料和酿造方法分

（1）红葡萄酒（Red Wine）。用红色或紫色葡萄为原料，经破碎后，果皮、果肉与果汁混在一起进行发酵，使果皮或果肉中的色素被浸出，然后再将发酵的原酒与皮渣分离，多为红宝石色，酒体丰满醇厚，略带涩，适合与口味浓重的菜肴配合。

（2）白葡萄酒（White Wine）。将葡萄原汁与皮渣进行分离后单独发酵制成的葡萄酒，酒的颜色从深金黄色至近无色不等，外观澄清透明，果香芬芳、优雅细腻，滋味微酸、爽口，适合与鱼虾、海鲜及各种禽肉配合。

（3）桃红葡萄酒（Rose Wine）。这种葡萄酒的酿造方法基本上等同红葡萄酒，但皮渣浸泡的时间较短或原料的呈色程度较浅，其发酵汁与皮渣分离后的发酵过程与白葡萄酒相似，颜色呈淡淡的玫瑰红色或粉红色。既有白葡萄酒的芳香清新，也有红葡萄酒的和谐丰满，可以在宴席间自始至终与各种菜肴配合。

（4）香槟酒（Champagne）。香槟酒是法定的产区葡萄酒，其葡萄原料的生产、葡萄酒的酿造、陈酿以及销售，都受到严格的管制，简单地讲，香槟酒是在法国香槟酒区内的法定区域内生产的采用二次发酵工艺酿制的起泡葡萄酒。

（5）起泡葡萄酒（Sparkling Wine）

法国香槟产区以外任何产区生产的葡萄汽酒都叫起泡葡萄酒，多采取人工方法加入二氧化碳气体，做法简单，售价便宜。

（五）葡萄酒的饮用技巧

1. 葡萄酒饮用时的最佳温度

（1）红葡萄酒——室温，18℃左右，一般的红葡萄酒，应该在饮用前1~2小时先开瓶，让酒呼吸一下，名为“醒酒”。

（2）白葡萄酒——10~12℃，对于酒龄高于5年的白葡萄酒可以再低1~2 ℃，因此，喝白葡萄酒前应该先把酒冰镇一下，一般要在冰箱中冰 2 小时左右。

（3）香槟酒（气泡葡萄酒）——6~8℃，喝香槟酒前应该先冰镇一下，一般至少冰 3 小时，因为香槟的酒瓶比普通酒瓶要厚。

2. 葡萄酒与酒杯的搭配

（1）红葡萄酒：郁金香型高脚杯，分波尔多型与勃艮第型。类似郁金香的花朵形状，杯身容量大则葡萄酒可以自由呼吸，杯口略收窄则酒液晃动时不会溅出来且香味可以集中到杯口；高脚设计，持杯时，可以用拇指、食指和中指捏住杯茎，手不会碰到杯身，避免手的温度影响葡萄酒的最佳饮用温度。

（2）白葡萄酒：小号的郁金香型高脚杯，白葡萄酒饮用时温度要低，一旦从冷藏的酒瓶中倒入酒杯，其温度会迅速上升，为了保持低温，每次倒入杯中的酒要少，斟酒次数要多。

（3）香槟（气泡葡萄酒）：杯身纤长的直身杯或敞口杯，可以使酒中金黄色的美丽气泡上升过程更长，从杯体下部升腾至杯顶的线条更长，方便让人欣赏和遐想。

3. 开瓶的工具及过程

葡萄酒是西方人常用的佐餐饮料，所以一般都是先点菜，再根据菜的需要点酒。按照通常的惯例，在开瓶前，应先让客人阅读酒标，确认该酒在种类、年份等方面与所点的是否一致，再看瓶盖封口处有无漏酒痕迹，酒标是否干净，然后开瓶。

开瓶取出软木塞，让客人看看软木塞是否潮湿，若潮湿则证明该瓶酒采用了较为合理的保存方式，否则，很可能会因保存不当而变质；客人还可以闻软木塞有无异味，或进行试喝，如图 2-14 所示，以进一步确认酒的品质。在确定无误后，才可以正式斟酒。

图 2-14　葡萄酒的品鉴　看酒—闻酒—品酒

请人斟酒时，客人将酒杯置于桌面即可，如果不想再续酒，只需用手轻摇杯沿或掩杯即可，需要注意的是，喝酒前应用餐巾抹去嘴角上油渍，以免有碍观瞻，且影响对酒香味的感觉。西方各国的宴会敬酒一般选择在主菜吃完、甜品未上之间。

敬酒时将杯子高举齐眼，并注视对方，且最少要喝一口酒，以示敬意。在上酒的品种上，应按先轻后重、先干后甜、先白后红顺序安排；在品质上，则一般遵循越饮越高档的规律，先上普通酒，最高级酒在餐末敬上；需要注意的是，在更换酒的品种时，一定要换用另一杯具，否则会被认为是服务的严重缺陷。

4. 贮藏

贮藏葡萄酒时应注意：要求合适的温度，理论温度12℃左右，实际上7~18℃都可以，要求避光，因为紫外线会使酒早熟；避免振动，水平放置，保持软木塞湿润，防止空气进入使葡萄酒氧化；避免过于潮湿，以防细菌滋生。

葡萄酒开瓶之后的保存：开过的酒应将软木塞（最好带空气抽离设计）塞回，把酒瓶放进冰箱，直立摆放。通常，白葡萄酒开过后可以在冰箱中保存1星期；红葡萄酒开过后可以在冰箱中保存2~3星期。

完成任务

一、熟记啤酒著名品牌

通过本节内容的学习，应熟记一些啤酒著名品牌，并完成下表。

序号	品牌	产地	特点	其他
1				
2				
3				
4				
5				
6				

二、擦洗酒杯

可根据下表所列出的操作方法与注意事项进行擦洗酒杯的训练。

操作步骤	具体方法	注意事项
（1）冲洗	用后的酒杯要在自来水上冲洗以清除杯中的剩余酒水和附着物	要轻拿轻放
（2）清洗和消毒	把酒杯倒扣入清洗机所配用的载物框中，然后把载物框推入清洗机中并开机自动清洗、高温消毒	注意在清洗机中加清洗剂
（3）擦拭	• 打开一块干净的餐巾，用其一角包捏杯脚，右手将另一对应角塞入杯内，并推实，旋转擦拭内壁 • 擦拭干净后再擦拭外壁，从上往下进行	在杯子温热时较易擦拭，待自动清洗结束，杯子略带温热时进行，以免烫手
（4）检查	• 擦拭完毕要检查杯子是否有剩余污渍、附着物、指纹 • 确认干净后放入柜中备用	• 对光检查最容易发现污渍 • 手持杯底，以免留下指纹

三、斟酒训练

可根据下表所列出的操作方法和注意事项进行斟酒训练。

操作程序	具体方法	注意事项
（1）持瓶手法	手持瓶的中下部	商标朝外，方便客人观察
（2）斟倒酒水	● 斟酒时瓶口距杯口 1~2 厘米 ● 酒瓶不与酒杯相碰	● 注意酒液流量及流速均匀 ● 注意斟酒位置及顺序 ● 斟倒时要求不挂杯、不靠杯 ● 注意掌握不同酒水标准量
（3）收瓶	快结束时要收瓶，即手腕向外轻轻旋转，防止残留酒液流出、滴酒	收瓶动作要自然

四、分组练习

每 3~5 人为一小组，按推销、准备、示酒开瓶、斟酒、侍酒、结账送客六个步骤给每人分配任务，然后按顺序完成调酒任务并提供对客服务。练习过程中仔细观察每个人的动作及服务效果。

五、讨论、对比

对每个人的表现进行组内分析讨论、组间对比互评，加深对整个对客服务步骤、方法及要求的理解与掌握。

能力评价

教师对各小组的制作过程、成品、酒水服务进行讲评。然后把个人评价、小组评价、教师评价简要填入以下评价表中。

（一）品饮评价

评价项目	评价内容	评价标准	个人评价	小组评价	教师评价
色	颜色	依据与标准成品颜色接近程度分为 A 优　B 良　C 一般			
	浊度（澄清度）	依据与标准成品浊度接近程度分为 A 优　B 良　C 一般			
	混合情况	依据与标准成品混合情况接近程度分为 A 优　B 良　C 一般			
香	香气种类	依据香气丰富完美程度分为 A 优　B 良　C 一般			
	香气和谐情况	依据香气和谐精细情况分为 A 优　B 良　C 一般			
	异杂气味	依据异杂气味有或无（强或弱）分为 A 无　B 弱　C 强			
味	酸	依据口感舒适度分为 A 优　B 良　C 一般			
	甜	依据口感舒适度分为 A 优　B 良　C 一般			

续表

评价项目	评价内容	评价标准	个人评价	小组评价	教师评价
味	苦	依据口感舒适度分为 A优　B良　C一般			
	辣	依据口感舒适度分为 A优　B良　C一般			
	香	依据口感舒适度分为 A优　B良　C一般			
	涩	依据口感舒适度分为 A优　B良　C一般			
	咸	依据口感舒适度分为 A优　B良　C一般			
	麻	依据口感舒适度分为 A优　B良　C一般			
	其他味	依据口感舒适度分为 A优　B良　C一般			
器	器形对酒的表达	依据载杯是否能彰显酒的优良品质分为 A优　B良　C一般			
形	酒体形状	依据酒体形状分为 A优　B良　C一般			
	酒量	依据标准量要求分为 A优　B良　C一般			
整体评价			改进建议		

（二）能力评价

内容		评价	
学习目标	评价项目和要求	小组评价	教师评价
知识	认识啤酒著名品牌及其产地等相关知识		
	掌握单饮类整瓶酒水操作要求、程序		
	掌握对客服务要求及沟通技巧、促销知识		
	掌握发酵酒相关知识		
专业能力	具备单饮类整瓶酒水服务能力		
	正确识别酒标的能力		
	辨认与选择酒杯的能力		
	擦洗酒杯的能力		
	现金结账的能力		
社会能力	组织能力		
	沟通能力		
	解决问题能力		

续表

内容		评价	
学习目标	评价项目和要求	小组评价	教师评价
社会能力	自我管理能力		
	创新能力		
	敬业精神		
	服务意识		
态度	爱岗敬业		
	态度认真		
整体评价		改进建议	

能力拓展

1. 巩固练习啤酒推销及服务。
2. 啤酒、葡萄酒品鉴。
3. 葡萄酒服务程序。
4. 整瓶酒水服务技巧。

任务3　白兰地单饮服务——单饮类单份酒水服务

任务描述

干邑白兰地是世界三大名酒之一，深受很多客人的最爱。调酒师要能独立完成以白兰地为代表的单份酒精饮料服务；主动介绍白兰地的品牌、等级、产地及特点等知识；流利回答客人有关蒸馏的相关知识；有效进行白兰地的促销。

情境引入

刚入职两周的实习生小李，接待了三位商务客人，都点了白兰地，小李将酒单递给了师傅，看着师傅训练有素地为客人制作单份纯饮白兰地酒与提供服务的……

任务分析

1. 要完成单份白兰地的服务，应熟练掌握：

- 白兰地品牌
- 白兰地等级

2. 单饮酒水的调制关键在于四个方面：

- 掌握每份酒的供应量
- 正确选择所用的杯具
- 注意酒的最佳的饮用温度
- 酒的调饮（加冰或柠檬）

3. 白兰地单份酒水的服务程序。

必备知识

一、白兰地品牌、等级

（一）干邑白兰地

1. 干邑白兰地的著名品牌

（1）Camus 卡慕

又称金花干邑或甘武士。由法国 Camus 公司出品，该公司创立于 1863 年，是法国著名的干邑白兰地生产企业。Camus 所产干邑白兰地均采用自家果园栽种的圣·迪米里翁（Saint Emilion）优质葡萄作为原料加以酿制混合而成，等级品种分类除“V.S.O.P”（陈酿）、“Napoleon”（拿破仑）和“X.O”（特酿）以外，还包括“Camus Napoleon Extra”（卡慕特级拿破仑）、“Camus Silver Baccarat”（卡慕嵌银百家乐水晶瓶干邑）、“Camus Limoges Book”（卡慕瓷书又分为 Blue book 蓝瓷书和 Burgundy Book 红瓷书两种）、“Camus Limoges Drum”（卡慕瓷鼓）、“Camus Baccarat Crystal Decanter”（卡慕百家乐水晶瓶）、“Camus Josephine”（约瑟芬）以及巴雷尔等多个系列品种，见图 2–15。

图 2–15 金花皇家水晶瓶和 X.O

（2）Courvosier 拿破仑

音译为库瓦齐埃，又称康福寿。库瓦齐埃公司创立于 1790 年，该公司在拿破仑一世在位时，由于献上自己公司酿制的优质白兰地而受到赞赏。在拿破仑三世时，它被指定为白兰地酒的承办商，是法国著名的干邑白兰地。等级品种分类除三星、“V.S.O.P”（陈酿）、

"Napoleon"（拿破仑）和"X.O"（特酿）以外，还包括Courvoisier Imperiale（库瓦齐埃高级干邑白兰地）、Courvoisier Napoleon Cognac（库瓦齐埃拿破仑干邑）、Courvoisier Extra（库瓦齐埃特级）以及限量发售的耶尔迪等。伊德珍藏系列如图 2–16 所示。

图 2–16 伊德珍藏系列

（3）Hennessy 轩尼诗

世界著名的干邑白兰地品牌之一，是由爱尔兰人 Richard Hennessy 于 1765 年创立的酿酒公司。1860 年，该公司首家以玻璃瓶为包装出口干邑白兰地，在拿破仑三世时，该公司已经使用能够证明白兰地酒级别的星号，截至目前，"轩尼诗"这个名字已经几乎成为白兰地酒的一个代名词。"轩尼诗"家族经过六代的努力，其产品质量不断提高，产品生产量不断扩大，已成为干邑地区最大的三家酿酒公司之一。名品有：轩尼诗 V.S.O.P、拿破仑轩尼诗、轩尼诗 X.O（见图 2–17）、Richard Hennessy（轩尼诗李察）以及 Hennessy Paradis（轩尼诗杯莫停）等。150 多年前，轩尼诗家族在科涅克地区首先推出 X.O 干邑白兰地品牌，并于 1872 年运抵中国上海，从而开始了轩尼诗公司在亚洲的贸易。

图 2–17 轩尼诗 X.O

（4）Hine 御鹿

该公司创建于 1763 年，以酿酒公司名命名。由于该酿酒公司一直由英国的海因家族经营和管理，因此在 1962 年被英国伊丽莎白女王指定为英国王室酒类承办商。在该公司的产品中，“古董”是圆润可口的陈酿，“珍品”是采用海因家族秘藏的古酒制成。

（5）Larsen 拉森帆船

拉森公司是由挪威籍的詹姆士・拉森于 1926 年创立。该品牌干邑产品，除一般玻璃瓶装的拉森帆船“V.S.O.P”（陈酿）、“Napoleon”（拿破仑）、“X.O”（特酿）和 Extra 等多个类型以外，还有享誉全球的以维京帆船为包装造型的玻璃瓶和瓷瓶系列。拉森帆船干邑白兰地全部产品均采用大、小香槟区所产原酒加以调和勾兑酿制而成，具有圆润可口的风味，为科涅克地区所产干邑白兰地的上品。

（6）Martell 马爹利

马爹利以酿酒公司名命名。该公司创建于 1715 年，自公司创建以来一直由马爹利家族经营和管理，并获得“稀世罕见的美酒”之美誉。该公司的“三星”使顾客享受到芬芳甘醇的美酒及大众化的价格；该公司的“V.S.O.P”（陈酿）长时间以“Medaillon”（奖章）的别名问世，口感轻柔，是世界上酒迷喜爱的产品之一；“Cordon Ruby”（红带）由酿酒师们从酒库中挑选出的各种白兰地酒混合而成；Napoleon（拿破仑）被人们称为是“拿破仑中的拿破仑”，是白兰地酒中的极品；“Cordon Blue”（蓝带）品味圆润、气味芳香。此外，马爹利 X.O 和名仕马爹利也深受人们喜爱，如图 2-18 所示。

图 2-18　马爹利 X.O 和名仕马爹利

（7）Remy Martin 人头马

“人头马”是以其酒标上人头马身的希腊神话人物造型为标志而得名的。该公司创建于 1724 年，是著名的、具有悠久历史的酿酒公司，创始人为雷米・马丁。该公司选用大小香槟区的葡萄为原料，以传统的小蒸馏器进行蒸馏，品质优良，因此被法国政府冠以特别荣誉名称“Fine Champagne Cognac”（特优香槟区干邑）。该公司生产的拿破仑不是以白兰地酒的级别出现的，而是以商标出现的，酒味刚强；“Remy Martain Special”（人头马卓越非凡）口感轻柔、口味丰富，采用六年以上的陈酒混合而成；“Remy Martain Club”（人头马俱乐部）有着淡雅和清香的味道；“X.O”（特别陈酿）具有浓郁芬芳的特点。另外还有干邑白兰地中高品质的代表“Louis XIII”（路易十三），该酒是用 275 年前到 75 年前的存酒精酿而成，做一瓶酒要历经三代酿酒师，见图 2–19。酒的原料采用法国最好的葡萄产区“大香槟区”最上等的葡萄；而“路易十三”的酒瓶，则是以纯手工制作的水晶瓶，据称“世界上绝对没有两只完全一样的路易十三酒瓶”。

图 2–19　人头马天醇 X.O 和路易十三

（8）Otard 豪达

由英国流亡法国的约翰·安东尼瓦努·奥达尔家族酿制生产的著名法国干邑白兰地。品种有三星、“V.S.O.P”（陈酿）、“Napoleon”（拿破仑）、“X.O”（特酿）、Otard France Cognac（豪达法兰西干邑）、Otard Cognac Napoleon（豪达干邑拿破仑）和马利亚居以及豪达干邑白兰地的极品法兰梭瓦一世·罗伊尔·巴斯特等多种类型。

（9）F.O.V 长颈

由法国狄莫酒厂出产的 F.O.V 干邑白兰地的著名品牌，酒质独特优良，其匠心独运的樽型更成为人们所熟知的标记，因而得享“长颈”之名。长颈 F.O.V 采用上佳葡萄酿制，清洌甘香，带有怡人的原野香草气息。

此外，还有 A.Hardy（阿迪）、Alain Fougerat（阿兰·富热拉）、A.Riffaud（安·利佛）、A.E.Audry（奥德里）、Charpentron（夏尔庞特隆，也称耶罗）、Chateau Montifaud（芒蒂佛城堡）、Croizet（克鲁瓦泽）、Deau（迪奥）、Delamain（德拉曼或得万利）、Dompierre（杜皮埃尔）、Duboigalant（多布瓦加兰）、Exshaw（爱克萧）、Gaston de Largrance（加斯顿·德·拉格朗热或醇金马）、Louis Royer（路易老爷）、Maison Guerbe（郁金香）、Meukow（缪克）、Moyet（慕瓦耶）、J.Normandin–Mercier（诺曼丁·梅西耶）、Planat（普拉纳）、P.Frapin（弗拉潘）、Pierre Ferrand（皮埃尔·费朗）等众多干邑品牌。

2. 干邑酒标上的贮存年限和等级的表示方法

白兰地酿造工艺精湛，特别讲究陈酿时间与勾兑的技艺，其中陈酿时间的长短更是衡量白兰地酒质优劣的重要标准。各厂家贮藏在橡木桶中的白兰地，有的长达 50 年之久。他们利用不同年限的酒，按各自世代相传的秘方进行精心调配勾兑，创造出各种不同品质、不同风格的干邑白兰地。

法国政府为了确保干邑白兰地的品质，对白兰地，特别是科涅克白兰地的等级有着严格的规定。该规定以干邑白兰地原酒的酿藏年数来设定标准，并以此作为干邑白兰地划分等级的依据。有关科涅克白兰地酒的法定标示及酿藏期规定具体如下：

E：代表 Especial——特别的

F：代表 Fine——好

V：代表 Very——很好

O：代表 Old——老的

S：代表 Superior——上好的

P：代表 Pale——淡色而苍老

X：代表 Extra——格外的

（1）V.S（Very Superior）

V.S 又叫三星白兰地，属于普通型白兰地。法国政府规定，干邑地区生产的最年轻的白兰地只需要 18 个月的酒龄。但厂商为保证酒的质量，规定在橡木桶中必须酿藏两年半以上，甚至实际生产出来的干邑白兰地能达到 3~5 年的酒龄。

（2）V.S.O.P（Very Superior Old Pale）

属于中档干邑白兰地，享有这种标志的干邑至少需要 4 年半的酒龄。然而，许多酿造厂商在装瓶勾兑时，为提高酒的品质，适当加入了一定成分的 6~7 年的陈酿干邑白兰地原酒。

（3）Luxury Cognac

属于精品干邑，依据法国政府规定，此类干邑白兰地原酒在橡木桶中必须酿藏 6 年半以上，法国干邑多数大作坊生产质量卓越的白兰地，他们用非常久远（20~50 年，甚至更久远）的优质干邑白兰地勾兑而成。这些名品有其特别的名称，如 Napoleon（拿破仑）、Cordon Blue（蓝带）、X.O（Extra Old 特陈）、Extra（极品）等。不同的酒厂有着不同的精湛技艺，把自己的产品发挥到极致。

（二）雅文邑的主要品牌

1. Chabot 夏博

产自阿尔玛涅克地区加斯科尼省的法国著名的阿尔玛涅克白兰地酒，见图 2–20，目前在阿尔玛涅克白兰地当中，夏博（Chabot）的销售量始终居于首位。种类有“V.S.O.P”（陈酿）、“Napoleon”（拿破仑）、“X.O”（特酿）以及 Chabot Extra Old（特级夏博陈阿尔玛涅克）。

图 2-20 夏博雅文邑

2. Saint-Vivant 圣·毕旁

其以酿酒公司名命名。创建于 1947 年，生产规模排名在阿尔玛涅克地区的第四位。该公司“V.S.O.P”（陈酿）、“Napoleon”（拿破仑）和“X.O”（特酿）等销往世界许多国家，均受到好评。该酒酒瓶较为与众不同，其设计以采用 16 世纪左右吹玻璃的独特造型而著名，瓶颈呈倾斜状，在各种酒瓶中显得非常独特。

3. Sauval 索法尔

以酿酒公司名命名。该产品以著名白兰地酒生产区泰那雷斯生产的原酒制成，品质优良，其中拿破仑级产品混合了 5 年以上的原酒，属于该公司的高级产品。

4. Caussade 库沙达

商标全名为 Marquis de Caussade，因其酒瓶上绘有蓝色蝴蝶图案，故又名蓝蝶阿尔玛涅克，该酒的分类等级除了“V.S.O.P”（陈酿）和“X.O”（特酿）以外，还以酒龄划分为 Caussade（12 年）、Caussade（17 年）、Caussade（21 年）和 Caussade（30 年）等多个种类。

5. Carbonel 卡尔波尼

由位于阿尔玛涅克地区诺卡罗城的 CGA 公司出品，该公司创立于 1880 年，在 1884 年以瓶装酒的形式开始上市销售。一般的阿尔玛涅克只经过一次蒸馏出酒，而该酒则采取二次蒸馏，因此该酒的口味较为细腻、丰富。常见的级别类型有“Napoleon”（拿破仑）和“X.O”（特酿）等。

6. Castagnon 卡斯塔奴

又称骑士阿尔玛涅克（见图 2-21），是卡尔波尼的姊妹品，也是由位于阿尔玛涅克地区诺卡罗城的 CGA 公司出品，Castagnon（卡斯塔奴）采用阿尔玛涅克各地区的原酒混合配制而成。分为水晶瓶“X.O”（特酿）、Castagnon Black Bottle（黑骑士）、Castagnon White Bottle（白骑士）等多种。

除此之外，还有 Castelfort（卡斯蒂尔佛特）、Sempe（尚佩）、Marouis De Montesquiou（孟德斯鸠）、De Malliac（迪·马利克）、Francis Darroze（法兰西斯·达罗兹）

等众多品牌。骑士雅文邑如图 2–21 所示。

图 2–21　骑士雅文邑

二、白兰地的饮用方法和服务要求

1. 载杯

白兰地杯或郁金香型酒杯。

2. 用量

每客 25ml 或 1oz。

餐前餐后都可饮用，可佐食中餐，普通级别的白兰地只有 3~4 年的酒龄，直接饮用难免有酒精的刺口辣喉感，可掺兑矿泉水或冰块；饮用高档白兰地需纯饮，手掌托住酒杯，徐徐摇晃，用掌温加热，浅啜慢饮，体验白兰地不同的层次和口感。开瓶后将瓶盖塞紧，竖立存放，常温保存。

白兰地杯为杯口小、腹部宽大的矮脚酒杯，如图 2–22 所示。杯子实际容量虽然很大（240~300 毫升），但倒入酒量不宜过多（30 毫升左右），以杯子横放、酒在杯腹中不溢出为量。白兰地杯天生就有一种贵族的气息，专为盛装白兰地而设计。圆润的身材可以让百年琼浆的香味每一丝一毫都存留于杯中。饮用时常用中指和无名指的指根夹住杯柄，让手温传入杯内使酒略暖，从而使酒香四溢。

图 2–22　单饮类酒水——白兰地

3. 白兰地服务程序

在提供服务时，由于客人坐在吧台边上，调酒师调好酒后直接给客人饮用，不再经过服务员的手。酒水调好后要为客人送上酒水，方法是取一个杯垫，放在客人面前的吧台上，然后拿起酒杯，放在杯垫上，并向客人面前轻推一下，表示可以饮用了。具体操作程序，如表 2–3 所示。

表 2–3　白兰地服务标准程序

1. 准备工作		
操作程序	具体方法	注意事项
（1）准备器具用品、原料	● 器具用品：量酒杯、白兰地酒杯、托盘、杯垫 ● 原料：白兰地酒	在有免费供应小食品的酒吧需要准备小碟或小盘
（2）检查酒水	● 单份供应的酒水可以用已经打开的酒，也可以用没有打开的新酒 ● 检查白兰地酒主要是看酒的品牌、陈酿时间等信息是否是客人所要的酒水，酒标内容和名称如下： 1. 品牌名称 2. 产地 3. 年份 4. 家族名称 5. 酒精含量 6. 公司创建年份 7. 酒瓶容量	注意核对陈酿时间
（3）检查载杯	检查载杯上是否有污渍、水渍、指纹等	对光检查
（4）检查量酒杯	量酒杯有大小两个头，分别有 20ml、30ml、40ml 等型号，容量刻在量酒杯外壁的上沿，本例选用 1oz（30ml）的量酒杯	检查器具是否完好、清洁
（5）检查托盘和杯垫	● 使用小圆托盘 ● 托盘要干净、无水渍 ● 杯垫要干净、平整、无破损 ● 干净的金属托盘能达到镜子的效果	● 使用金属托盘要洗净擦亮 ● 杯垫要完整无破损
2. 开启酒瓶		
操作程序	具体方法	注意事项
（1）擦拭酒瓶除去灰尘	使用已开瓶的酒水直接进入第三步进行调制	动作要轻，防止瓶中酒水被过度摇动
（2）开启酒瓶	● 白兰地的酒瓶是用橡木塞密封的 ● 开启时旋转瓶盖，拧断外封盖，继续旋转，旋转出密封的橡木塞 ● 把橡木塞反过来放置在桌子上，并用一块干净的餐巾擦拭白兰地酒的瓶口	要防止橡木塞向下放在桌子上
（3）检查	斟倒杯中一小份，对光检查酒水颜色是否正常、有无杂质，并品尝此酒味道是否正常	多训练，只有了解酒的性质后，才能有更好的鉴别能力

续表

3. 调制酒水		
操作程序	具体方法	注意事项
（1）摆放酒杯	把所需数量的白兰地酒杯在操作台上横向摆成一排或两排，要方便斟酒	每个酒杯之间要有 1 厘米的空隙，以防止酒杯之间相互碰撞
（2）量取酒水	● 用量酒杯量取 1oz 的白兰地酒 ● 要注意酒瓶与量酒杯之间的距离和瓶塞的放置方法（橡木塞向上） ● 量取后要随手给酒瓶盖上瓶塞，防止酒香外溢散失	注意避免量取时斟倒过满或不足，以平满为准
（3）斟倒酒水	用量酒杯量取 1oz 白兰地倒入准备好的白兰地杯中	● 量酒杯和白兰地酒杯之间要保持较近的距离 ● 量酒杯与白兰地酒杯之间不可碰撞发出声响 ● 斟倒酒水要缓慢，防止酒水洒落杯外
（4）连续斟酒	因为多位客人同时点了白兰地酒，所以依次给每位客人斟酒，方法同上	把白兰地酒杯摆成一横排，依次斟倒
4. 上酒服务		
操作程序	具体方法	注意事项
（1）检查酒水，核对台号	● 根据点酒单再次检查酒水数量等信息，如有差错重新斟酒 ● 再次核对台号，确认客人的座位	对有换台、并台、分台等情况要随时记录在账单上，避免结账时出现差错
（2）托送酒水	● 用中等大小的圆托盘托送酒水（酒水数量较多时，一般每次可托送 5 杯左右） ● 在托盘上放相应数量的杯垫，托送至客人的酒桌旁	注意托送酒水行走时，要头正、肩平、右臂下垂自然摆动
（3）上杯垫	● 服务员站在客人右侧，右腿在前侧身而进，面带微笑，亲切礼貌地说："先生（女士）您好，您点的人头马白兰地 X.O" ● 用右手放杯垫在客人的桌上	● 用托盘托送酒水时，酒杯与酒杯之间的距离要适当，防止太近酒杯相互碰撞发出声响 ● 所用托盘为非防滑托盘时，要在托盘上铺放一块口布，洒上一些水，可以起到防滑作用 ● 服务中若客人配合应说"谢谢"，对客人稍有打扰应说"打扰了"
（4）上酒水	● 放酒水于杯垫上，然后推送到客人正前方或右侧方便取用处 ● 上酒后要问客人还有什么需要，当客人没有其他需要时，微笑着对客人说"请慢用"，然后离开 ● 客人在吧台上就座时的上酒方法：在客人面前铺上一张带有店标的杯垫（店标朝客），将斟倒好的酒水平稳地放在杯垫上，微笑着对客人说："请慢用。"	上酒顺序：先女士后男士
（5）记录账单	把客人的消费情况记录在收银机上，包括品名、数量等信息，在客人结账时可以打印出对账单供客人对账确认	酒吧提供的饮品很多，记录时要求准确，尤其是记录客人的座位，否则会全部出错

续表

5. 侍酒服务		
操作程序	具体方法	注意事项
（1）侍酒服务	在客人饮酒时，要注意观察客人的情况，当发现客人需求时，主动询问，并满足客人合理的需求	● 侍酒服务时，要求服务员要有良好的观察能力、分析能力、判断能力 ● 仔细观察，及时了解客人需求 ● 服务中加强服务区域的巡视
（2）添酒时机	客人杯中的酒水还有 1/3 时，询问客人是否再来一杯，或者为客人提供其他的酒水服务	● 按杯卖的酒水促销时机：杯中还有 1/3 酒水时 ● 整瓶出售的酒水促销时机：瓶中还有一杯酒时
（3）撤换烟灰缸	撤掉烟灰缸时，以一换一或以二换一	动作要轻快，不能让烟灰掉落
（4）添加小食品	若客人的小食品不多时，要为客人添加小食品	利用工具盛小食品到小碟内，不可直接用手或小碟取食品
6. 结账送客		
操作程序	具体方法	注意事项
（1）结账	当客人提出结账时，要迅速打出对账单	结账要快速准确，2~3 分钟内完成
（2）打印账单	把对账单放入账单夹中，用小圆托盘托送给客人	唱单时，要小声清楚地报出客人的账单金额
（3）收款找零	● 等待客人确认后，做好收银，并向客人诚恳致谢 ● 所找零钱要用账单夹托送给客人	● 收取现金后，当客人面快速清点，并向客人唱出金额 ● 注意预防假钞
（4）送别客人	● 客人起身时拉椅协助，提醒客人带好随身物品 ● 真诚欢迎再次光临	注意客人物品，提醒客人带好自己的物品
7. 结束工作		
操作程序	具体方法	注意事项
（1）调酒师结束工作	调酒师结束工作在酒水出品以后开始进行，主要是放回酒水、清洗工具、清理并清洁操作台等	清洗工具和酒水复位时，要轻拿轻放，避免易碎物品的损坏
（2）服务员结束工作	酒水服务员结束工作主要是收台、重新布置酒吧台面	应使用托盘收取物品

拓展知识

一、白兰地的概述

白兰地（Brandy）是由荷兰文 Brandewijn 转变而成，法语称为：Beaux-de-vie（生命之水），泛指以水果为原料，经发酵、蒸馏制成的酒。

通常，我们所称的白兰地专指以葡萄为原料，通过发酵再蒸馏制成的酒；而其他以水果为原料，通过同样的方法制成的酒，常在白兰地酒前面加上水果原料的名称以区别其种类，如樱桃白兰地（Cherry Brandy）、苹果白兰地（Apple Brandy）……

“白兰地”一词属于术语，相当于中国的“烧酒”，白兰地在我国具有悠久的生产历史，著名的专门研究中国科学史的英国李约瑟博士曾发表文章认为：白兰地当首创于中国;《本草纲目》也曾有记载，“烧者取葡萄数十斤与大曲酿酢，入甑蒸之，以器承其滴露，古者西域造之，唐时破高昌，始得其法”。然而直至中国第一个葡萄酒民族企业——张裕葡萄酿酒公司成立后，国内白兰地才真正得以发展，张弼士先生对中国的葡萄酒发展可谓是功不可没，单说一个地下大酒窖的建立，就可谓“气势磅礴”——酒窖低于海平面一米多，深七米，稳稳地扎根于泛白的沙滩上近一百年。酒窖于 1895 年开始修建，直至 1905 年，历时十年经三次改建而成，采用的是土洋建筑法的结合，从此白兰地也如这酒窖一样稳稳地在中国扎下坚实的基础。

1915 年国产张裕白兰地“可雅”在旧金山举行的“巴拿马万国博览会”（即世界博览会前身）上获金奖，我国有了自己品牌的优质白兰地，张裕白兰地也从此更名为金奖白兰地。

但白兰地毕竟为“洋酒”，要被国人接受认可，仍然需要长时间的渗入潜化，并且白兰地工艺复杂，酿制成本较高，因而价格也较之白酒偏高，生产规模一直不大。

20 世纪 80 年代后，改革开放使国门大开，“洋”字打头的观点、物品迅速为国内所接受，进口白兰地迅猛地涌入国内市场，在冲击了国内白兰地市场的同时，也使国内对白兰地的认识及国内白兰地生产得以发展，白兰地生产量在逐年扩大。

二、白兰地的起源和发展

白兰地起源于法国干邑镇（Cognac），干邑地区位于法国西南部，那里生产葡萄和葡萄酒。早在 12 世纪，干邑生产的葡萄酒就已经销往欧洲各国，外国商船也常来夏朗德省滨海口岸购买其葡萄酒。约在 16 世纪中叶，为便于葡萄酒的出口，减少海运的船舱占用空间及大批出口所需缴纳的税金，同时也为避免因长途运输发生的葡萄酒变质现象，干邑镇的酒商把葡萄酒加以蒸馏浓缩后出口，然后输入国的厂家再按比例兑水稀释出售。这种把葡萄酒加以蒸馏后制成的酒即为早期的法国白兰地。当时，荷兰人称这种酒为“Brandewijn”，意思是“燃烧的葡萄酒”（Burnt Wine）。

17 世纪初，法国其他地区已开始效仿干邑镇的办法去蒸馏葡萄酒，并由法国逐渐传播到整个欧洲的葡萄酒生产国家和世界各地。

1701 年，法国卷入了“西班牙王位继承战争”，法国白兰地也遭到禁运。酒商们不得不将白兰地妥善贮藏起来，以待时机。他们利用干邑镇盛产的橡木做成橡木桶，把白兰地贮藏在木桶中。1704 年战争结束，酒商们意外地发现，本来无色的白兰地竟然变成了美丽的琥珀色，酒没有变质，而且香味更浓。于是从那时起，用橡木桶陈酿工艺，就成为干邑白兰地的重要制作程序。这种制作程序，也很快流传到世界各地。

1887 年以后，法国改变了出口外销白兰地的包装，从单一的木桶装变成木桶装和瓶装。随着产品外包装的改进，干邑白兰地的身价也随之提高，销售量稳步上升。据统计，当时每年出口干邑白兰地的销售额已达三亿法郎。

三、白兰地的特点

白兰地酒度在40~43度，虽属烈性酒，但由于经过长时间的陈酿，其口感柔和，香味纯正，饮用后给人以高雅、舒畅的享受。白兰地呈美丽的琥珀色，富有吸引力，其悠久的历史也给它蒙上了一层神秘的色彩，具有优雅细致的葡萄果香和浓郁陈酿的橡木芳香及其他复合香味，口味甘洌，醇美无瑕，余香萦绕不散。法国有句知名的谚语："男孩子喝红酒，男人喝波特酒，要想当英雄，就喝白兰地。"

四、白兰地的分类

（一）干邑（Cognac）

干邑，音译为"科涅克"，位于法国西南部，是波尔多北部夏朗德省境内的一个小镇。它是一座古镇，面积约10万公顷。科涅克地区土壤非常适宜葡萄的生长和成熟，但由于气候较冷，葡萄的糖度含量较低（一般只有18%~19%），故此，其葡萄酒产品很难与南方的波尔多地区生产的葡萄酒相比拟。17世纪随着蒸馏技术的引进，特别是19世纪在法国皇帝拿破仑的庇护下，科涅克地区一跃成为酿制葡萄蒸馏酒的著名产地。

1909年，法国政府颁布酒法明文规定，只有在夏朗德省境内，干邑镇周围的36个县市所生产的白兰地方可命名为干邑（Cognac），除此以外的任何地区不能用"Cognac"一词来命名，而只能用其他指定的名称命名。这一规定以法律条文的形式确立了"干邑"白兰地的生产地位。正如英语的一句话："All Cognac is brandy，but not all brandy is Cognac."（所有的干邑都是白兰地，但并非所有的白兰地都是干邑）这也就说明了干邑的权威性，其不愧为"白兰地之王"。

1938年，法国原产地名协会和科涅克同业管理局根据AOC法（法国原产地名称管制法）和科涅克地区内的土质及生产的白兰地的质量和特点，将Cognac分为六个酒区：Grande Champagne大香槟区、Petite Champagne小香槟区、Borderies波鲁特利区（边缘区）、Fins Bois芳波亚区（优林区）、Bons Bois邦波亚区（良林区）、Bois Ordinaires波亚·奥地那瑞斯区（普林区）。

其中大香槟区仅占总面积的3%，小香槟区约占6%，两个地区的葡萄产量特别少。根据法国政府规定只有用大、小香槟区的葡萄蒸馏而成的干邑，才可称为"特优香槟干邑"（Fine Champagne Cognac），而且大香槟区葡萄所占的比例必须在50%以上。如果采用干邑地区最精华的大香槟区所生产的干邑白兰地，可冠以"显贵香槟干邑"（Grande Champagne Cognac）的字样，这种白兰地均属于干邑的极品。

科涅克酿酒用的葡萄原料一般不使用酿制红葡萄酒的葡萄，而是选用具有强烈耐病性、成熟期长、酸度较高的圣·埃米利翁（Saint Emilion）、可伦巴尔（Colombar）、佛尔·布朗休（Folle Branehe）三个著名的白葡萄品种。这是因为酿制红葡萄酒的葡萄由于其果皮中含有大量的高级脂肪酸，所以蒸馏出来的白兰地酒中也就含有不少的脂肪酸，影响了酒的口味，消费者的评价普遍不高，因此，多数生产商不使用这些葡萄来酿造白兰地酒。

科涅克酒的特点：从口味上来讲，科涅克白兰地酒具有柔和、芳醇的复合香味，口味精细讲究。酒体呈琥珀色，清亮透明，度数一般在43度左右。

（二）雅文邑（Armagnac）

按照我国南方和香港、台湾等地区人们习惯上的称呼，音译为“阿尔玛涅克”，是法国出产的白兰地酒中仅次于科涅克的白兰地酒产地。根据记载，法国阿尔玛涅克地区早在1411年就开始蒸馏白兰地酒了，阿尔玛涅克位于法国加斯克涅地区（Gascony），在波尔多地区以南100英里处，根据法国政府颁布的原产地名称法的规定，除了产自法国西南部的阿尔玛涅克（Armanac）、吉尔斯县（Gers）以及兰德斯县、罗耶加伦等法定生产区域外，其他产地的白兰地一律不得在商标上标注阿尔玛涅克的名称，而只能标注白兰地。

阿尔玛涅克（雅文邑）在酿制时，也大多采用圣·迪米里翁（Saint Emilion）、佛尔·布朗休（Folle Branehe）等著名的葡萄品种。采用独特的半连续式蒸馏器蒸馏一次，蒸馏出的阿尔玛涅克白兰地酒像水一样清澈，并具有较高的酒精含量，同时含有挥发性物质，这些物质构成了阿尔玛涅克白兰地酒独特的口味。但是从1972年起，阿尔玛涅克白兰地酒的蒸馏技术开始引进二次蒸馏法的夏朗德式蒸馏器，使得阿尔玛涅克白兰地酒的酒质变得轻柔了许多。

阿尔玛涅克白兰地酒的酿藏采用的是当地卡斯可尼生长的黑橡木制作的橡木桶。酿藏期间一般将橡木酒桶堆放在阴冷黑暗的酒窖中，酿酒商根据市场销售的需要勾兑出各种等级的阿尔玛涅克白兰地酒。根据法国政府的规定，阿尔玛涅克白兰地酒至少要酿藏两年以上才可以冠以“V.O”和“V.S.O.P”的等级标志，“Extar”表示酿藏5年，而“Napoleon”则表示酿藏了6年以上。一般上市销售的阿尔玛涅克白兰地酒的酒精度为40度左右。

同科涅克白兰地酒相比，阿尔玛涅克白兰地酒的香气较强，味道也比较新鲜有劲，具有刚阳风格。其酒色大多呈琥珀色，色泽深暗而带有光泽。

（三）法国白兰地（Franch Brandy）

除干邑和雅文邑以外的任何法国葡萄蒸馏酒都统称为白兰地。这些白兰地酒在生产、酿藏过程中政府没有太多的硬性规定，一般不需经过太长时间的酿藏，即可上市销售，其品牌种类较多，价格也比较低廉，质量不错，外包装也非常讲究，在世界市场上很有竞争力。Franch Brandy（法国白兰地）在酒的商标上常标注“Napoleon”（拿破仑）和“X.O”（特酿）等以区别其级别。其中以标注“Napoleon”（拿破仑）的最为广泛。较好的品牌有巴蒂尼（Bardinet），是法国产销量最大的法国白兰地，同时也是世界各地免税商店销量最多的法国白兰地之一，其品牌创立于 1857 年。另外，还有喜都（Choteau）、克里耶尔（Courrier）等，以及在我国酒吧常见的富豪、大将军等法国白兰地。

（四）葡萄渣白兰地（Pomace Brandy）

“Marc”在法语中是指渣滓的意思，所以，很多人又把此类白兰地酒称之为葡萄渣白兰地。它是将酿制红葡萄酒时经过发酵后过滤掉的酒精含量较高的葡萄果肉、果核、果皮残渣再度蒸馏，所提炼出的含酒精成分的液体，再在橡木桶中酿藏生产而成蒸馏酒品。在法国许多著名的葡萄酒产地生产，其中以 Bourgogne（勃艮第）、Champagne（香槟）、Alsace（阿尔萨斯）等生产的较为著名。Bourgogne 是玛克白兰地的最著名产区，该地区所产玛克白兰地在橡木桶中要经过多年陈酿，最长的可达十余年之久。Champagne 地区与其相比就稍有逊色，而 Alsace 生产的玛克白兰地则不需要在橡木桶中陈酿，因此该酒具有强烈的香味和无色透明的特点，此外阿尔萨斯地区生产的玛克白兰地要放在冰箱之中冰镇后方可饮用。

玛克白兰地著名的品牌有：Domaine Pierre（Marc de Bourgogne）（皮耶尔领地）、Camus（Marc de Bourgogne）（卡慕）、Massenez（玛斯尼——阿尔萨斯玛克）、Dopff（德普——阿尔萨斯玛克）、Leon Beyer（雷翁・比尔——阿尔萨斯玛克）、Gilbert Miclo（吉尔贝特・米克——香槟玛克）等。

在意大利，葡萄渣白兰地被称为 Grappa（格拉帕），有上千个品牌，而且大部分酿制厂商都集中在意大利北部生产，采用单式蒸馏器进行蒸馏酿制。格拉帕分为普及品和高级品两种类型，普及品由于没有经过陈酿，色泽为无色透明状；高级品一般要经过一年以上橡木桶中陈酿，因此色泽略带黄色。

格拉帕著名的品牌有：Ania（安妮）、Capezzana（卡佩扎纳）、Barbaresco（巴巴斯哥）、Nardini（纳尔迪尼）、Reimandi（瑞曼迪等）。

（五）水果白兰地（Fruit Brandy）

1. 苹果白兰地（Apple Brandy）

苹果白兰地是将苹果发酵后压榨出苹果汁，再加以蒸馏而酿制成的一种水果白兰地酒。它的主要产地在法国的北部和英国、美国等世界许多苹果的生产地。美国生产的苹果白兰地酒被称为“Apple Jack（苹果烧酒）”，需要在橡木桶中陈酿五年才能销售。加拿大称为“Pomal”，德国称为“Apfelschnapps”。而世界最为著名的苹果白兰地酒是法国诺曼底的卡尔瓦多斯（Calvados）。该酒以产地命名，色泽呈琥珀色，光泽明亮，酒香清芬，果香浓郁，口味微甜，度数在 40~50 度。一般法国生产的苹果白兰地酒需要陈酿十年才能上市销售。

苹果白兰地的著名品牌：布鲁耶城堡（Chateau Du Breuil）、布拉德（Boulard）、杜彭特（Dupont）、罗杰・古鲁特（Roger Groult）等。

2. 樱桃白兰地（Kirschwasser）

这种酒使用的主原料是樱桃，酿制时必须将其果蒂去掉，将果实压榨后加水使其发酵，然后经过蒸馏、酿藏而成。它的主要产地在法国的阿尔萨斯（Alsace）、德国的斯瓦兹沃特（Schwarzwald）、瑞士和东欧等地区。

另外，在世界各地还有许多以其他水果为原料酿制而成的白兰地酒，只是在产量上、销售量上和名气上无法和以上白兰地酒相比较，如李子白兰地酒（Plum Brandy）、苹果渣白兰地酒等。

（六）其他国家出产的白兰地

1. 美国白兰地（Ameican Brandy）

美国白兰地以加利福尼亚州的白兰地为代表。大约200多年以前，加州就开始蒸馏白兰地。到了19世纪中叶，白兰地已成为加州政府葡萄酒工业的重要附属产品。主要品牌有：E&J、Christian Brothers（克利斯丁兄弟）、Guild（吉尔德）等。

2. 西班牙白兰地（Spanish Brandy）

西班牙白兰地主要被用来作为生产杜松子酒和香甜酒的原料。主要品牌有：Carlos（卡罗斯）、Conde De Osborne（奥斯彭）、Fundador（芬达多）、Magno（玛格诺）、Soberano（索博阿诺）、Terry（特利）等。

3. 意大利白兰地（Italian Brandy）

意大利是生产和消费大量白兰地的国家之一，同时也是出口白兰地最多的国家之一。名品有：Buton（布顿）、Stock（斯托克）、Vecchia Romagna（维基亚·罗马尼亚）等。

4. 德国白兰地（German Brandy）

莱茵河地区是德国白兰地的生产中心，其著名的品牌有：Asbach（阿斯巴赫）、Goethe（葛罗特）和Jacobi（贾克比）等。

生产白兰地的地方还有葡萄牙的Cumeada（康梅达）、希腊的Metaxa（梅塔莎）、亚美尼亚的Noyac（诺亚克）、南非的Kwv、加拿大的Ontario（安大略）、Guild（基尔德）等。我国在1915年巴拿马万国博览会上获得金奖的张裕金奖白兰地也是比较好的白兰地品牌之一。

完成任务

一、白兰地酒标的准确辨别

通过本节内容的学习，应能准确辨别以下白兰地酒标，并完成下表。

图	品牌	产地	级别	瓶形	特点	其他

续表

图	品牌	产地	级别	瓶形	特点	其他

二、量酒杯的使用

使用量酒杯时，其操作方法与注意事项如下表所示。

操作程序	具体方法	注意事项
（1）量酒杯的选择	● 量酒杯：56ml（2oz）/28ml（1oz）；42ml（1.5oz）/28ml（1oz）；28ml（1oz）/14ml（0.5oz） ● 另有 30ml/20ml 的量酒器	● 量取 1/4oz 时，需要操作者进行训练后才能准确掌握 ● 在训练中要注意量酒杯的形状和酒水位置的关系
（2）手持量酒杯的方法	手持量酒杯的方法正确	酒瓶盖与量酒杯要同时持在手中

续表

操作程序	具体方法	注意事项
（3）量取酒水	●注意酒液流量均匀 ●酒瓶与量酒杯杯口距离适中 ●注意收酒时手腕向外旋转	量取酒水时为节省时间，左手同时持有酒瓶盖和量酒杯
（4）斟倒酒水	●注意酒液流量均匀 ●量酒杯与酒杯（或摇壶）距离适中 ●注意收酒时手腕向外旋转	在加完一种酒水后换加另外一种酒水的过程中，用过的酒瓶要盖上，新的酒瓶要打开，但为提高速度，量酒杯不离手
（5）存放量酒杯	●用过的量酒杯要放在有水的杯中或其他的容器中，可以溶解掉量酒杯上附着的酒水 ●在调酒过程中，量酒杯是一件最常用的工具，学生在学习中要严格按照量酒杯的使用程序使用，养成正确使用量酒杯的习惯	要将用过的一头放入水中

三、分组练习

每3~5人为一小组，给每人分配任务，然后按顺序完成调酒任务并提供对客服务。练习过程中仔细观察每个人的动作及服务效果。

四、讨论、对比

对每个人的表现进行组内分析讨论、组间对比互评，加深对整个对客服务步骤、方法及要求的理解与掌握。

能力评价

教师对各小组的制作过程、成品、酒水服务进行讲评。然后把个人评价、小组评价、教师评价简要填入以下评价表中。

（一）品饮评价

评价项目	评价内容	评价标准	个人评价	小组评价	教师评价
色	颜色	依据与标准成品颜色接近程度分为 A优　B良　C一般			
	浊度（澄清度）	依据与标准成品浊度接近程度分为 A优　B良　C一般			
	混合情况	依据与标准成品混合情况接近程度分为 A优　B良　C一般			
香	香气种类	依据香气丰富完美程度分为 A优　B良　C一般			
	香气和谐情况	依据香气和谐精细情况分为 A优　B良　C一般			
	异杂气味	依据异杂气味有或无（强或弱）分为 A无　B弱　C强			

续表

评价项目	评价内容	评价标准	个人评价	小组评价	教师评价
味	酸	依据口感舒适度分为 A优　B良　C一般			
	甜	依据口感舒适度分为 A优　B良　C一般			
味	苦	依据口感舒适度分为 A优　B良　C一般			
	辣	依据口感舒适度分为 A优　B良　C一般			
	香	依据口感舒适度分为 A优　B良　C一般			
	涩	依据口感舒适度分为 A优　B良　C一般			
	咸	依据口感舒适度分为 A优　B良　C一般			
	麻	依据口感舒适度分为 A优　B良　C一般			
	其他味	依据口感舒适度分为 A优　B良　C一般			
器	器形对酒的表达	依据载杯是否能彰显酒的优良品质分为 A优　B良　C一般			
形	酒体形状	依据酒体形状分为 A优　B良　C一般			
	酒量	依据标准量要求分为 A优　B良　C一般			
整体评价			改进建议		

（二）能力评价

内容		评价	
学习目标	评价项目和要求	小组评价	教师评价
知识	掌握白兰地著名品牌及其特点等相关知识		
	掌握单饮类单份酒水操作要求、程序		
	掌握对客服务要求及沟通技巧、促销知识		
	掌握蒸馏酒相关知识		
专业能力	具备单饮类酒水调制与服务能力		
	正确识别酒标的能力		
	辨认与选择酒杯的能力		
	擦洗酒杯的能力		
	现金结账的能力		
	正确使用量酒杯的能力		

续表

内容		评价	
学习目标	评价项目和要求	小组评价	教师评价
社会能力	组织能力		
	沟通能力		
	解决问题能力		
	自我管理能力		
	创新能力		
	敬业精神		
	服务意识		
态度	爱岗敬业		
	态度认真		
整体评价		改进建议	

能力拓展

1. 巩固练习葡萄酒、威士忌、伏特加等酒水的单饮服务。
2. 掌握“四大干邑白兰地”的具体内容。
3. 收集以白兰地作为基酒的鸡尾酒配方。

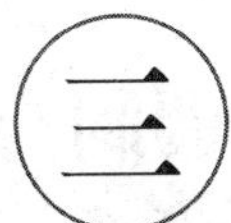

项目三

鸡尾酒调制与服务

导言

鸡尾酒的历史并不久远，但因其种类众多、颜色缤纷、口感多变等特点，深受客人的青睐。加之人们层出不穷的创意，成为世界流行的酒品，见图 3–1。

图 3–1 种类多样的鸡尾酒

【学习目标】

- 独立完成鸡尾酒调制与服务。
- 鸡尾酒创新及推销能力。
- 中英文对客服务能力。

任务1 “血腥玛丽”的调制与服务——调和法（不滤冰）

任务描述

血腥玛丽是一款经典的鸡尾酒，本任务要求独立完成以血腥玛丽为代表的调和法（不滤冰）鸡尾酒调制及服务，能介绍血腥玛丽鸡尾酒的故事、配方、鸡尾酒相关知识及伏特加的常识，熟练运用调和法调制其他知名鸡尾酒。

情境引入

血腥玛丽又称“西玛丽”，深受客人喜爱。刚上班，便有两位中年男士进入酒吧，刚坐定就说：“两杯血腥玛丽。”……小李说“好的，请二位稍等”，随后，便开始调制……

任务分析

完成血腥玛丽的操作和服务，应熟练掌握：

- “血腥玛丽”的配方及创作故事
- “血腥玛丽”鸡尾酒的特点
- 正确规范的调和法，鸡尾酒（不滤冰）调制及服务

必备知识

一、“血腥玛丽”的配方（见图 3–2）

- 伏特加 1oz
- 柠檬汁 0.5oz
- 辣酱油 1 滴
- 黑胡椒粉（适量）
- 盐（适量）（盐和胡椒不可多加，否则影响口味）
- 番茄汁（适量）
- 柠檬片
- 芹菜

图 3–2 “血腥玛丽”鸡尾酒

做法：海波杯加冰块至 3 分满，加入伏特加 1oz，柠檬汁 0.5oz，辣酱油 1 滴，酸辣1滴，黑胡椒粉（适量），盐（适量），再注入番茄汁至8分满杯，用吧叉匙轻搅几下，夹取柠檬角置于杯口，芹菜棒于杯中，将酒杯置于杯垫上。

特点：血腥玛丽（Bloody Mary）是一款世界流行的鸡尾酒，甜、酸、苦、辣四味俱全，富有刺激性，夏季饮用可增进食欲。在美国禁酒令实施期间，血腥玛丽在当时的地下酒吧非常流行，还被称为“喝不醉的番茄汁”。血腥玛丽是鸡尾酒中的一款低度酒，鲜红的颜色加上淡淡的咸味，让人感觉有一股血腥的味道。

二、载杯及工具

载杯的选择：海波杯，见图 3–3。

海波杯（Highball Glass）又名高球杯，这种杯常用的容量是 8oz，平底、直身，圆筒形，常用于盛放软饮料、果汁、鸡尾酒、矿泉水，是酒吧中使用频率高、必备的杯子。

工具：冰夹、冰筒、量杯、吧匙、水果刀、砧板、垫盘、搅棒、吸管。

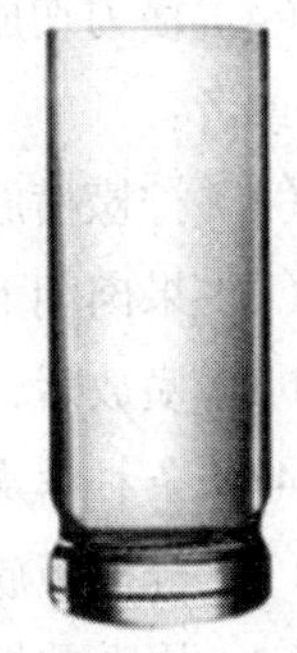

图 3–3 海波杯

三、装饰物的制作与搭配（芹菜、柠檬）

（一）芹菜棒（高于液面 5 厘米）作装饰，并代替搅拌棒

芹菜秆的切法为：

第一，首先切掉芹菜旁枝部分。

第二，测量酒杯的高度。

第三，切除过长不用的底部。

第四，粗大的芹菜秆可再切为两段或三段，叶子适当保留。

第五，将芹菜浸泡于冰水中，以免变色、发黄或萎缩。

（二）柠檬片的制作

1. 柠檬切片

（1）柠檬横放，由中心下刀从头到尾切成两半。

（2）由横切面中间直划 1/2 深的刀缝。

（3）平面朝下，每隔适当距离切片。

（4）半月形的柠檬片可挂于杯边装饰。

2. 柠檬圆片的切法

（1）柠檬放直，纵向下刀划约 1 厘米深。

（2）横放后每间隔适当距离横向下刀切成薄片。

（3）切成圆片可挂于杯边装饰。

3. 柠檬角的切法

（1）柠檬横放，切去头、蒂，由中央横向下刀一切为二。

（2）切面果肉朝下，再切成同等份或八等份。

（3）切成的柠檬角挤出果汁后放入饮料中（此种一般不挂杯边）。

或者：

（1）柠檬横放，切去头、蒂，由中央横向下刀一切为二。

（2）由横切面以刀轻划入 1/2 深的刀缝。

（3）直切成八面心月形。

（4）横刀切成半月形的水果片（此种不宜挤汁，应挂杯装饰）。

或者：

（1）柠檬横放，切去头、蒂，由中央横向下刀一切为二。

（2）果肉朝下，直刀切成两长条状（四瓣）。

（3）横放后，再直刀每间隔适当距离下刀切成三角形状。

4. 长条柠檬皮的切法

（1）柠檬横放，切去头、蒂。

（2）用吧匙把果肉挖出。

（3）挖出果肉后，一刀将外皮切成两片。

（4）切时由果肉部下刀，刀才不会打滑，也较省力。

四、调和法（不滤冰）鸡尾酒的调制方法及服务要求

调酒器具：冰桶、冰夹（冰铲）、调酒匙、量杯、鸡尾酒载杯、装饰物

制作方法：

第一，先将冰块放入清洁的调酒杯中。

第二，再将烈酒、配酒、糖、果汁及香料等倒入有冰块的酒杯中。

第三，用调酒匙在调酒杯中，顺时针转 2~3 圈。

第四，加上装饰物即可。

在提供服务时，客人坐在吧台边上，调酒师调好酒后直接给客人饮用，不再经过服务员的手。酒水调好后要为客人送上酒水，方法是取一个杯垫，放在客人面前的吧台上，然后拿起酒杯，放在杯垫上，并向客人面前轻推一下，表示可以饮用了；客人的座位不在吧台附近，调酒师调好鸡尾酒后，由酒吧服务人员送至客人面前。

拓展知识

一、伏特加的知名品牌

（一）Russian Vodka 俄罗斯伏特加

最初用大麦为原料，以后逐渐改用含淀粉的马铃薯和玉米。制造酒醪和蒸馏原酒并无特殊之处，只是过滤时将精馏而得的原酒，注入白桦活性炭过滤槽中，经缓慢的过滤程序，使精馏液与活性炭分子充分接触而净化，将所有原酒中所含的油类、酸类、醛类、酯类及其他微量元素除去，便可得到非常纯净的伏特加。俄罗斯伏特加酒液透明，

见图 3–4，除酒香外，几乎没有其他香味，口味凶烈，劲大冲鼻。度数一般在 40~55 度，属于低度烈性酒，纯度极高，今已跻身世界十大名酒行列。俄罗斯人吃的黑鱼子酱，喝的伏特加酒，是极尽民族风情的美食佳酿。所以在人们的印象中，只有俄罗斯制造的伏特加（Vodka）才是正宗的伏特加。其名品有：吉宝伏特加（Imperial Collection）、波士卡亚（Boshkaya）、苏联红牌（Stolichnaya）、苏联绿牌（Mosrovskaya）、柠檬那亚（Limonnaya）、斯大卡（Starka）、朱波罗夫卡（Zubrovka）、俄国卡亚（Russkaya）、哥丽尔卡（Gorilka）、斯丹达（Standard）、艾达龙（Etalon）……

图 3–4　俄罗斯伏特加

（二）Finlandia 芬兰伏特加

芬兰伏特加（见图 3–5）1970 年诞生于 Scandinavia，1971 年进入美国市场。选用纯正的冰川水及上等的大麦酿造，由于它的品质纯净且独具天然的北欧风味及传统，因而树立了高级伏特加的品牌形象。销量增长迅速，是全球免税店中最受欢迎的品牌之一。芬兰伏特加，不单酒瓶是一件取材于芬兰冰川冰柱形状的艺术品，其 60% 的主要成分——水，更是采用了经过一万多年冰碛过滤，保留了冰河时期的纯美形态清纯无比的芬兰冰川水。天然本质绝非净化、过滤或其他技术所能赋予。此外，芬兰伏特加为确保清纯之水源源不绝，更将水源方圆 1200 公顷皆纳入保护区。清纯水源加上生长在世上硕果仅存的洁净生态环境中的芬兰六棱大麦，恰恰构成了酿造最优质伏特加的先决条件。一般谷物成分中都含有油，在酿制过程中残留的油味会令伏特加的美味受到影响。六棱大麦孕育在芬兰的质朴空气与净水中，加上芬兰气候寒冷，土壤完全免受化学污染，因此六棱大麦天赋含油极少，用于酿造丝毫无损伏特加的天然口感，实可谓融合天地精华的造物恩赐。芬兰的 Koskenkorva 小镇，不仅是芬兰伏特加的出产地，更是绝对不可小觑的世上精良的酿酒厂。完善先进的酿酒技术，将每一滴芬兰伏特加输送到一组 7 排、长达 81 英尺的多层蒸馏管，以 200 个精密程序纯正蒸馏，令酒质完美无瑕。

图 3–5 芬兰伏特加

（三）Wyborowa 波兰维波罗瓦

维波罗瓦是波兰的顶级伏特加，也是世界上最古老的伏特加品牌。1823 年，在获得世界上最著名的品酒比赛第一名后，这种由黑麦提取，口感润滑的伏特加被授予了“世界第一品牌”的美名。它名副其实地代表了优美和高雅，如图 3–6 所示。

维波罗瓦以其清爽纯正迅速在世界各地流行，成为波兰伏特加酒的旗帜。

图 3–6 波兰维波罗瓦

图 3–7 法国灰雁伏特加

（四）Grey Goose 法国灰雁伏特加

法国灰雁伏特加，见图 3–7，广受欢迎的奢华伏特加，它的目标只有一个——成为世界上最佳口感的伏特加。产于法国干邑区，这个被世界所公认的最会酿酒的地方，灰雁伏特加获益于这个地区丰富悠长的创造美食、佳酿的传统。酒窖级酿酒师担保了法国灰雁伏特加每一个元素的无可挑剔的高质量。通常选用用于制作美味的法式糕点的 100% 的法国特选小麦，独一无二的一次五步蒸馏过程凸显了酒体的特殊风味，再加上由香槟区石灰岩自然过滤的纯净泉水，只有当酒体达到其最佳的口感时，酒窖级酿酒师才会感到满意。法国灰雁伏特加拥有饱满圆滑并带有微甜香气的口感，使人持久回味。

（五）Absolut Vodka 绝对伏特加

绝对伏特加是世界知名的伏特加酒品牌，见图 3–8，虽然伏特加酒起源于俄罗斯（一说波兰），但是绝对伏特加却产自一个人口仅有一万的瑞典南部小镇 Ahus。多年来，绝对伏特加不断采取富有创意而又高雅及幽默的方式诠释该品牌的核心价值：纯净、简单、完美。

图 3–8 绝对伏特加

如今，绝对伏特加家族拥有了同样优质的一系列产品，包括绝对伏特加（Absolut Vodka），绝对伏特加（辣椒味）Absolut Peppar，绝对伏特加（柠檬味）Absolut Citron，绝对伏特加（黑莓味）Absolut Kurant，绝对伏特加（柑橘味）Absolut Mandrin，绝对伏特加（香草味）Absolut Vanilia 以及绝对伏特加（红莓味）Absolut Raspberry。1979 年推出的绝对伏特加（Absolut Vodka）口感丰厚，并富有谷物顺滑的特征；1986 年推出的绝对伏特加（辣椒味）Absolut Peppar 的口味混合着芬芳和些许辛辣，它综合了辣椒中的辣的成分以及特别的墨西哥辣椒的味道；1988 年推出的 Absolut Citron 取材于橘类水果，其中以柠檬为主，而加入其他的柑橘口味，使得 Absolut Citron 拥有了更加丰富的味道——独特的柠檬口味中夹杂着酸橙的丝丝甜味。1992 年推出的 Absolut Kurant 原料为黑醋栗（葡萄家族的一种），是一种气味芬芳的深色浆果，在灌木丛中能长到 6 尺高。带有浓烈黑醋栗口味的 Absolut Kurant 的口感酸甜，清新爽口。1999 年推出的 Absolut Mandrin 取料于柑橘类植物，为了使其口味更加丰满，其他橘子类口味水果亦被添加，丝丝甜味，口感丰富。2003 年推出的 Absolut Vanilia 由天然的香草制成，为了获得丰富的香滑口味，取材时选用完整的香草。因此，Absolut Vanilia 的独特口味中还混合着点点奶油香果和黑巧克力的味道。2004 年推出的 Absolut Raspberry 选用新鲜多汁的覆盆子的成熟果实，富有浓郁、丰厚的野果口味。

二、伏特加的特点

伏特加酒以谷物或马铃薯为原料，经过蒸馏制成高达 95 度的酒精，再用蒸馏水淡化至 40~60 度，再使酒液流经盛有大量木炭的容器，以吸附酒液中的杂质，每 10 升蒸馏液用 1.5 千克木炭连续过滤不得少于 8 小时，40 小时后至少要换掉 10% 的木炭，此酒不用陈酿即可出售、饮用，也有少量的如香型伏特加在稀释后还要经串香程序，使其具有芳香味道。

品质最好的伏特加通常都经过多次蒸馏和过滤来去除酒中的杂质，这留下了平滑和清新的口感而去掉了刺激的异味。一般来讲，蒸馏和过滤的次数越多，将会获得更高度数的纯度。

经过活性炭过滤，酒质更加晶莹澄澈，无色且清淡爽口，使人感到不甜、不苦、不涩，只有烈焰般的刺激。伏特加酒独具一格，是没有经过任何人工添加、调香、调味的基酒，因为伏特加本身没有任何杂质和杂味，不会影响鸡尾酒的口感。在各种调制鸡尾酒的基酒之中，是最具有灵活性、适应性和变通性的一种酒，是世界各大鸡尾酒的必用基酒。

小麦伏特加口感通常更加柔软和平滑；黑麦伏特加则更劲一些，并伴有淡淡的香料的味道；而马铃薯的伏特加有种奶油般的质感。

三、伏特加的分类

一类是无色、无杂味的原味伏特加（Neutral Vodka），此类伏特加无须陈酿，适合调制各类鸡尾酒；另一类是添加了各种香料的调味伏特加（Flavored Vodka），常见的口味有各类水果：柠檬、橙子、水蜜桃、覆盆子等，纯饮味道果香四溢，也可以用来调配风味各异的鸡尾酒。

由于原味伏特加纯净、无色、无杂味，很多酒吧为了增加营销的噱头，采用伏特加浸泡各种水果、草药、香料然后进行销售，深受消费者喜爱；甚至有人把酒直接倒入大型水果中（如西瓜），冰镇后饮用，超赞的口感和强劲的酒度让人欲罢不能；调酒师也以此为灵感，在酒中泡制各种原料来制作属于自己的独门基酒，为鸡尾酒的调制拓宽了思路。

但是在酒吧中出现的各种果冻、小熊软糖不要轻易去尝试，因为有可能是被伏特加浸泡过的，酒味隐藏在糖果之中，被糖果的香气掩盖，一两块下去就能醉人；在瑞典有一款在酒中添加了黄绿色草叶（Buffalo Grass）的“野牛伏特加”颇有名气，北欧寒冷地区的雪地里奇迹般地生长着一种绿色的草，野牛喜欢吃这种草叶，人们把这种草叶放入酒里以期望像野牛一样强壮，这类酒的代表品牌是 Zubrowka。由此可见，伏特加是一款超具亲和力的基酒，可以与各种水果、香料、草药等原料轻易地融合，在品饮和调酒领域给人们带来新的感受。

另外，世界上最烈的蒸馏酒是近些年来走入人们视野的“生命之水”，原产地为波兰，酒度竟然高达可怕的 96 度，令人“望而生畏”，实际上这类酒是在多次蒸馏之后，没有经过软水稀释这道工序，直接拿到市场上销售的一种噱头产品。任何种类的蒸馏酒，多次蒸馏后不经稀释也能做到，建议不要轻易尝试此类酒品。

四、饮用方法和服务要求

伏特加既可作佐食酒又可作餐后酒，既可净饮，也可加入冰块、水或果汁兑饮，或调制鸡尾酒。纯饮用古典杯（威士忌杯）一般不加冰，纯饮伏特加的术语叫作“挂霜”，指伏特加在饮用之前冷却至结霜状态，口感才是最佳，也可选择烈性酒杯，其饮用属于成为“shot”指在烈性酒杯中倒满伏特加（其他种类的酒也可以），然后一饮而尽，甚至有的客人为了追求刺激，把伏特加点燃，连续喝掉多杯，尽显豪迈的同时要注意安全保障；调配鸡尾酒根据配方选择相应的载杯。调配鸡尾酒根据配方选择载杯。

知识链接

一、鸡尾酒的定义

鸡尾酒是由两种或两种以上的酒（以威士忌、朗姆酒等烈酒或发酵酒为基酒）加入各种配料（果汁、蛋、奶、糖等原料）配合而成，使用摇荡或搅拌等方法，最后饰以装饰物，调配而成的具有一定营养价值和欣赏价值的酒。

二、鸡尾酒的起源及发展

鸡尾酒是一种含酒的混合饮品，它的历史几乎和酒的历史一样久远，人们既然酿出了美酒，也很自然地想出多种多样的享用方法。在古埃及，就有了在啤酒中掺入蜂蜜来饮用的混合酒，古罗马人也将一些混合物掺到葡萄酒中饮用，古代中国人最早将酒用冰冷却后饮用，在中世纪的时候，就有欧洲人将药草和葡萄酒放到锅里加热后饮用，这个时期鸡尾酒的名称还未诞生。

第一次有关鸡尾酒的文字记载是在1806年，美国的一本叫《平衡》的杂志中首次详细地解释了鸡尾酒，鸡尾酒就是一种由几种烈酒混合而成的，并加糖/水/冰块/苦味酒的提神饮料。

1862年由托马斯撰写的第一本关于鸡尾酒的专著出版了，书的名字是《如何调配饮料》。托马斯是鸡尾酒发展的关键人物之一，他遍访欧洲的大小城镇，收集整理鸡尾酒的配方，并开始混合调配饮料，从那时起鸡尾酒才开始进入酒吧，并逐渐成为流行的饮料。

鸡尾酒自身的世界性传播可追溯到100多年前的美国，当时美国的制冰业正向工业化迈进，这无疑为鸡尾酒的迅速发展奠定了基础，使得美国成为当时鸡尾酒最为盛行的一个国家，美国调酒师的技艺也是最为高超的。

最初的鸡尾酒饮料市场，主要为男人们独享的辣味饮料所占据，后来，随着鸡尾酒的广泛饮用，为满足那些不能承受酒精的饮用者，才派生出了适合妇女口味的甜味饮料。

到了美国的禁酒年代（1920年1月17日至1933年12月5日），美国的禁酒令造成了名调酒师的外流，他们到了法国或英国后，有了用武之地，也促成了欧洲乃至世界鸡尾酒黄金时代的到来。

三、鸡尾酒的特点

一直以来，人们对于鸡尾酒的态度褒贬不一：有人认为配制鸡尾酒是“酒盲”的行为，把好端端的极名贵的酒糟蹋得不成样子，多年精心酿制成的色、香、味、体全被破坏于瞬间，他们反对饮用混合酒；另一些人却认为饮用鸡尾酒美妙极了，开辟了酒的色、香、味的新领域，还含有只能意会不能言传的意境，饮用鸡尾酒是一种艺术享受。实践证明，鸡尾酒以它特有的魅力赢得了人们的赞誉，各种配方层出不穷，成为宴席上不可缺少的饮料。鸡尾酒非常讲究色、香、味、形的兼备，故又称艺术酒。

美国鸡尾酒鉴赏界权威人物——厄思勃里曾对鸡尾酒的酒性及特色做出过这样全面深入的阐释：“它（鸡尾酒）应该是增进食欲的滋润剂，而绝不能与之背道而驰；它既能刺激食欲，又必须能够使人兴奋，否则就没有任何意义了；它必须有卓越的口味，如果太甜、太苦或是太香都会掩盖品尝酒味的能力，降低酒的品质；它需要足够的冷却，所以用高脚酒杯，烫酒最不合适；调制时需加冰，加冰量应严格按照配方控制，而且冰块也必须要达到要求的融化程度。”

四、鸡尾酒的分类

鸡尾酒的发展速度极为惊人，目前世界上流行的配方有三四千种之多，种类各异，因此鸡尾酒的分类方法有很多，每种方法从不同的角度对鸡尾酒进行分类，具体内容如下。

（一）按饮用时间和容量划分

1. 短饮类（Short Drinks）

基酒所占比重大，酒精含量高，28 度左右，需要在短时间内饮尽，通常使用调和法或摇和法来进行调制，载杯为典型的鸡尾酒杯，酒量约 60ml，3~4 口喝完，不加冰，10~20 分钟内不变味，适合餐前饮用。

2. 长饮类（Long Drinks）

基酒所占比重小，酒精含量低，在 8 度左右，放置 30 分钟也不会影响风味的鸡尾酒，加冰，适合餐时或餐后饮用，通常使用兑和法、摇和法或搅和法来进行调制，载杯为典型的平底高杯，也可以使用富有创意的独特酒杯。

（二）按饮用温度划分

1. 冷饮类（Cold Drinks）

温度控制在 5~6℃的鸡尾酒。

2. 热饮类（Hot Drinks）

温度控制在 60~80℃，以 Hot Whisky Today 最具代表性。

（三）按鸡尾酒的味道划分

可分为 5 种：甘、辛、中甘、中辛、酸。

（四）按饮用时段划分

可分为：餐前、餐后、全天。

（五）按所用基酒划分

包括以白兰地为基酒调制的鸡尾酒、以威士忌为基酒调制的鸡尾酒、以伏特加为基酒调制的鸡尾酒、以金酒为基酒调制的鸡尾酒、以朗姆酒为基酒调制的鸡尾酒、以特基拉为基酒调制的鸡尾酒。

（六）鸡尾酒综合分类法

所谓综合分类法是目前世界上最流行的一种分类方法，将上千种鸡尾酒按照调制后的成品的特色和调制材料的构成等诸多因素分成了30余类。

1. 霸克类（Bucks）

Bucks（霸克）类鸡尾酒是用烈酒，加姜汽水、冰块，采用兑和法调配而成，饰以柠檬，使用高杯装载酒品 。

2. 考伯乐类（Cobblers）

Cobblers（考伯乐）是长饮类饮料，可用白兰地等烈性酒加橙皮甜酒或糖浆，或摇或搅调制而成，再饰以水果。这类酒酒精含量较少，是公认的受人们喜爱的饮料，尤其是酷热天气时。

3. 柯林类（Collins）

Collins（柯林饮料）是一种酒精含量较低的长饮类饮料，通常以威士忌、金酒等烈性酒，加柠檬汁、糖浆或苏打水兑和而成。

4. 奶油类（Creams）

Creams是奶油类鸡尾酒，它是以烈性酒加一至两种利口酒摇制而成，口味较甜，柔顺可口，餐后饮用效果颇佳，尤其深受女士们的青睐，如青草蜢、白兰地亚历山大等。

5. 杯饮类（Cups）

Cups（杯饮）类鸡尾酒通常以烈性酒如白兰地等加橙皮甜酒、水果等调制而成，但目前以葡萄酒为基酒调制已成为时尚，该类酒一般用高脚杯或大杯装载。

6. 冷饮类（Coolers）

Coolers（冷饮）是一种清凉饮料，以烈酒兑和姜汽水或苏打水、石榴糖浆等调制而成，与柯林类饮料同属一类，但通常有一条切成螺旋状的果皮做装饰。

7. 克拉斯特类（Crustar）

Crustar（克拉斯特）是用各类烈性酒如金酒、朗姆酒、白兰地等加冰霜稀释而成，属于短饮类饮料。

8. 得其利类（Daiquiris）

Daiquris（得其利）属于酸酒类饮料，它主要是以朗姆酒为基酒，加上柠檬汁和糖配制而成的冰镇饮料，调成的酒品非常清新，需立即饮用，因为长时间放置使得它们容易分层。

9. 黛西类（Daisy）

Daisy（黛西）类鸡尾酒是以烈酒如金酒、威士忌、白兰地等为基酒，加糖浆、柠檬或苏打水等调制而成，属于酒精含量较高的短饮料鸡尾酒。

10. 蛋诺类（Egg Nogs）

Egg Nogs（蛋诺酒）是一种酒精含量较少的长饮类饮料，通常是用烈性酒，威士忌、朗姆酒等加入牛奶、鸡蛋、糖、豆蔻粉等调制而成，装入高杯或异型鸡尾酒杯内饮用。

11. 菲克斯类（Fixes）

Fixes（菲克斯）是一种以烈性酒为基酒，加入柠檬、糖和水等兑和而成的长饮类饮料，常以高杯作载杯。

12. 菲斯类（Fizz）

Fizz（菲斯），它是一种以烈性酒如金酒为基酒，加入蛋清、糖浆、苏打水等调配而成的长饮类饮料，因最后兑入苏打水时有一种“嘶嘶”的声音而得名，如金菲士等。

13. 菲力普类（Flips）

Flips（菲力普）通常以烈性酒如金酒、威士忌、白兰地、朗姆等为基酒，加糖浆、鸡蛋和豆蔻粉等调配而成，采用摇和的方法调制，以葡萄酒杯为载杯，如白兰地菲力普。

14. 弗来培类（Frappes）

Frappes（弗来培）是一种以烈性酒为基酒，加各类利口酒和碎冰调制而成的短饮类饮料，它也可以只用利口酒加碎冰调制，最常见的是以薄荷酒加碎冰。

15. 高杯类（Highball）

Highball（高杯饮料）是一种最为常见的混合饮料，它通常是以烈性酒，如金酒、威士忌、伏特加、朗姆酒等为基酒，兑以苏打水、汤尼克水或姜汽水兑和而成，并以高杯作为载杯因而得名，这是一类很受欢迎的清凉饮料。

16. 热托地（Hot Toddy）

Hot Toddy（热托地）是一种热饮，它是以烈性酒如白兰地、朗姆酒为基酒，兑以糖浆和开水，并缀以丁香、柠檬皮等材料制成，适宜冬季饮用。

17. 热饮类（Hot Drinks）

Hot Drinks（热饮）与热托地相同，同属于热饮类鸡尾酒，通常以烈性酒为基酒，以鸡蛋、糖、热牛奶等辅料调制而成，并采用带把杯为载杯，具有暖胃、滋养等功效。

18. 朱力普类（Juleps）

Juleps（朱力普），俗称薄荷酒，常以烈性酒如白兰地、朗姆等为基酒加入刨冰、水、糖粉、薄荷叶等材料制成，并用糖圈杯口装饰。

19. 马天尼类（Martini）

Martini（马天尼）是用金酒和味美思等材料调制而成的短饮类鸡尾酒，也是当今最流行的传统鸡尾酒，它分甜型、干型和中型 3 种，其中以干型马天尼最为流行，由金酒加干味美思调制而成，并以柠檬皮做装饰，酒液芳香，深受饮酒者喜爱。

20. 曼哈顿类（Manhattan）

Manhattan（曼哈顿）与马提尼同属短饮类，是由黑麦威士忌加味美思调配而成，尤以甜曼哈顿最为著名，其名来自于美国纽约哈德逊河口的曼哈顿岛，其配方经过了多次的演变至今已趋于简单。甜曼哈顿通常以樱桃装饰，干曼哈顿则用橄榄装饰。

21. 老式酒类（Old Fashioned）

老式酒类，又称为古典鸡尾酒，是一种传统的鸡尾酒，调制的原材料包括烈性酒，主要是波旁威士忌、白兰地等，加上糖、苦精、水及各种水果等采用兑和法调制而成，采用正宗的老式杯装载酒品。

22. 宾治类（Punch）

Punch（宾治）是较大型的酒会必不可少的饮料，宾治有含酒精的，也有不含酒精的，即使含酒精，其酒精含量也很低，调制的主要材料是烈性酒、葡萄酒和各类果汁，宾治酒变化多端，具有浓、淡、香、甜、冷、热、滋养等特点，适合于各种场合饮用。

23. 彩虹类（Pousse Cafe）

Pousse Cafe（普斯咖啡），又称为彩虹酒，是以白兰地、利口酒、石榴糖浆等多种含糖量不同的材料，按其比重不同依次兑入高脚甜酒杯中而成，制作工艺不复杂，但技术要求较高，尤其是要了解各种酒品的比重。

24. 瑞克类（Rickeys）

Rickeys（瑞克）是一种以烈性酒为基酒，加入苏打水、青柠汁等调配而成的长饮类饮料，与柯林类饮料同类。

25. 珊格瑞类（Sangaree）

Sangaree（珊格瑞）类饮料不仅可以用通常的烈性酒配制，还可以用葡萄酒和其他基酒配制，属于短饮类饮料。

26. 思迈斯类（Smashes）

Smashes（思迈斯）是朱力普中一种较淡的饮料是用烈性酒、薄荷、糖等材料调制而成，加碎冰饮用。

27. 司令类（Slings）

Slings（司令）是以烈性酒如金酒等为基酒，加入利口酒、果汁等调制，并兑以苏打水混合而成，这类饮料酒精含量较少，清凉爽口，很适宜在热带地区或夏季饮用，如新加坡司令等。

28. 酸酒类（Sours）

Sours（酸酒）可分短饮酸酒和长饮酸酒两类，酸酒类饮料的基本材料是以烈性酒为基酒，如威士忌、金酒、白兰地等，以柠檬汁或青柠汁和适量糖粉为辅料，长饮类酸酒是兑以苏打水以降低酒品的酸度，酸酒通常以特制的酸酒杯为载杯，以柠檬块装饰，常见的酒品有威士忌酸酒、白兰地酸酒等。

29. 双料鸡尾酒类（Two-Liquor Drinks）

Tow-Liquor Drinks 被称为双料鸡尾酒，它是以一种烈性酒与另一种酒精饮料调配而成的鸡尾酒，这类鸡尾酒口味特点是偏甜，最初主要作餐后甜酒，但现在任何时候都可以饮用，著名的酒品有生锈钉、黑俄罗斯等。

30. 赞比类（Zombie）

Zombie（赞比）俗称蛇神酒，是一种以朗姆酒等为基酒，兑以果汁、水果、水等调制而成的长饮类饮料，其酒精含量一般较低。

31. 洛克类（On The Rocks）

此类鸡尾酒把各种原材料直接倒入载杯中，即通常使用兑和法来调制。其载杯为典型的古典酒杯（也称为威士忌杯），杯中加入适量的方冰块是必不可少的操作程序。

32. 舒特（Shooter）

此类鸡尾酒通常使用摇和法或兑和法来进行调制，大家很熟悉的彩层酒就属于舒特类酒。

此外，还有漂漂类（Float）、提神酒类（Pick-me-up）、斯威泽类（Swizz1e）、无酒精类、赞明类（Zoom）等。

五、鸡尾酒的构成

鸡尾酒由基酒、配料、载杯、冰块、装饰物等构成。

（一）调制鸡尾酒的基酒

1. 六大蒸馏酒

白兰地（Brandy）、威士忌（Whiskey）、伏特加（Vodka）、金酒（Gin）、朗姆酒（Rum）、特基拉（Tequila）。

2. 各类利口酒（Liqueur）

包括果实类、种子类、植物草药类、乳脂类等利口酒。

（二）各类配料

1. 五大汽水

苏打汽水（Soda Water）、汤力水（Tonic Water）、姜汁汽水（Ginger Water）、七喜汽水（7-UP）、可乐（Cola）。

2. 果汁

柳橙汁、凤梨汁、番茄汁、葡萄汁、芭乐汁、苹果汁、小红莓果汁、运动饮料、杨桃汁、椰子汁等。

3. 其他配料

包括红石榴汁（Grenadine）、柠檬汁（Lemon）、莱姆汁（Lime）、鲜奶油（gream）、椰奶（Pina Colada）、鲜奶（Milk）、蜂蜜（Honey）、蓝柑汁（Blue Curacao Syrup）、薄荷蜜（Peppermint Syrup）、可尔必思（Calpis）、葡萄糖浆（Grape Syrup）等。

4. 备用配料（调料）

包括肉桂、薄荷、丁香、柠檬、豆蔻粉、芹菜、红樱桃、绿樱桃、香草片、洋葱粒、橄榄粒、辣椒酱、盐、糖等。

（三）载杯的选择

杯具按用途分有很多种，有甜酒杯、白兰地杯、鸡尾酒杯、啤酒杯、威士忌杯等；样式也有很多种，一般人们常见到的有平底杯、带“脚”杯、平光杯、刻花纹杯、水晶杯等；质地上也有玻璃杯、塑料杯、瓷杯、磨砂杯等。在酒吧中多采用平面透明的玻璃杯，这样客人可以更直接欣赏到五颜六色的酒液。

（四）冰块

冰块会给鸡尾酒带来冷却后的舒爽口感，大多数鸡尾酒属于冷饮类，因此，冰块的作用不言而喻，而近些年来，日式调酒大行其道，在冰的运用上日本调酒师有着独到的见解：他们认为在鸡尾酒的领域当中，冰块和酒的地位同样重要。这就不仅仅是带有过滤系统的制冰机所能做到的了，现在很多现代酒吧采用日式调酒手工制冰的方式为客人提供更优质、更细腻的服务，把纯净水缓慢地冷冻大约 96 小时，保证冰块的透明和质地的坚硬，然后采用手工切割的方式根据不同载杯的形状及应用来制作冰块、凿制冰球，需要认真练习做到操作的熟练和流畅，看调酒师娴熟地制冰操作也是一种美妙的享受。

有的制冰企业专门制作出酒吧需要的各种专业水准的冰块为酒吧供货，甚至有业界的大咖自己研发并制作制冰设备，投放市场后反馈超好，当然高科技研发的高成本的制冰设备必有高回报。

（五）装饰物

鸡尾酒的装饰物应起到锦上添花、画龙点睛的作用，在装饰的同时使酒的档次瞬间提升，因此应熟练掌握，并精心制作。装饰物与酒的搭配力求完美，而装饰物分为以下几个种类：点缀型（菠萝、樱桃等水果），调味型（盐、糖、胡椒粉、豆蔻粉等），实用型（搅棒、酒签等）。装饰物的选择与搭配在以符合鸡尾酒颜色、口味的基础之上应更注重突出鸡尾酒的意境，使一杯鸡尾酒由普通的商品升华为艺术品。

可由最基础的樱桃、柠檬的搭配组合作为基础训练，既练习了刀工，又掌握色彩与形状的构图与搭配，如图 3–9 所示。

图 3–9 常见的樱桃与柠檬片的组合与搭配

（六）基本工具

包括雪克杯（Shaker）、量杯（Measuring Cup）、开瓶器（Bottle & Can Opener）、挖球器（Melon Baller）、葡萄酒开瓶器（Corkscrew）、冰夹（Ice Tongs）、捣拌棒（Muddler）、鸡尾酒饰针（Cocktail Spear）、调酒棒（Stirrer）、果汁机（Blender）、碎冰锥（Ice Pick）、苦味瓶（Bitters Bottle）、砧板（Cut Board）、碎冰机（Ice Crusher）等，如图 3-10 所示。

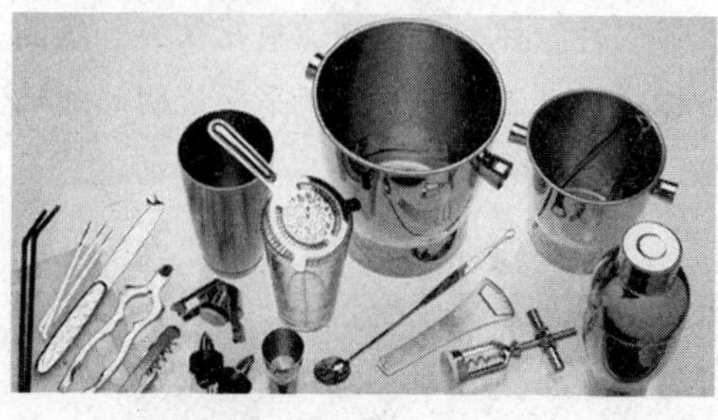

图 3-10　鸡尾酒调制基本工具

完成任务

一、伏特加著名品牌的认知

通过本节内容的学习，应熟记几类伏特加著名品牌，并完成下表。

序号	品牌（英文）	中文名称	产地	类型	特点	其他

二、按标准独立完成“血腥玛丽”的调制及服务

（一）分组练习

每 3~5 人为一小组，分别扮演调酒师、吧员、客人等不同角色，然后按顺序完成调酒任务并提供对客服务。练习过程中仔细观察每个人的动作及服务效果。

（二）讨论、对比

对每个人的表现进行组内分析讨论、组间对比互评，加深对整个对客服务步骤、方法及要求的理解与掌握。

能力评价

一、分组练习

每 3~5 人为一小组，练习以伏特加为基酒、用调和法调制的其他鸡尾酒，如螺丝刀、哈维撞墙、白色俄罗斯。

二、综合评价

教师对各小组的制作过程、成品、酒水服务进行讲评。然后把个人评价、小组评

价、教师评价简要填入以下评价表中。

被考评人					
考评地点					
考评内容					
考评标准	内容	分值 / 分	自我评价 / 分	小组评议 / 分	实际得分 / 分
	熟知鸡尾酒的分类和基本结构	10			
	熟悉掌握鸡尾酒的调制方法及原则	20			
	熟记调制鸡尾酒的步骤及注意事项	10			
	掌握品尝、鉴别鸡尾酒的步骤及技巧	20			
	掌握鸡尾酒及基酒相关知识	20			
	鸡尾酒促销能力	10			
	鸡尾酒规范服务	10			
合计		100			

能力拓展

1. 巩固练习以“血腥玛丽”为代表的调和法鸡尾酒的调制与服务。
2. 伏特加酒的推销及服务。

任务2 “马天尼”的调制与服务——调和法（滤冰）

任务描述

“马天尼”被称为鸡尾酒之王，独立完成以“马天尼”为代表的调和法（滤冰）鸡尾酒调制及服务；主动介绍和能够回答客人有关马天尼配方、特点以及主酒金酒的相关问题；并能够独立完成其他调和法鸡尾酒的调制及推销。

情境引入

一位看上去文质彬彬的客人点了“马天尼”，小李边调制边跟客人聊起了“马天尼”……

任务分析

完成“马天尼”的操作和服务，应：

- 熟练掌握“马天尼”的配方
- 正确规范的调和法鸡尾酒（滤冰）调制及服务

必备知识

一、“马天尼”的配方

（一）干马天尼（Dry Martini）

配方：金酒 1.5oz，干味美思 5 滴。

制法：加冰块搅匀后滤入鸡尾酒杯，用橄榄和柠檬皮装饰。如果将装饰物改成“珍珠洋葱”，干马提尼就变成“吉普森”了。

（二）甜马天尼（Sweet Martini）

配方：金酒 1oz，甜味美思 2/3oz。

制法：加冰块搅匀后滤入鸡尾酒杯，使用红樱桃一枚做装饰，如图 3–11 所示。

（三）中性马天尼（Medium Martini）

配方：金酒 1oz，干味美思 1/2oz，甜味美思 1/2oz。

制法：加冰块搅匀后滤入鸡尾酒杯，用樱桃和柠檬皮装饰。“中性马天尼”又称为完美型马天尼（Perfect Martini）。

图 3–11 “马天尼”鸡尾酒

在鸡尾酒中马天尼的调法最多。人们称它为鸡尾酒中的杰作、鸡尾酒之王，虽然它只是由金酒和味美思搅拌调制而成，但是口感却非常锐利、深奥。

二、载杯的认知

载杯的选择：鸡尾酒杯（Cocktail Glass）。

鸡尾酒杯形状呈倒三角形，常用的容量是 120ml，盛放短饮类鸡尾酒，也是酒吧中使用频率高、必备的杯子。

三、装饰物的制作与搭配

装饰物：青橄榄。

装饰物的制作：用酒签穿青橄榄作装饰。

四、调和法（滤冰）鸡尾酒的调制方法及服务要求

（一）调酒用品

冰桶、冰夹（冰铲）、调酒杯、调酒匙、量杯、滤冰器、鸡尾酒载杯、装饰物。

（二）制作方法

1. 先将冰块放入清洁的调酒杯中。

2. 再将烈酒、配酒、糖、果汁及香料等倒入有冰块的调酒杯中。

3. 用调酒匙在调酒杯中，正转 2~3 圈。

4. 移开调酒匙，加上滤冰器，把酒液倒入载酒杯中，如图 3–12 所示。

5. 再加上装饰品即可。

在提供服务时，客人坐在吧台边上，调酒师调好酒后直接给客人饮用，不再经过服务员的手。酒水调好后要为客人送上酒水，方法是取一个杯垫，放在客人面前的吧台上，然后拿起酒杯，放在杯垫上，并向客人面前轻推一下，表示可以饮用了；若客人的座位不在吧台附近，调酒师调好鸡尾酒后，由酒吧服务人员送至客人面前。

图 3–12 “马天尼”制作方法

拓展知识

一、金酒的定义

金酒（Gin）又称为杜松子酒，以谷物为原料经发酵蒸馏成酒液，再以杜松子（Juniper Berry）等用浸泡或串香工艺制成。

二、金酒的知名品牌

（一）Beefeater（必发达）

Beefeater London Dry Gin 是唯一的在伦敦蒸馏得来的金酒，见图 3–13，是世界上出口总量最高的高级金酒，在 170 个国家大受欢迎。James 从 1820 年在伦敦开始了对化学和蒸馏技术的学习，他选择“Beefeater”作为金酒的名字是因为他的灵感来自伦敦塔下那自豪的士兵。

（二）Gordon's Gin（哥顿）

1769 年，阿历山在 · 哥顿在伦敦创办金酒厂，将经过多重蒸馏的酒精，配以杜松子、芫荽种子及多种香草，开发并完善了不含糖的金酒，调制出香味独特的哥顿金酒（口感滑润、酒味芳香的伦敦干酒），如图 3–14 所示。哥顿金酒更于 1925 年获皇家特许状，今天哥顿金酒的出口量为英国伦敦金酒之冠军，在世界市场中，销量高达每秒四瓶。

图 3–13 必发达金酒

图 3–14 哥顿金酒

（三）Tanqueray（添加利）

添加利属英式干金酒，由添加利哥顿公司生产，该公司由哥顿公司与查尔斯添加利公司于 1898 年合并产生。添加利金酒是金酒中的极品名酿，深厚甘冽，具有独特的杜松子及其他香草配料的香味，广受人们喜爱。添加利金酒使用一种特殊植物酿制而成，这种植物长到 18 个月时成熟，产生丰富的芳香植物油，这种油带给添加利金酒以圆满的口感。这种植物的成熟和混合要在调酒大师最仔细的控制之下进行，以确保每瓶酒的稳定的品质与口感。

添加利金酒是唯一的一种用“一次通过”的蒸馏方法酿制而成的金酒，如图 3–15 所示。这种方法能使植物的真正口感得以释放出来。添加利金酒是通过四倍蒸馏法来去除杂质的，这种方法酿制出了口感最为平滑圆润的金酒。

（四）Bombay Sapphier（孟买蓝宝石）

蓝宝石金酒的配方是基于最古老的配方之一的一款高档伦敦干金酒，见图 3–16，最初诞生在 1761 年英国的西北部，自从那时起这个秘密的配方就被一代一代地传下来了。凭借其精致绝伦的外观和口感，配以其刻有异国的药材版画而又充满现代感的蓝宝石蓝色酒瓶，孟买蓝宝石金酒在引领全球时尚的城市如纽约、巴黎、伦敦等地掀起热潮。孟买蓝宝石金酒被全球认为是最优质最高档的金酒，与仅仅用 4~5 种草药浸泡而成的普通金酒相比较，孟买蓝宝石金酒将酒蒸馏汽化，通过 10 种世界各地采集而来的草药精酿而成。如此独特的工艺，赋予了孟买蓝宝石金酒与众不同的口感，酒体顺滑、花香馥郁，口味活泼轻柔，回味较短，比其他金酒更精致。与其他金酒和香料植物混在一起蒸馏的制作方法不同，Bombay Sapphire 在蒸馏时采用“头部蒸馏法”，即酒精蒸气经过“香料包”，汲取其中的芳香和味道。

图 3–15　添加利金酒

图 3–16　蓝宝石金酒

三、饮用方法和服务要求

英国金酒：适宜兑饮、调饮，或调配鸡尾酒，也可以单饮每客用量 1oz，纯饮、加冰皆可用古典杯（岩石杯），调配鸡尾酒根据配方选择载杯。

荷兰金酒：适宜单饮，选用利口酒杯，比英国金酒柔和，不加冰块纯饮味道非常甘美。

四、金酒的特点

无色透明，主要加味物质为刺柏浆果（杜松子），在此基础上添加了其他一些加味植物的精华——芫荽、黑醋栗、菖蒲根、小豆蔻、杏仁、茴香、苦橙、柠檬皮等，多种植物的芳香统一和谐，从而使其口感协调，酒体洁净醇和的风味让人在饮用时如同置身于山野林间。金酒除了净饮，更多的是作为鸡尾酒的基酒，无色、味淡是它的优势，配出的酒有上千种之多，称为“鸡尾酒的心脏”“鸡尾酒之王”。著名的除了马天尼，还有杜松子螺丝钻、修道院等。

五、金酒的分类

（一）按国家分

1. 伦敦干金酒（London Dry Gin）

伦敦金酒原则上是指一种酒的种类，而非产地标识。London Dry Gin、Dry Gin、Extra Dry Gin、Very Dry Gin 和 English Dry Gin，这些都是英国上议院给金酒一定地位的记号。而除了英国外，包括美国与澳大利亚在内的许多国家有生产属于此类金酒的产品。

一般以 75% 玉米，15% 大麦芽，10% 其他谷物为原料，有时也用甘蔗汁和糖蜜，酿酒后蒸馏，在蒸馏出口处放有香料，酒气通过时，带走香气成分。冷凝后取中间馏分，加水冲稀，约 40 度，清澈透明，具有光泽，杜松子香味突出，伴有其他香料香气。口感清新，爽适滑润，配的香料少则 4 种，多则 15 种，一般为 5~10 种，都是各厂家家传秘方，不对外出售。

2. 荷兰金酒（Dutch Gin）

荷兰金酒又称为 Hollands Gin，集中在 Amsterdam 和 Schiedam，维持着 400 多年前初上市时的风味特性，以麦芽酿制、蒸馏出来的白色基酒为基础，添加多种植物性香料后制成。荷兰金酒的酿造方法与英国金酒相似，较细腻，但荷兰金酒的口味甜，香料的气味也非常重。政府规定度数为 35 度，通常可直接拿来加冰饮用，一般不作为调酒的原料。

3. 美国金酒

美国金酒一般在橡木桶里陈化几年后再销售，主要有蒸馏金酒（Distiled Gin）和混合金酒（Mixed Gin）两大类，通常情况下，美国的蒸馏金酒在瓶底部有“D”（Distillation）字样。混合金酒是用食用酒精和杜松子简单混合而成的，很少用于单饮，多用于调制鸡尾酒。

美国“London Dry Gin”的含义：直接从英国进口；用英国许可证在美国生产，或聘请英国技术人员生产；严格按照英国干金酒配方和制作方法。

（二）按口味风格分

1. 辣味金酒（干金酒）。

2. 普利茅斯金酒。这是一种在英国西南港埠普利茅斯生产的金酒，由于最初金酒是由海员从欧陆本土传至英国的，因此作为金酒登陆英国的第一个重要海港，普利茅斯也拥有自己特殊风味的金酒，杜松子的气味并不似伦敦金酒般明显。普利茅斯严格规定必须在该城的范围内制造的金酒，才能挂上“普利茅斯金酒”的名称。

3. 老汤姆金酒（加甜金酒）。在辣味金酒中加入 2% 的糖分制成，使其带有怡人的甜辣味，是英国金酒的一个名牌。

4. 果味金酒（芳香金酒）。这是一种主要调味不以杜松子为主，而以黑刺李等植物作为调味香料的金酒。

知识链接

配制酒，又称调制酒，是酒类里面一个特殊的品种，不专属于哪个酒的类别，是混合的酒品。配制酒是一个比较复杂的酒品系列，它的诞生晚于其他单一酒品，发展却很快。配制酒主要有两种配制工艺，一种是在酒和酒之间进行勾兑配制，另一种是以酒与非酒精物质（包括液体、固体和气体）进行勾调配制。

一、配制酒的定义

配制酒（Integrated Alcoholic Beverages）以发酵酒、蒸馏酒或食用酒精为基酒，加入可食用的花、果、动植物或中草药或以食品添加剂为呈色、呈香及呈味物质，采用浸泡、煮沸、复蒸等不同工艺加工而成的改变了其原基酒风格的酒。

配制酒分为植物类配制酒、动物类配制酒、动植物配制酒及其他配制酒。配制酒的基酒可以是原汁酒，也可以是蒸馏酒，还可以两者兼而用之，配制酒较有名的也是欧洲主要产酒国，其中法国、意大利、匈牙利、希腊、瑞士、英国、德国、荷兰等国的产品最为有名。

二、配制酒的起源

公元前 420 年，古希腊“医学之父”——Hippocrates（希波克拉底）首先以葡萄酒为基酒调入肉桂香料制成“药酒”，形成了配制酒的雏形，此后欧洲国家修道院的修士竞相仿制这种“万能药”，并不断推陈出新。

15 世纪，意大利已经成为生产配制酒的主要国家。1533 年，Catherine de Medici 远嫁法国王储 Dauphin，意大利的配制酒因凯瑟琳的推崇在法国宫廷大行其道，并逐渐在法国流行。1749 年，意大利人 Justerini 在英国建立了“J&B”（Justerini & Brooks）酒厂，英国逐渐生产配制酒。随着欧洲的发展，配制酒的生产方法逐渐传到世界各地。

三、配制酒的分类

配制酒的品种繁多，风格各有不同，划分类别比较困难，较流行的分类法是将配制酒分为三大类：Aperitif（开胃酒）、Dessert Wine（餐后甜酒）和 Liqueur（利口酒）。

（一）开胃酒

开胃酒又称餐前酒，主要是以葡萄酒或蒸馏酒为原料加入植物的根、茎、叶、药材、香料等配制而成，在餐前喝能够刺激胃口、增加食欲。主要有味美思、比特酒、茴香酒三种。

（二）餐后甜酒

餐后甜酒宜与甜点配饮，如雪莉酒、波特酒、马德拉酒等。它常常以葡萄酒基为主体进行配制，但与利口酒有明显区别，其主要酒基一般是蒸馏酒。餐后甜酒的主要生产园有葡萄牙、西班牙、意大利等。

（三）利口酒

利口酒宜餐后饮用，是一种以葡萄酒、食用酒精或蒸馏酒为基酒，以各种调香物料配制并经过甜化处理的酒。利口酒也称为“甜酒”，具有三个显著的特征：一是调香物只采用浸制或兑制的方法加入酒基内，不做任何蒸馏处理；二是甜化剂是食糖或糖浆；三是大多在餐后饮用。

完成任务

一、金酒著名品牌的认知

通过本节内容的学习，应熟记几类金酒著名品牌，并完成下表。

序号	品牌（英文）	中文名称	产地	类型	特点	其他

二、按标准独立完成“马天尼”的调制及服务

（一）分组练习

每 3~5 人为一小组，分别扮演调酒师、吧员、客人等不同角色，然后按顺序完成调酒任务并提供对客服务。练习过程中仔细观察每个人的动作及服务效果。

（二）讨论、对比

对每个人的表现进行组内分析讨论、组间对比互评，加深对整个对客服务步骤、方法及要求的理解与掌握。

能力评价

一、巩固练习

以“马天尼”为代表的调和法鸡尾酒的调制与服务。

二、综合评价

教师对各小组的制作过程、成品、酒水服务进行讲评，然后把个人评价、小组评价简要填入以下评价表中。

被考评人					
考评地点					
考评内容					
考评标准	内容	分值 / 分	个人评价 / 分	小组评价 / 分	实际得分 / 分
	熟知鸡尾酒的分类和基本结构	10			
	熟悉掌握鸡尾酒的调制方法及原则	20			
	熟记调制鸡尾酒的步骤及注意事项	10			
	掌握品尝、鉴别鸡尾酒的步骤及技巧	20			
	掌握鸡尾酒及基酒相关知识	20			
	鸡尾酒促销能力	10			
	鸡尾酒规范服务	10			
合计		100			

能力拓展

完成变形马天尼鸡尾酒的调制及服务

（一）吉普生 Gibson

主酒：金酒 1.5oz、干味美思 5 滴。

调制方法：搅拌法。

载杯：鸡尾酒杯。

注意：小洋葱要用水果夹及樱桃叉制作，尽量不要穿出；刻度调酒杯中用来冷却液体材料的冰块约 1/2 杯即可。

（二）曼哈顿 Manhattan

配方：波本威士忌 1.5oz，甜味美思 5 滴，安格式苦精 1 滴，红樱桃装饰。

做法：用 1/2 满冰块冰刻度调酒杯，倒入配料，用吧叉匙搅拌均匀，倒入装饰好的鸡尾酒杯。

（三）调制其他鸡尾酒

1. 以金酒为基酒调和法调制环游世界、红粉佳人。

2. 金酒的推销及服务。

任务3 “B-52”的调制与服务——兑和法

任务描述

“B-52”轰炸机在酒吧里是很多客人喜欢的鸡尾酒之一，如图3-17所示。要能够独立完成以B-52为代表的兑和法、火焰鸡尾酒调制及服务，掌握兑和法鸡尾酒制作要点，总结短饮类鸡尾酒特点，能够介绍利口酒特点、品牌、饮用等相关知识并提供服务，能够调制并推销兑和法其他知名鸡尾酒（如天使之吻）。

图3-17 “B-52”鸡尾酒

情境引入

调酒师小李正在忙着给客人调制鸡尾酒，这时走来一位客人，“一杯B-52”，接下来小李边招呼这位客人，边调制“B-52”……

任务分析

完成B-52的操作和服务，应熟练掌握：

- “B-52”的配方。
- 正确规范的兑和法鸡尾酒调制及服务。
- 咖啡利口酒、奶油利口酒、橙皮利口酒的特点、品牌、饮用方法和服务要求。
- 能够调制并推销兑和法其他知名鸡尾酒。

必备知识

一、“B-52”的原料

- 甘露咖啡甜酒
- 百利甜酒
- 金万利

二、载杯的认知

载杯的选择：烈性酒杯，见图3-18。

特点：烈酒杯（Shot Glass）容量较小，多为1~2盎司，盛放净饮烈性酒和兑和鸡尾酒。

图3-18 烈酒杯

三、装饰物的制作与搭配

装饰物：火焰、柠檬片。

装饰物的制作：用火机点燃最上面的酒，用切好的柠檬片盖住火焰，如图 3–19 所示。

图 3–19　“B–52”成品及其装饰物

四、兑和法鸡尾酒的调制方法及服务要求

（一）用具

吧匙（Bar Spoon）、量酒器（Jigger）或酒嘴（Pour Spot）等。

（二）方法及程序

用吧匙的前段紧顶住杯子的内壁，匙背成 45°，在倒酒时要往匙背末端后 1/3 处倒，如图 3–20 所示。

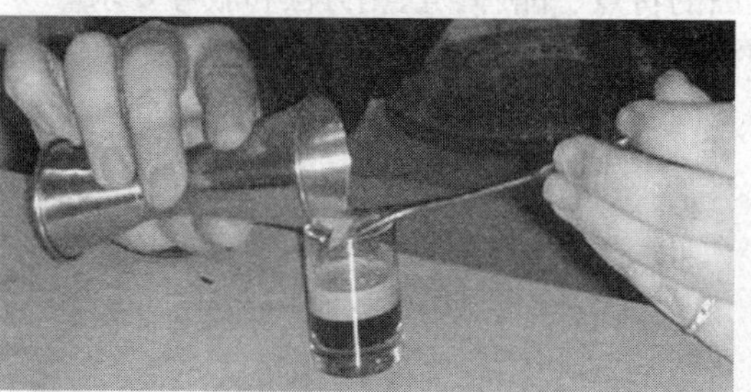

图 3–20　兑和法鸡尾酒的调制方法

常规调法：按照配方比重和程序依次把酒注入杯中分层。

职业调法：在日常的酒吧服务中为了促进经营销售，扩大宣传，给客人更实惠、更美好的体验，很多酒吧采用套餐销售，有的采用捆绑软饮料优惠的形式；有的采用多杯（半打或 1 打）捆绑优惠的形式，这就需要调酒师快速、清晰地调出多杯 B–52 鸡尾酒，用娴熟调酒技巧及时地为客人做好服务。具体步骤为：

（1）把咖啡利口酒注入杯中。

（2）把橙皮利口酒注入杯中，注意载杯的角度，可适当多注入一些。

（3）奶油利口酒瓶嘴插上酒嘴，用左手持杯，把酒杯向右倾斜，右手持瓶，用酒嘴紧紧抵住杯口，左手把酒杯扶正，右手慢慢抬起，让奶油利口酒借助酒嘴沿杯边缓缓注入，并托起橙皮利口酒分层。

（三）应注意的细节

1. 酒嘴的使用

酒嘴在打烊之前取下，瓶口旋紧瓶盖，把酒嘴清洗干净，留作第二天备用；如来不及取下，一定要用酒嘴专用小盖子盖住，以免小昆虫进入；利口酒的酒嘴要经常清洗，避免含糖量高的酒液堵塞酒嘴。

2. 助燃酒的使用

正常情况下，38 度的酒可以在温度、湿度适宜的情况下点燃，但是要经过预热——再燃烧的过程，需要一定时间，而在多杯酒都要点燃的情况下，慢慢预热显得过于拖沓，有的调酒师为了节约时间，经常会在 B-52 这类需要点燃的鸡尾酒中（酒液表面）加入酒度超高的烈酒，例如百加得 151，用其助燃，在使用此类酒度超高的烈酒时一定掌握好用量，一般 3~5 滴即可，不要过多地添加，而且一定提醒长发客人把头发拢好，不要散落在杯口附近，避免出现烧炸酒杯、烧伤客人的事故。

3. 服务时为客人附上柠檬片和吸管

有的客人不敢喝带着火焰的鸡尾酒，柠檬片是为了熄灭火焰用的，但是需要注意——火焰虽然熄灭了，但是杯口的温度依然很烫，仍需用吸管插入杯底，把酒一层层地吸上来，体验不同的利口酒在味蕾上的"轰炸"，这也是此款鸡尾酒 B-52 轰炸机的由来。如果客人在火焰点燃的情况下插入吸管，要提示客人：插入吸管之后，迅速地喝酒，否则吸管会被火焰融化在酒中，此杯酒就无法饮用了。如果客人吸干杯中的酒，火焰还未熄灭，可帮助客人熄灭杯中的火焰，最常用的方法是使用为客人提供的柠檬片盖住杯口。

拓展知识

一、短饮类（Short Drinks）鸡尾酒

基酒所占比重大，酒精含量高，28 度左右，需要在短时间内饮尽。通常使用调和法、兑和法或摇和法来进行调制，载杯为典型的鸡尾酒杯及烈性酒杯，用小型装饰物装饰。酒量 50~60ml，3~4 口喝完，不加冰，10~20 分钟内不变味，适合餐前饮用。

二、与 B-52 相关利口酒的知名品牌

（一）咖啡利口酒 Coffee Liqueur

咖啡利口酒是以咖啡豆为原料，食用酒精或蒸馏酒为基酒，加入糖、香料，并经勾兑、澄清、过滤等生产工艺配制而成的酒精饮料。酒精度 20~30 度，酒液呈深褐色，酒体较浓稠，咖啡香味浓郁，是一种极富特色的酒品。咖啡利口酒可加冰块纯饮或作为冷

热咖啡饮品、牛奶、冰激凌的调香佐料，亦是调制各种特色鸡尾酒的原料。

世界著名的咖啡利口酒品牌有原产于牙买加的添万利（Tia Maria），墨西哥的甘露（Kahlua），法国的咖啡乳酒（Creme de Cafe），以及荷兰波士公司生产的咖啡甜酒（Coffee Liqueur）。

1. 甘露咖啡力娇酒

一种来自墨西哥的充满异国情调的咖啡力娇酒，以墨西哥的咖啡豆为原料，以朗姆酒为基酒，并添加适量的可可及香草精制而成，见图 3–21，度数为 20 度，口味甜美，包装风格独特，具有浓厚的乡土气息。

甘露咖啡力娇酒可调制出超过 200 种的鸡尾酒和特色饮品，甘露咖啡力娇酒配以牛奶令人顺畅而满足，还可配以可乐、红牌伏特加、咖啡等，滋味都令人悠然神往 。

图 3–21　甘露咖啡力娇酒

2. 添万利咖啡利口酒

添万利是最早生产的咖啡酒品，也可音译为提亚玛利亚，起源于 18 世纪。世界上最好的咖啡豆是蓝山咖啡豆，最好的可可是委内瑞拉的可可，而添万利（TiaMaria）就是用这两种世界上最好的原料调配而成。以朗姆酒为基酒，加入糖、香料，并经勾兑、澄清、过滤等生产工艺配制而成的酒精饮料，酒液呈深褐色，酒体较浓稠，咖啡香味浓郁，是一种极富特色的酒品，具有突出的咖啡香味，略带香草味，度数为 31.5 度。

因为它的独特配方，添万利成了世界上最好的咖啡利口酒之一，它口感细腻，味道醇厚。当然，价格也较其他种类的咖啡酒要贵一些。国内现在的蓝山咖啡很多是仿造蓝山的口味而配制成的，不是真正的蓝山咖啡豆，而 TiaMaria 是由货真价实的蓝山咖啡豆酿制的。

（二）百利甜

1974 年开始在爱尔兰生产，现为迪亚吉欧旗下产品。以爱尔兰威士忌为基酒，配以新鲜爱尔兰奶油，优良的爱尔兰烈酒和天然饮料调配而成，带有芳香的巧克力味道，香滑细腻，低酒精、低热量，见图 3–22。行销全球 130 多个国家和地区，出口量占爱尔兰所有酒类出口的 50% 以上。

图 3–22　百利甜

百利甜酒保存温度在 0~25℃，最佳饮用期自灌装日期起两年，百利甜能保持其最佳口感。百利甜可直接饮用，也可以加入冰块或碎冰，亦可混入冰激凌饮用。将 50 毫升百利和 50 毫升牛奶倒入装有冰块的长形烈杯中，顺滑芳香；50 毫升百利加适量冰块，入口顺滑芳香，回味醇厚，是最能体会原味的饮用方法；把 1~2 勺百利淋在你喜爱的冰激凌上，带出更为纯正的奶香与柔滑；1:1 的乌龙茶和百利，加上适量冰块尽情摇动，清爽茶香配合了百利的浓郁口感；50 毫升百利、25 毫升尊尼获加（Johnnie Walker）及 10 毫升冰咖啡倒入鸡尾酒混合器中，加入 5 块冰块摇动，而后立即将之放置于马提尼酒杯中，将带来不一样的味觉体验。

（三）金万利 Grand Manier

金万利又称香橙干邑或柑曼怡，产于法国的干邑地区。橘香突出，口味凶烈，劲大，甘甜，醇浓。

金万利酒厂酿制了金万利香橙干邑白兰地，其五花八门的饮用方法，为不同饮家提供了形形色色的鸡尾酒款，金万利香橙干邑白兰地更可用以调制不同的甜品。香橙力娇酒将法国陈年干邑的名贵气质和热带野生柑橘的独特风情完美结合，透出传统和时代的意蕴。金万利一直是出口量最高的法国甜酒之一。

1880 年，路易斯·亚历山大·马尼埃·拉珀斯托（Louis Alexandre Marnier Lapostolle）始创了金万利香橙力娇酒，他大胆创新，突破传统，将罕有的热带野生柑橘和名贵的法国陈年干邑调配在一起，金万利香橙力娇酒由此成为品质纯正，典雅精致的象征。毫不意外，很快金万利就征服了人们挑剔的味蕾，在高级社交场所声誉鹊起。不仅进入了最高档的萨乌瓦酒店（Savoy）和里兹大酒店（Ritz）的顶尖酒吧，更出现在奥王弗兰茨·约瑟夫和英王爱德华七世的皇家宫廷。它既是正统的餐后酒，也在美食与甜点的制作中扮演重要角色，更是调配高档鸡尾酒不可或缺的成分——有些已经成为永恒的经典。

知识链接

一、利口酒简介

利口酒可以称为餐后甜酒，由英文 Liqueur 译音而得名，又译为“利口”或“力娇”，是以中性酒（如白兰地、威士忌、朗姆、金酒、伏特加或葡萄酒）为基酒，加入果汁或几种调香物品，或香料植物经过蒸馏、浸泡、熬煮等过程经过甜化处理而制成。颜色娇美，气味芬芳独特，酒味甜蜜。因含糖量高，相对密度较大，色彩鲜艳，常用来增加鸡尾酒的颜色和香味，突出其个性，由拉丁语“Liquifacere”“Cordials”演变而来，美国人称之为“Cordials”。

利口酒源自中世纪的欧洲，最早作为治病、保健、长寿的良方，由于酒中含有多种芳香物质，不仅改善了味道，还大大地增强了医疗效用。早在公元前 4 世纪时的希腊科斯岛上，有着“医学之父”这一美称的希波克拉底就已经开始尝试着在蒸馏酒中溶入各种药草来酿制一种具有医疗价值的药用酒，这便是利口酒的雏形。此后，这种药用酒又在传入欧洲后由对于利口酒的发展有着巨大的推动作用的修士们进行了一系列的改进，不仅削弱了它的药用性，而且提高了它作为一种健康饮品的饮用性能，以至于由当时的西同教堂出品的这种酒已经极有名气。

进入大航海时代之后，由于新大陆的发现，以及整个欧洲对于亚洲生长的植物的陆续引进，用以酿制利口酒的原料也逐渐变得丰富起来。到了18世纪以后，当时的人们变得更加重视水果的营养价值，这也要求利口酒的酿造工艺从所选原料到成品口味必须都要因为适应时代的需求而不断改变。

二、利口酒的制作方法

（1）蒸馏法：将基酒和香料同置于锅中蒸馏而成。

（2）浸泡法：将配料浸入基酒中使酒液从配料中充分吸收其味道和颜色，然后将配料滤出，目前使用最广。

（3）渗透过滤法：此法采用过滤器进行生产，上面玻璃内放草药、香料等，下面的玻璃球放基酒，加热后，酒往上升，带着香料、草药的气味下降再上升，再下降，如此循环往复，直到酒摄取了足够的香甜苦辣为止。

（4）混合法：将酒、糖浆或蜂蜜、食用香精混合在一起，也可叫勾兑法。

利口酒至少含2.5%的甜浆，可以是糖或蜂蜜，含糖量10%被标有“Dry”字样，多数含糖量为10%~20%，少数达到30%。被誉作“香甜酒”“液体宝石”，度数在17~30度，部分达40度，少数50度以上。主要生产国为法国、意大利、荷兰、丹麦等，其中法国、意大利、荷兰历史最为悠久，产量最大，产品久负盛名。

三、利口酒的分类

利口酒是极其复杂的酒品，花色品种繁多，分类方法如下：

1. 根据香料成分划分

（1）果实类（Fruit Flavors）。苹果、樱桃、柠檬、柑橘、草莓等水果的皮或肉质。

（2）种子类（Seed，Nut，Other Individual Plant Flavors）。茴香籽、杏仁、丁香、可可豆、胡椒、松果等。

（3）草药类（Botanical Mixture：Sherbs，Spices，Plants）。金鸡纳树皮、樟树皮、当归、芹菜、龙胆根、姜、甘草、姜黄、各种花类等。

（4）乳脂类（Creme de）。如奶油等。

2. 按酒精含量划分

（1）特制利口酒，度数在35~45度。

（2）精制利口酒，度数在25~35度。

（3）普通利口酒，度数在20~25度。

3. 按所用基酒划分

（1）以威士忌为基酒制作（Whisky Based Liqueurs）。

（2）以白兰地为基酒制作（Brandy Based Liqueurs）。

（3）以金酒为基酒制作（Gin Based Liqueurs）。

（4）以朗姆酒为基酒制作（Rum Based Liqueurs）。

四、利口酒的特点

利口酒多采用芳香植物及药用植物的根、茎、叶、果和果浆作为添加料，个别品种如蛋黄酒则选用鸡蛋作为添加料。从其本身的特征来看，与我国现在的酒类行业划分的配制酒中的果露酒极为相近。由于西方人追求浪漫的生活情调，因而将利口酒在外观上呈现出包括红、黄、蓝、绿在内的多种色彩，可谓色彩斑斓。

利口酒气味芬芳，味道香醇，色彩艳丽柔软，口味甘美，具有和胃、醒脑等保健作用，适合餐前饭后单独饮用，或作为烹调和制作甜点用酒。利口酒相对来说，酒精和糖的含量较高，在国外一般用于餐后或调制鸡尾酒。利口酒比重较大，所以特别适合用以调配各种色彩鲜艳、层次分明的鸡尾酒。

五、利口酒中英文名称对照

各类利口酒的中英文名称对照如下表所示。

中文	英文	产地
加力安奴	Galliano Liqueur	意大利
芳津杏仁	Amaretto	法国
君度	Cointreau	法国
飘仙 1 号	Pimm's NO.1	英国
咖啡利口	Coffee Liqueur	荷兰
棕可可甜酒	Creme de Cacao Brown	荷兰
杏仁白兰地	Apricot Brandy	荷兰
白可可甜酒	Creme de Cacao White	荷兰
橙味甜酒	Triple Sec	荷兰
蜜瓜酒	Melon Liqueur	荷兰
樱桃酒	Kirchwasser	荷兰
香草酒	Marschino	荷兰
黑加仑酒	Black Cassis	荷兰
石榴糖浆	Grenadine Syrup	荷兰
杜林标	Drambuie	英国
薄荷蜜 27	Get 27 Peppermint（G/W）	法国
皮特樱桃甜酒	Peter Hearing	丹麦
金巴利	Campari	意大利
椰子酒	Malibu Liqueur	牙买加
百利甜酒	Bailey's	爱尔兰
咖啡蜜酒	Kahlua	墨西哥
蓝橙酒	Blue Curacao	美国
蛋黄酒	Advocaat	荷兰

续表

中文	英文	产地
天万利	Tia Maria	牙买加
金万利	Grand Mania	牙买加
当姆香草利口酒	Benedictinea	法国

六、利口酒的饮用方法和服务要求

利口酒可以纯饮，也可以制作混合饮料或鸡尾酒，水果类利口酒饮用最好冰镇，草本类利口酒可以冰镇饮用，种子利口酒采用常温饮用，奶油类利口酒采用冰桶降温后饮用。

混合饮用时，在杯中加入冰块，注入一份酒，可以掺汽水果汁来饮用，也可以将酒加在冰激凌或果冻上饮用；选择高纯度的利口酒，可以一点点细细品尝，也可以加入苏打或者矿泉水，但要酒先入，可以加适当的柠檬水，也可加冰激凌果冻 ，做蛋糕时替代蜂蜜。

完成任务

一、利口酒著名品牌的认知

通过本节内容的学习，应熟记几类利酒的著名品牌，并完成下表。

序号	品牌（英文）	中文名称	产地	类型	特点	其他

二、独立完成“B-52”的调制及服务

（一）分组练习

每 3~5 人为一小组，分别扮演调酒师、吧员、客人等不同角色，然后按顺序完成调酒任务并提供对客服务。练习过程中仔细观察每个人的动作及服务效果。

（二）讨论、对比

对每个人的表现进行组内分析讨论、组间对比互评，加深对整个对客服务步骤、方法及要求的理解与掌握。

能力评价

一、巩固练习

以“B-52”为代表的兑和法鸡尾酒的调制与服务。

二、综合评价

教师对各小组的制作过程、成品、酒水服务进行讲评。然后把个人评价、小组评价简要填入以下评价表中。

被考评人					
考评地点					
考评内容					
考评标准	内容	分值 / 分	个人评价 / 分	小组评价 / 分	实际得分 / 分
	熟知鸡尾酒的分类和基本结构	10			
	熟悉掌握鸡尾酒的调制方法及原则	20			
	熟记调制鸡尾酒的步骤及注意事项	10			
	掌握品尝、鉴别鸡尾酒的步骤及技巧	20			
	掌握鸡尾酒及基酒相关知识	20			
	鸡尾酒促销能力	10			
	鸡尾酒规范服务	10			
合计		100			

能力拓展

一、练习其他兑和法鸡尾酒的调制与服务

酒品名称：特基拉日出（Tequila Sunrise）。

配方：特基拉（Tequila）1oz、橙汁（Orange Juice）3oz、红糖水（Grenadine Syrup）1/3oz、橙片。

器具：量酒杯、吧匙、海波杯、杯垫、调酒棒等。

操作步骤：

（1）洗净双手并擦干。

（2）将一只海波杯擦干净。

（3）在海波杯中加三块冰块。

（4）量 3oz 橙汁倒入酒杯内。

（5）量 1oz 特基拉倒入酒杯内。

（6）量 1/3oz 红糖水倒入酒杯内。红糖水由于密度大，所以会沉到杯底。

（7）将调酒棒深入杯底，轻轻搅动，使红颜色泛起。

（8）加橙片作为装饰。

（9）将调制好的鸡尾酒置于杯垫上。

（10）清洁餐具，清理工作台。

操作及注意事项：动作要慢，倒酒要尽量保持手不抖。

二、利口酒推销及服务

任务 4 “五色彩虹”鸡尾酒的调制与服务——兑和法（分层）

任务描述

彩虹酒是考察调酒师兑合法调制鸡尾酒基本技能的典型鸡尾酒，要求能独立完成以五色彩虹（见图 3–23）为代表的兑和法（分层）鸡尾酒调制及服务。

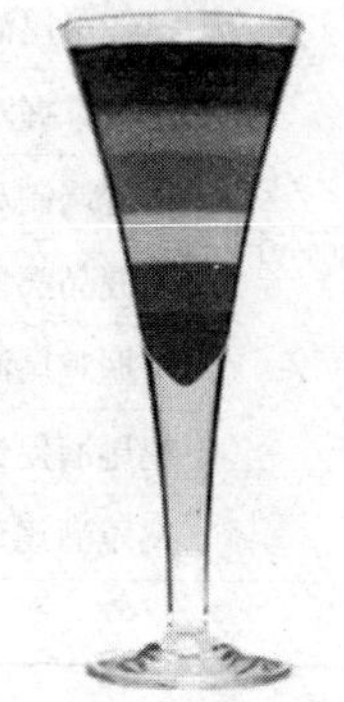

图 3–23 “五色彩虹”鸡尾酒

情境引入

历届全国旅游院校饭店服务大赛，调酒项目中为了考核选手兑和法调制基础功项目规定调制的酒品都是“五色彩虹”，如何调制呢？我们一起看看。

任务分析

完成五色彩虹的操作和服务，应熟练掌握：

- 鸡尾酒分层处理
- “五色彩虹”的配方
- 正确规范的彩虹鸡尾酒调制及服务
- 与五色彩虹相关的利口酒的特点、品牌
- 独立完成其他兑和法（分层）鸡尾酒的调制及服务

必备知识

一、“五色彩虹”的配方

- 红石榴糖浆
- 绿薄荷利口酒
- 樱桃白兰地
- 君度香橙利口酒
- 白兰地

二、载杯的认知

载杯的选择：利口酒杯（Liqueur Glass）。

特点：利口酒杯形状小，用于盛放净饮餐后利口酒。

三、装饰物的制作与搭配

装饰物：火焰、柠檬片。

装饰物的制作：用火机点燃最上面的酒，用切好的柠檬片盖住火焰。

四、兑和法鸡尾酒的调制方法及服务要求

调酒器具：调酒匙、量杯、火机、吸管。

制作方法：

1. 准备原料和载杯。
2. 按配方将原料依次注入。
3. 严格按照比重的配方操作。
4. 需用酒吧匙贴紧杯壁慢慢地将酒水倒入，注入的速度要缓慢，以免冲撞混合。
5. 再加上装饰即可。
6. 服务时为客人附上吸管；饮用时用吸管深入酒的底层吸入，一气呵成，体验不同层次的口感。

注意事项：不同品牌酒水的比重略有不同。一般情况下酒精度数低的酒水，含糖量高，比重较大；而酒精度数高的则相反。

拓展知识

一、与五色彩虹相关的利口酒的知名品牌

（一）必得利石榴汁（Bardinet Grenadine Syrup）

调配鸡尾酒的常用配料。调配方法：可以用必得利石榴汁按 1∶15 的分量稀释后加酒类调配。必得利石榴汁（见图 3–24）不仅能作为一般的调酒使用，也可以做甜料涂于面包、薄饼、烤饼上，增添风味，或者加于冰激凌上，调制牛奶或冰绿茶，均为上品。

（二）安哥斯特拉红糖水

是生产著名苦酒的 Angostura 公司的产品，由水、玉米糖浆、果酸、天然石榴精、0.1% 以下苯甲酸钠、诱惑红制成，是制作鸡尾酒最常见的原料。

（三）Get27 法国葫芦绿薄荷酒（Get27 Pippermint）

简称 Get 薄荷酒。葫芦樽薄荷酒（见图 3–25）是享誉全球的薄荷烈酒，是 Jean 和 Pierre Get 两兄弟于 1796 年创制。他们发现在酒中加入 7 种不同的薄荷，口味清爽、强劲，却更甘醇爽口，加上其透明及独特的绿色瓶身，如今已行销 100 多个国家。葫芦樽薄荷酒可以加碎冰、苏打水或者柠檬汁一起饮用，也可以用于调制出许多激动人心的鸡

尾酒。

图 3–24　必得利石榴汁

图 3–25　法国葫芦绿薄荷酒

（四）君度力娇（Cointreau）

图 3–26　君度力娇

君度是一种晶莹剔透的力娇酒，见图 3–26，过去以库拉索岛（Curacao）的橙子为原料，是橙皮酒中的极品。1875 年，其主要配方由公司创始人的儿子爱德华 · 君度（Edouard Cointreau）发明，并由此作为一个秘方保留下来，不断传给君度家族优秀的后代。

要得到完美的君度，必须通过蒸馏获得甜味、苦味橙皮的精华部分，再将其与优质的纯酒精、糖、水混合，最后合成酒精含量为 40% 的绝对优质成酒。整个过程中所有的精挑细选都是为了保证其纯正适中的口感。

君度由甜味、苦味橙皮混合的独特口味儿被保持了一个多世纪，只有来自世界不同地方最好的橙皮才能被使用，具体的混合比例由每年的收获情况而定。苦味橙（Citrus Aurentium）在未成熟前被收获，因为此时它具有最浓的香味，把皮剥下来后晒干直到变成橄榄绿。甜味橙皮（Citrus Sinensis）被剥下来后，一部分晒干，另一部分则保持其新鲜的状态，这也是君度的一个秘密。到了蒸馏厂，新鲜的橙皮要在酒里浸泡数周，目的是让一种特殊的香味儿散发出来。精心挑选甜味、苦味橙皮是为让君度具有馥郁的芳香，其他的成分（天然纯酒精，优质的糖和纯净水）是为了使它拥有绝对中性的口感。他们将使得君度的精华——微妙的橙香散发得淋漓尽致。

一旦橙皮混合完美完成，关键的一步蒸馏就开始了。著名的君度蒸馏房有 19 个巨大的紫铜蒸馏器，其中的一些还是安格尔蒸馏厂保留下来的。蒸馏从早上开始直到下午。然后将得到的精华进一步提炼，直到保留下最芳香可溶的元素。

最后的关键是要把纯酒精、糖和水混合，得到酒精含量为 40% 的君度酒。酒精含量、产品稠度、室温下的绝对纯净以及在什么温度下力娇酒变乳白色，都在此时被确定。当君度被冷却到一个特定温度时——如当倒入冰块时，它立刻变乳白色。这种变化也是君度魅力的一部分，这正说明了君度含有上乘的橙子精油。

（五）波士樱桃白兰地

波士公司成立于 1575 年，是目前荷兰现存历史最悠久的力娇酒品牌。波士家族来到荷兰，在阿姆斯特丹的中心地区传承该家族酿制酒类饮料的家传技巧。

时至今日，波士公司依然使用波士家族秘方，生产品种最多、质量上乘的力娇酒，销往全球 110 多个国家。

波士樱桃白兰地（见图 3–27）以南斯拉夫海岸地区 Dalmatia 当地盛产的 Marasca 樱桃树果实（成熟时期色泽呈暗红色）为主原料制成。樱桃榨汁时，果核常无意间一并碾碎，饮用时会感觉到樱桃核的粒子存在是该产品的特色之一。波士樱桃白兰地糅合了樱桃及霖酒，甜蜜的樱桃味道，再加上少许霖酒的点缀，构成了一个富有异国风味的力娇酒。净饮、加冰饮用或用来调配鸡尾酒都可。

图 3–27 波士樱桃白兰地

二、波士系列的其他产品

1. 波士蓝橙酒 Bol’s Curacao Blue。
2. 波士白橙皮 Bol’s Triple Sec。
3. 波士绿薄荷 Bol’s Creme De Menthe Green。
4. 波士白薄荷 Bol’s Creme De Menthe White。
5. 波士鸡蛋白兰地 Bol’s Advocaat。
6. 波士杏仁白兰地 Bol’s Apricot Brandy。
7. 波士樱桃白兰地 Bol’s Cherry Brandy。
8. 波士香蕉酒 Bol’s Creme De Banana。
9. 波士野樱桃 Bol’s Marschino。
10. 波士白樱桃 Bol’s Kirschwasser。
11. 波士蜜瓜甜酒 Bol’s Melon。
12. 波士棕可可酒 Bol’s Creme De Cacao Brown。
13. 波士白可可酒 Bol’s Creme De Cacao White。
14. 波士黑加仑 Bol’s Creme De Cassis。
15. 波士奇异果 Bol’s Kiwi。
16. 波士鲜橙 Bol’s Orange Cacao。
17. 波士鲜桃 Bol’s Peach。
18. 波士巴菲 Bol’s Pafait。

三、其他知名的利口酒品牌

除利口酒业巨头波士以外，还有很多的利口酒品牌生产不同口味和种类的酒品，在市场上有一定的销量和口碑，如荷兰的迪凯堡（De Kuyper- 1695）、法国的玛丽白莎（Marie Brizard-1755）、法国的乐加（Lejay-Cassis）、意大利的路萨朵（LUXARDO）、日本的三得利（Suntory）……

以上为生产综合口味、产品众多的利口酒品牌，而市场上一些只做单一口味的利口酒品牌在市场上也颇具竞争力，甚至有的利口酒已经成为某些鸡尾酒的专属品牌。例如，马利宝（Malibu）、金馥（Southen Comfort）、蒂她（Dita）、芳津杏仁（DISARONNO）、香博（Chambord）、野格（Jagermeister）、修道院酒（Chartreuse）……

【小知识】

风味糖浆在鸡尾酒领域的应用

许多对鸡尾酒研究至深的专业人士认为利口酒在鸡尾酒的领域中虽然应用广泛，但是因为其含有酒精，所以在口味细节上对鸡尾酒会有一定的影响，很多风味糖浆备受推崇，高品质的糖浆种类繁多、味道纯正，因此在调酒领域中的应用也是非常广泛，特别是一些知名的品牌，针对市场研发出各种产品，设计出相应的混合饮料与鸡尾酒，并且毫无保留地向购买的客户提供配方与技术支持，不仅引领潮流，更带动了整个行业的发展。

知名的糖浆品牌有：法国的莫林（Monin）——世界调酒大赛指定品牌，萨酷乐斯（SARKLASS）——产自中国香港的糖浆界新星……

萨酷乐斯糖浆

国际展会上的莫林糖浆展台

完成任务

一、分组练习

每 3~5 人为一小组，分别扮演调酒师、吧员、客人等不同角色，然后按顺序完成“五色彩虹”的调酒任务并提供对客服务。练习过程中仔细观察每个人的动作及服务效果。

二、讨论、对比

对每个人的表现进行组内分析讨论、组间对比互评，加深对整个对客服务步骤、方法及要求的理解与掌握。

能力评价

教师对各小组的制作过程、成品、酒水服务进行讲评，然后把个人评价、小组评价、教师评价简要填入以下评价表中。

被考评人					
考评地点					
考评内容					
考评标准	内容	分值 / 分	自我评价 / 分	小组评议 / 分	实际得分 / 分
	熟知鸡尾酒的分类和基本结构	10			
	熟悉掌握鸡尾酒的调制方法及原则	20			
	熟记调制鸡尾酒的步骤及注意事项	10			
	掌握品尝、鉴别鸡尾酒的步骤及技巧	20			
	掌握鸡尾酒及基酒相关知识	20			
	鸡尾酒促销能力	10			
	鸡尾酒规范服务	10			
合计		100			

能力拓展

1. 其他兑和法（漂浮）鸡尾酒的调制与服务

配方：

- 红糖水（Grenadine Syrup）
- 咖啡甜酒（Kahlua）
- 香蕉利口酒（Banana Liqueur）
- 绿薄荷（Get 27）
- 蓝橙（Blue Curacao）
- 特基拉（Tequila）

器具：量酒杯、吧匙、利口酒杯、杯垫等。

材料：红糖水、咖啡甜酒、香蕉利口酒、绿薄荷、蓝橙、特基拉。

操作步骤：

（1）洗净双手并擦干。

（2）将一只利口酒杯擦干净。

（3）量红糖水垂直倒入杯中，尽量不要沾到杯壁。

（4）量咖啡甜酒，用吧匙的前端紧顶住杯子的内壁，匙背成 45°。在匙背末端后 1/3 处倒入酒杯内。

（5）量香蕉利口酒，依第四步方法倒入酒杯内。

（6）量绿薄荷，依第四步方法倒入酒杯内。

（7）量蓝橙，依第四步方法倒入酒杯内。

（8）量特基拉，依第四步方法倒入杯内。

（9）将调好的鸡尾酒置于杯垫上。

（10）清洁器具，清理工作台。

操作要点及注意事项：动作要慢，倒酒时要尽量保持手不抖。

2. 根据分层原理，结合酒水知识，自创彩虹酒。

任务 5 “威士忌酸”的调制与服务——摇和法（单手）

任务描述

摇和法是调制鸡尾酒常用的重要方法，威士忌是酒吧畅销的酒水。要独立完成以威士忌酸为代表的摇和法鸡尾酒调制及服务，能提供威士忌酸的主酒威士忌酒其他服务。

情境引入

身着休闲装的王女士进入酒吧。她想要一杯以威士忌为基酒，酸甜适口的鸡尾酒，请为这位女士调制吧！

任务分析

完成威士忌酸的操作和服务，应熟练掌握：

- “威士忌酸”的配方。
- 正确规范的摇和法鸡尾酒调制及服务。
- 威士忌的特点、品牌。
- 威士忌的饮用方法和服务要求。

必备知识

一、“威士忌酸（Whisky Sour）”的配方

- 威士忌 1.5oz

- 柠檬汁 1/2oz
- 砂糖 1 匙
- 装饰物：如图 3–28 所示

图 3–28 杯身带条纹的酸酒杯（不滤冰操作时选用）

二、载杯的认知

载杯的选择：如图 3–29 所示。

特点：酸酒杯，底部有握柄，上方呈倒三角形，且深度较鸡尾酒杯深；用于盛载酸味鸡尾酒和部分短饮鸡尾酒。

图 3–29 古典杯、岩石杯、威士忌杯（滤冰操作时选用）

三、装饰物的制作与搭配

装饰物：柠檬片、红樱桃。

装饰物的制作：用酒签穿樱桃插入柠檬片作装饰（根据鸡尾酒选择装饰物）。

四、摇和法鸡尾酒的操作程序和要点

摇和法是最展现调酒师魅力和风采的操作方式，优雅娴熟的动作会给客人留下美好的印象，这就需要熟记鸡尾酒配方，反复认真地练习摇酒的动作，并熟练地掌握。在调酒之前准备好配方中的各类原料、载杯、装饰物以及相应的调酒用具：冰桶、冰夹或冰铲、摇酒壶、量酒器（Jigger）、酒嘴、吧勺。

1. 摇酒壶的构造

常见的摇酒壶在结构上有两种类型：两段式和三段式，而传统的英式调酒和日式调酒所用的都是三段式摇壶，此类摇壶的英文名为 Shaker，音译为雪克壶，它由三个部分构成：壶盖、滤冰器和壶身。正确的使用顺序为：先盖好滤冰器再盖上壶盖。

2. 投料的操作顺序

注意所有的投料操作都应该在 Shaker 正上方进行，可以在酒瓶上安装酒嘴操作，首先加入的是调酒的配料，特别是含糖量高的原料，后面加入其他配料，如果汁，最后倒入基酒，这样的投料顺序可以冲去糖分在 Jigger 中的残留，确保投料的精准，并且可以有效地避免记错配方而造成的浪费。

投料的过程中注意精确掌握和熟记原料的不同用量在 Jigger 的位置，因为 Jigger 不是直上直下的设计，而是三角形或锥形的形状，所以类似 1/2 盎司或 1/3 盎司并不是把原料倒至 Jigger 的 1/2 盎司或 1/3 盎司，可以在调酒之前用量杯辅助在 Jigger 中找准位置并熟记。

当所有原料依次倒入摇酒壶中，职业调酒师在摇壶之前会有一个习惯动作——尝酒，用右手持吧匙把摇壶中的原料轻轻搅拌混合，用吧匙带出极少量的这种“准鸡尾酒”轻点在左手的虎口位置，迅速地用嘴尝试一下味道，确保无误方可继续操作，属于正式摇壶前的一道“质检”程序。

如果所调制的鸡尾酒含有蛋液、奶油等原料，在加冰之前还要进行“Dry Shake”（干摇），有经验的调酒师还会拆下滤冰器的弹簧放入摇壶，帮助把浓稠的原料打散。传统模式的摇和法操作讲究的是先加冰后放料，而现在的摇和法操作基本上都是先放料后加冰，最大程度避免冰块融化冲淡酒液。接下来到了把冰块加入摇壶中的步骤，现在酒吧用的冰块体积较大，一般用冰夹来操作，冰块的量最少要占到摇壶体积的 1/2，加好冰块之后按操作顺序用左手盖上滤冰器并扶住，让摇壶在手中缓慢旋转，右手轻敲左手腕部三下，使滤冰器锁紧，最后轻轻地盖上壶盖，就可以准备摇壶了。

3. 摇壶的姿势、力度和时间

摇酒可以单手操作，也可以双手操作，早些年传统的英式调酒，很多调酒师采用单手操作的方式，动作十分潇洒，冰块在摇酒壶中的运行轨迹呈八字；美式调酒多选用两段式摇壶，双手摇动，冰块在摇酒壶中做简单的上下反复运动，运行轨迹呈一字；日式调酒采用双手操作，一种是上下前后地摇动摇壶，动作专业规范，另外一种借助肘部力量让摇壶在手中旋转的摇酒方式被称作“飞机起飞”，技术精湛的调酒师操作起来像蝴蝶在翩翩起舞，冰块在摇酒壶中的运行轨迹呈螺旋状旋转；现今是一个融合的时代，摇酒也没有固定模式，可以采取众家之长并结合自己的特点，展现出属于自己的摇酒风格。

使用雪克壶，无论采取哪一种摇酒的方式，无论单手还是双手，都是利用腕力来摇壶，用臂力来摇壶的话，动作会显得僵硬，雪克壶持壶用的是手指，而非整个手掌，避免整个手掌接触摇壶，加速冰块的融化。摇壶时动作一定要大方舒展，双手操作时，两个手肘要打开，后背自然挺直，在肩上摇动摇酒壶，把摇壶里的酒水原料大力摇匀，时间为 6~7 秒，如摇壶表面结霜，应立即停止摇壶，准备载杯进行斟倒。

如载杯是鸡尾酒杯，斟倒时只打开壶盖滤冰操作；如载杯是古典杯（岩石杯），斟倒时采用不滤冰操作，打开滤冰器把冰和酒一同斟入杯中；如果是多杯酒在摇壶中同时调制，注意用量的增减，斟倒时要几杯均匀地倒，不要倒满一杯再倒下一杯，避免多杯酒出现色差，出现不规范化操作。

拓展知识

图 3–30 百龄坛威士忌

一、威士忌的知名品牌

（一）苏格兰威士忌的著名品牌

1. Ballantine's 百龄坛

百龄坛公司创立于 1827 年，其产品是以产自于苏格兰高地的八家酿酒厂生产的纯麦芽威士忌为主，再配以 42 种其他苏格兰麦芽威士忌，然后与自己公司生产酿制的谷物威士忌进行混合勾兑调制而成。具有口感圆润、浓郁醇香的特点，是世界上最受欢迎的苏格兰兑和威士忌之一，见图 3–30。产品有：特醇、金玺、12 年、17 年、30 年等多个品种。

2. Bell's 金铃

金铃威士忌是英国最受欢迎的威士忌品牌之一，由创立于 1825 年的贝尔公司生产。其产品都是使用极具平衡感的纯麦芽威士忌为原酒勾兑而成，产品有：Extra Special（标准品）、Bell's Deluxe（12 年）、Bell's Decanter（20 年）、Bell's Royal Reserve（21 年）等多个级别。

3. Chivas Regal 芝华士

芝华士由创立于 1801 年的芝华士兄弟公司生产，Chivas Regal 的意思是"Chivas 家族的王者"。1843 年，Chivas Regal 曾作为维多利亚女王的御用酒。产品有：芝华士 12 年（Chivas Regal 12）、皇家礼炮（Royal Salute）两种规格，见图 3–31 和图 3–32。

图 3–31 芝华士 12 年

图 3–32 芝华士皇家礼炮

4. Cutty Sark 顺风

又称帆船、魔女紧身衣。诞生于 1923 年，具有现代口感的清淡型苏格兰混合威士忌，该酒酒性比较柔和，是国际上比较畅销的苏格兰威士忌之一。该酒采用苏格兰低地纯麦芽威士忌作为原酒与苏格兰高地纯麦芽威士忌勾兑调和而成。产品分为 Cutty Sark（标准品）、Berry Sark（10 年）、Cutty（12 年）、St.James（圣·詹姆斯）等。

5. Johnnie Walker 尊尼获加

尊尼获加（Johnnie Walker）是苏格兰威士忌的代表酒，见图 3-33。该酒以产自于苏格兰高地的四十余种麦芽威士忌为原酒，再混合谷物威士忌勾兑调配而成。Johnnie Walker Red Label（红方或红标）是其标准品，在世界范围内销量都很大；Johnnie Walker Black Label（黑方或黑标）是采用 12 年陈酿麦芽威士忌调配而成的高级品，具有圆润可口的风味。另外还有 Johnnie Walker Blue Label（蓝方或蓝标）是尊尼沃克威士忌酒系列中的顶级醇醪；Johnnie Walker Gold Label（金方或金标）、Johnnie Walker Swing Superior（尊豪）是尊尼沃克威士忌系列酒中的极品，选用超过 45 种以上的高级麦芽威士忌混合调制而成，口感圆润。酒瓶采用不倒翁设计式样，造型独特。Johnnie Walker Premier（尊爵）属极品级苏格兰威士忌酒，该酒酒质馥郁醇厚，特别适合亚洲人的饮食口味。

图 3-33　尊尼获加系列

（二）爱尔兰威士忌的著名品牌

1. John Jameson 约翰·詹姆森

创立于 1780 年爱尔兰都柏林，是爱尔兰威士忌酒的代表。其标准品佳美醇具有口感平润的特点，并带有清爽的风味，是世界各地的酒吧常备酒品之一，见图 3-34；"Jameson 1780" 威士忌酒口感十足、甘醇芬芳，是极受人们欢迎的爱尔兰威士忌名酒。

2. Bushmills 布什米尔

布什米尔以酒厂名字命名，创立于 1784 年，该酒以精选大麦制成，生产工艺较复杂，有独特的香味，酒精度为 43 度。分为 Bushmills、Black Bush、Bushmills Malt（10 年）三个级别。

3. Tullamore Dew 特拉莫尔露

以酒厂名命名，创立于1829年。酒精度为43度，其标签上描绘的狗是一只牧羊犬，是爱尔兰的象征，如图 3-35 所示。

图 3-34　佳美醇威士忌

图 3-35　特拉莫尔露威士忌

（三）美国威士忌著名品牌

1. Four Roses 四玫瑰

创立于 1888 年，容量为 710ml，度数 43 度，见图 3–36。黄牌四玫瑰酒味道温和、气味芳香；黑牌四玫瑰味道香甜浓厚；而“普拉其那”则口感柔和、气味芬芳、香甜。

2. Jim Beam 吉姆·比姆

又称占边，是创立于 1795 年的 Jim Beam 公司生产的具有代表性的波旁威士忌酒，见图 3–37。该酒以发酵过的裸麦、大麦芽、碎玉米为原料蒸馏而成，具有圆润可口、香味四溢的特点。分为 Jim Beam 占边（度数为 40.3 度）、Beam's Choice 精选（度数为 43 度）、Barrel–Bonded（为经过长期陈酿的豪华产品）。

3. Old Taylor 老泰勒

由创立于 1887 年的基·奥尔德·泰勒公司生产，度数为 42 度。该酒陈酿 6 年，有着浓郁的木桶香味，具有平滑顺畅、圆润可口的特点。

4. Sunny Glen 桑尼·格兰

桑尼·格兰意为阳光普照的山谷，该酒勾兑调和后，要在白橡木桶中陈酿 12 年，具有丰富且独特的香味，深受酒迷的喜爱，度数为 40 度。

5. Seagram's 7 Crown 施格兰王冠

由施格兰公司于 1934 年首次推向市场，是口味十足的美国黑麦威士忌。

6. Jack Daniel's 杰克丹尼

杰克丹尼酒厂 1866 年诞生于美国田纳西州莲芝堡，是美国第一间注册的蒸馏酒厂。杰克丹尼威士忌畅销全球 130 多个国家，单瓶销量多年来高踞全球美国威士忌之首。杰克丹尼（见图 3–37）挑选最上等的玉米、黑麦及麦芽等全天然谷物，配合高山泉水酿制，不含人造成分。采用独特的枫木过滤方法，用新烧制的美国白橡木桶贮存，让酒质散发天然独特的馥郁芬芳。

图 3–36 四玫瑰波本威士忌

图 3–37 占边和杰克丹尼

（四）加拿大威士忌著名品牌

1. Alberta 艾伯塔

产自于加拿大艾伯塔州，分为普瑞米姆和泉水两种类型，度数均为 40 度。具有香醇、清爽的风味。

2. Crown Royal 皇冠

图 3–38　加拿大皇冠威士忌

是加拿大威士忌酒的超级品，见图 3–38，以酒厂名命名。由于 1936 年英国国王乔治六世在访问加拿大时饮用过这种酒，因此而得名，度数为 40 度。

3. Seagram's V.O 施格兰特醸

以酒厂名字命名。Seagram 原为一个家族，该家族热心于制作威士忌酒，后来成立酒厂并以施格兰命名。该酒以稞麦和玉米为原料，贮存 6 年以上，经勾兑而成，度数为 40 度，口味清淡而且平稳顺畅。

此外，还有著名的 Canadian Club（加拿大俱乐部）、Velvet（韦勒维特）、Carrington（卡林顿）、Wiser's（怀瑟斯）、Canadian O.F.C（加拿大 O.F.C）、Black Velvet（黑天绒）等产品。

二、威士忌的服务要求

每客用量：40ml，是国外标准的一份酒的概念，现在国内为了方便计算，很多酒吧提供的一份酒的容量为 1oz。

饮用时机：威士忌可以作为佐餐酒或餐后酒饮用，纯饮、加冰都可以，On the rocks 是威士忌服务时的术语，特指加冰，威士忌纯饮加冰都可以搭配古典杯（岩石杯、威士忌杯）；如需专业品鉴需要使用威士忌闻香杯；调配鸡尾酒时根据鸡尾酒的配方选用载杯，如图 3–39 所示。

图 3–39　威士忌杯（加冰）、威士忌闻香杯——专业品鉴用

知识链接

一、威士忌的定义

威士忌酒是用大麦、黑麦、玉米等谷物为原料，经发酵、蒸馏后放入旧的木桶中进

行陈酿勾兑而成的酒精饮料。威士忌的名称源自苏格兰盖尔族语言“Uisge Beatha”，意为“生命之水”。

二、威士忌的起源

12 世纪，爱尔兰岛上已有一种以大麦作为基本原料生产的蒸馏酒，其蒸馏方法是从西班牙传入爱尔兰的。这种酒含芳香物质，具有一定的医药功能。

1171 年，英国国王亨利二世（Henry Ⅱ，1154~1189 年）举兵入侵爱尔兰，并将这种酒的酿造法带到了苏格兰。当时，居住在苏格兰北部的盖尔人（Gael）称这种酒为“Uisge Beatha”，意为“生命之水”，这种“生命之水”即为早期威士忌的雏形，见图 3–40。

图 3–40　亨利二世和 Uisge Beatha

威士忌不仅酿造历史悠久，酿造工艺精良，而且产量大，市场销售旺，深受消费者的欢迎，是世界最著名的蒸馏酒品之一，同时也是酒吧单杯“纯饮”销售量最大的酒水品种之一。

三、威士忌的生产工艺及特点

威士忌以谷物为原料蒸馏而成，在香气、口味、酒体风格等方面与白兰地迥然不同。酒体呈浅棕红色，清澈透明，富有光泽；气味焦香或带有烟熏味；口感甘洌，酒质醇厚。

以兑和威士忌为最大宗产品，用各种不同谷物原料酿造的威士忌再加上不同酒龄的威士忌，按照一定比例进行勾兑，可以调配出不同层次、不同口感、不同级别的酒，各厂家均有自己权威的调酒师，怀有各种“绝技”和“配方”，秘不外传、千金难买。

威士忌的酿制工艺过程可分为下列七个步骤：

（一）发芽（Malting）

首先将去除杂质后的麦类（Malt）或谷类（Grain）浸泡在热水中使其发芽，其间所需的时间视麦类或谷类品种的不同而有所差异，一般需要 1~2 周的时间来进行发芽的过程。待其发芽后再将其烘干或使用泥煤（Peat）熏干，等冷却后再贮放大约一个月的时间，发芽的过程即算完成。在这里特别值得一提的是，在所有的威士忌中，只有苏格兰地区所生产的威士忌是使用泥煤将发芽过的麦类或谷类熏干的，因此就赋予了苏格兰威士忌一种独特的风味，即泥煤的烟熏味，而这是其他种类的威士忌所没有的一个特色。

（二）磨碎（Mashing）

将存放经过一个月后的发芽麦类或谷类放入特制的不锈钢槽中加以捣碎并煮熟成汁，其所需要的时间为8~12小时。通常在磨碎的过程中，温度及时间的控制可说是相当重要的环节，过高的温度或过长的时间都将会影响到麦芽汁（或谷类的汁）的品质。

（三）发酵（Fermentation）

将冷却后的麦芽汁加入酵母菌进行发酵的过程。由于酵母能将麦芽汁中醣转化成酒精，因此在完成发酵过程后会产生酒精浓度5%~6%的液体，此时的液体被称为"Wash"或"Beer"。由于酵母的种类很多，对于发酵过程的影响又不尽相同，因此各个不同的威士忌品牌都将其使用的酵母的种类及数量视为其商业机密，而不轻易告诉外人。一般来讲，在发酵的过程中，威士忌厂会使用至少两种以上不同品种的酵母来进行发酵，最多也有使用十几种不同品种的酵母混合在一起来进行发酵的。

（四）蒸馏（Distillation）

一般而言，蒸馏具有浓缩的作用，因此当麦类或谷类经发酵后所形成的低酒精度的"Beer"后，还需要经过蒸馏的步骤才能形成威士忌酒，这时的威士忌酒精浓度在60%~70%，被称为"新酒"。麦类与谷类原料所使用的蒸馏方式有所不同，由麦类制成的麦芽威士忌是采取单一蒸馏法，即以单一蒸馏容器进行二次的蒸馏过程，并在第二次蒸馏后，将冷凝流出的酒去头掐尾，只取中间的"酒心"（Heart）部分成为威士忌新酒。另外，由谷类制成的威士忌酒则是采取连续式的蒸馏方法，使用两个蒸馏容器以串联方式一次连续进行两个阶段的蒸馏过程，基本上各个酒厂在筛选"酒心"的量上，并无一固定统一的比例标准，完全是依各酒厂的酒品要求自行决定。一般各个酒厂取"酒心"的比例多掌握在60%~70%，也有的酒厂为制造高品质的威士忌酒，取其纯度最高的部分来使用。如享誉全球的麦卡伦（Macallan）单一麦芽威士忌即是如此，即只取17%的"酒心"来作为酿制威士忌酒的新酒使用。

（五）陈年（Maturing）

蒸馏过后的新酒必须经过陈年的过程，使其经过橡木桶的陈酿来吸收植物的天然香气，并产生出漂亮的琥珀色，同时亦可逐渐降低其高浓度酒精的强烈刺激感。目前苏格兰地区有相关的法令来规范陈年的酒龄时间，即每一种酒所标示的酒龄都必须是真实无误的，苏格兰威士忌酒至少要在木酒桶中酝藏3年，才能上市销售。有了这样的严格规定，既可以保障消费者的权益，又替苏格兰地区出产的威士忌酒在全世界建立起了高品质的形象。

（六）混配（Blending）

由于麦类及谷类原料的品种众多，因此所制造而成的威士忌酒也存在着各不相同的风味，这时就靠各个酒厂的调酒大师依其经验的不同和本品牌酒质的要求，按照一定的比例搭配各自调配勾兑出自己与众不同口味的威士忌酒，也因此各个品牌的混配过程及其内容都被视为是绝对的机密，而混配后的威士忌酒品质的好坏则完全由品酒专家及消费者来判定了。需要说明的是这里所说的“混配”包含两种含义，即谷类与麦类原酒的混配，和不同陈酿年代原酒的勾兑混配。

（七）装瓶（Bottling）

在混配的工艺做完之后，最后剩下来的就是装瓶了，但是在装瓶之前先要将混配好的威士忌再过滤一次，将其杂质去除掉，这时即可由自动化的装瓶机器将威士忌按固定的容量分装至每一个酒瓶当中，在贴上各自厂家的商标后即可装箱出售。

四、威士忌的分类

威士忌酒的分类方法很多，依照威士忌酒所使用的原料不同，威士忌酒可分为纯麦威士忌酒和谷物威士忌酒以及黑麦威士忌等；按照威士忌酒在橡木桶的贮存时间，可分为数年到数十年等不同年限的品种；根据酒精度，威士忌酒可分为40~60度等不同酒精度的威士忌酒；但是最著名也最具代表性的威士忌分类方法是依照生产地和国家的不同，将威士忌酒分为苏格兰威士忌酒、爱尔兰威士忌酒、美国威士忌酒和加拿大威士忌酒四大类，其中尤以苏格兰威士忌酒最为著名。

（一）苏格兰威士忌（Scotch Whisky）

苏格兰威士忌是与独产于中国的贵州省遵义市仁怀市茅台镇的茅台酒、法国科涅克白兰地齐名的三大蒸馏名酒之一。

苏格兰生产威士忌酒已有500多年的历史，其产品具有独特的风格，色泽棕黄带红，清澈透明，气味焦香，带有一定的烟熏味，具有浓厚的苏格兰乡土气息。苏格兰威士忌具有口感甘洌、醇厚、劲足、圆润、绵柔的特点，是世界上最好的威士忌酒之一。衡量苏格兰威士忌的主要标准是嗅觉感受，即酒香气味。苏格兰威士忌可分为纯麦威士忌、谷物威士忌和混合威士忌三种类型。目前，世界最流行，产量最大、也是品牌最多的便是混合威士忌。苏格兰混合威士忌的原料60%来自谷物威士忌，其余则加入麦芽威士忌。苏格兰威士忌受英国法律限制：凡是在苏格兰酿造和混合的威士忌，才可称为苏格兰威士忌。它的工艺特征是使用当地的泥煤为燃料烘干麦芽，再粉碎、蒸煮、糖化，发酵后再经壶式蒸馏器蒸馏，产生70%左右的无色威士忌，再装入内部烤焦的橡木桶内，贮藏上5年甚至更长一些时间。其中有很多品牌的威士忌酝藏期超过了10年。最后经勾兑混配后调制成酒精含量在40%左右的成品出厂。

苏格兰威士忌品种繁多，按原料和酿造方法不同，可分为三大类：纯麦芽威士忌、谷物威士忌和兑合威士忌。

1. 纯麦芽威士忌（Pule malt Whisky）

只用大麦做原料酿制而成的蒸馏酒叫纯麦芽威士忌。纯麦芽威士忌是以在露天泥煤上烘烤的大麦芽为原料，用罐式蒸馏器蒸馏，一般经过两次蒸馏，蒸馏后所获酒液的酒精度达63.4度，入特制的炭烧过的橡木桶中陈酿，装瓶前用水稀释，此酒具有泥煤所产生的丰富香味。按规定，陈酿时间至少3年，一般陈酿5年以上的酒就可以饮用，陈酿 7~8 年的酒为成品酒，陈酿 10~20 年的酒为最优质酒。而陈酿 20 年以上的酒，其自身的质量会有所下降。纯麦芽威士忌深受苏格兰人喜爱，但由于味道过于浓烈，所以只有 10% 直接销售，其余约 90% 的作为勾兑混合威士忌酒时的原酒使用，很少外销。

2. 谷物威士忌（Grain Whisky）

谷物威士忌采用多种谷物作为酿酒的原料，如燕麦、黑麦、大麦、小麦、玉米等。谷物威士忌只需一次蒸馏，主要以不发芽的大麦为原料，以麦芽为糖化剂生产，它与其他威士忌酒的区别是大部分大麦不发芽发酵。因为大部分大麦不发芽所以也就不必使用大量的泥煤来烘烤，故成酒后谷物威士忌的泥炭香味也就相应少一些，口味上也就显得柔和细致了许多。谷物威士忌酒主要用于勾兑其他威士忌酒和金酒，市场上很少零售。

3. 兑和威士忌（Blended Whisky）

兑和威士忌又称混合威士忌，是指用纯麦芽威士忌和混合威士忌掺兑勾和而成的。兑和是一门技术性很强的工作，威士忌的勾兑掺和是由兑和师掌握的。兑和时，不仅要考虑纯麦芽威士忌和谷物威士忌酒液的比例，还要考虑各种勾兑酒液陈酿年龄、产地、口味等其他特性。

兑和工作的第一步是勾兑。勾兑时，技师只用鼻子嗅，从不用口尝。遇到困惑时，把酒液抹一点在手背上，再仔细嗅别鉴定。第二步是掺和，勾兑好的剂量配方是保密的。按照剂量把不同的品种注入在混合器（或者通过高压喷雾）调匀，然后加入染色剂（多用饴糖），最后入桶陈酿贮存。兑和后的威士忌烟熏味被冲淡，嗅觉上更加诱人，融合了强烈的麦芽及细致的谷物香味，因此畅销世界各地。根据纯麦芽威士忌和谷物威士忌比例的多少，兑和后的威士忌依据其酒液中纯麦芽威士忌酒的含量比例分为普通和高级两种类型。一般来说，纯麦芽威士忌酒用量在 50%~80%，为高级兑和威士忌酒；如果谷类威士忌所占比重大，即为普通威士忌酒。目前整个世界范围内销售的威士忌酒绝大多数是混合威士忌酒。苏格兰混合威士忌的常见包装容量在 700~750ml，酒精含量在 43% 左右。

苏格兰威士忌的四大产区：

北部的高地（High lands）

产量最大，品质超群，芳香的橡木味和强烈的烟熏味平衡得极好，西部高地的酒厂不多，酒体厚实，口味醇厚强烈，不甜，略带泥煤与咸味；最北部高地的酒带有辛辣口感；东部高地和中部高地的威士忌果香特别浓厚。

斯佩塞（Speyside)

酒厂分布密集，以优雅著称，甜味最重，香味浓厚而复杂，通常会有水果、花朵、绿叶、蜂蜜类的香味，有时还会有浓厚的泥煤味。

南部的低地（Low lands）

这里的威士忌不受海风影响，制造过程中也较少使用泥煤，烟熏味很淡，所以生产的威士忌格外芳香柔和，有的还带有青草和麦芽味。

西部的艾雷岛（Islay）

此区的威士忌酒体最厚重，气味最浓，泥煤味道也最强，很容易辨识，两大特色：一种是采用当地产的泥煤熏干麦芽，因此泥煤味很重；另一种是由大海赋予的海藻和咸味，被戏谑地称为“带有消毒水味道的威士忌”。

（二）爱尔兰威士忌（Irish Whiskey）

爱尔兰威士忌酒作为咖啡的伴侣已经相当被人们熟悉，其独特的香味是深受人们所喜爱的主要原因。爱尔兰制造威士忌至少有700年的历史，有些权威人士认为威士忌酒的酿造起源于爱尔兰，以后传到苏格兰。爱尔兰人有很强的民族独立性，就连威士忌酒Whiskey的写法上也与苏格兰威士忌酒Whisky有所不同。

爱尔兰威士忌酒的生产原料主要有大麦、燕麦、小麦和黑麦等，以大麦为主，约占80%。爱尔兰威士忌酒用塔式蒸馏器经过三次蒸馏，然后入桶老熟陈酿，一般陈酿时间8~15年，所以成熟度相对较高，装瓶时，为了保证其口味的一惯性还要进行勾兑与掺水稀释。

爱尔兰威士忌酒与苏格兰威士忌酒制作工艺大致相同，前者较多保留了古老的酿造工艺，麦芽不是用泥炭烘干，而是使用无烟煤。二者最明显的区别是爱尔兰威士忌没有烟熏的焦香味，口味比较绵柔长润。爱尔兰威士忌比较适合制作混合酒和与其他饮料掺兑共饮（如爱尔兰咖啡）。国际市场上的爱尔兰威士忌酒的度数在40度左右。

（三）美国威士忌（Ameican Whiskey）

美国是生产威士忌酒的著名国家之一。同时也是世界上最大的威士忌酒消费国，据统计美国成年人每人每年平均饮用16瓶威士忌酒，这是世界任何国家所不能比拟的。虽然美国威士忌酒的酿造仅有200多年的历史，但其产品紧跟市场需求，产品类型不断翻新，因此美国威士忌很受人们的欢迎。美国威士忌酒以优质的水、温和的酒质和带有焦黑橡木桶的香味而著名，尤其是美国的Bourbon Whiskey波旁威士忌（又称波本威士忌酒）更是享誉世界。

美国威士忌酒的酿制方法没有什么特殊之处，只是所用的谷物原料以玉米为主，相对于其他国家威士忌，口味偏甜。美国西部的宾夕法尼亚州、肯塔基和田纳西地区是制造威士忌的中心。美国威士忌可分为以下三大类。

1. 单纯威士忌（Straight Whiskey）

所用原料为玉米、黑麦、大麦或小麦，酿制过程中不混合其他威士忌酒或者谷类中性酒精，制成后需放入炭熏过的橡木桶中至少陈酿两年。另外，所谓单纯威士忌，并不像苏格兰纯麦芽威士忌那样，只用大麦芽制成，而是以某一种谷物为主（一般不得少于51%）再加入其他原料制成。单纯威士忌又可以分为四类：

（1）波旁威士忌（Bourbon Whiskey）

波旁是美国肯塔基州一个市镇的地名，过去在波旁生产的威士忌酒被人们亲切地称为波旁威士忌，现在成为美国威士忌酒的一个类别的总称。波旁威士忌酒的原料是玉米、大麦等，其中玉米至少占原料用量的51%，最多不超过75%，经过发酵蒸馏后装入新的炭烧橡木桶中陈酿4年，陈酿时间最多不能超过8年，装瓶前要用蒸馏水稀释至43.5度左右才能出售。波旁威士忌酒的酒液呈琥珀色，晶莹透亮，酒香浓郁，口感醇厚、绵柔，回味悠长。其中尤以肯塔基州出产的产品最有名，价格也最高。现在在伊利诺伊、俄亥俄、宾夕法尼亚、田纳西、密苏里、印第安纳等州也有生产。

（2）黑麦威士忌（Rye Whiskey）

也称裸麦威士忌，是用不得少于51%的黑麦及其他谷物酿制而成的，酒液呈琥珀色，味道与波旁威士忌不同，具有较为浓郁的口感，因此不太受现代人的喜爱。主要品牌有：① Old Overholt 老奥弗霍尔德。由创立于1810年的A. 奥弗霍尔德公司在宾夕法尼亚州生产，原料中裸麦含量达到59%，是不掺水的著名裸麦威士忌酒。② Seagram's 7 Crown 施格兰王冠。由施格兰公司于1934年首次推向市场，是口味十足的美国黑麦威士忌。

（3）玉米威士忌（Corn Whiskey）

是用不少于80%的玉米和其他谷物酿制而成的威士忌酒，酿制完成后用旧炭木桶进行陈酿。主要品牌有：Platte Valley 普莱特·沃雷，由创立于1856年的马科密克公司生产，该酒的酿制原料中玉米原料的比重达到88%，度数为40度，分为5年陈酿和8年陈酿两种类型。

（4）保税威士忌（Bottled in bond）

这是一种纯威士忌，通常是波本威士忌或黑麦威士忌，但它是在美国政府监督下制成的，政府不保证它的品质，只要求至少陈酿4年，酒精纯度在装瓶时为50%，但必须是一个酒厂制造，装瓶厂也为政府所监督。

2. 混合威士忌（Blended Whiskey）

这是用一种以上的单一威士忌，以及20%的中性谷类酒精混合而成的威士忌酒，装瓶时，度数为40度，常用来做混合饮料的基酒，分为3种：

（1）肯塔基威士忌：是用该州所出的纯威士忌酒和谷类中性酒精混合而成的。

（2）纯混合威士忌：是用两种以上纯威士忌混合而成，但不加中性谷类酒精。

（3）美国混合淡质威士忌：是美国的一个新酒种，用不多于20%的纯威士忌和40度的淡质威士忌混合而成的。

3. 淡质威士忌（Light Whiskey）

这是美国政府认可的一种新威士忌酒，蒸馏时酒精纯度高达80.5~94.5度，用旧桶陈年。淡质威士忌所加的50度的纯威士忌，不得超过20%。

除此之外，在美国还有一种Sour-Mash Whiskey，这种酒是用老酵母（即先前发酵物中取出的）加入到要发酵的原料里，（新酵母与老酵母的比例为1:2）进行发酵，然后再蒸馏而成的，用此种发酵方法造出的酒液比较稳定，多用于波本酒的生产。

（四）加拿大威士忌（Canadian Whisky）

加拿大生产威士忌酒已有200多年的历史，其著名产品是裸麦（黑麦）威士忌酒和混合威士忌酒。在稞麦威士忌酒中稞麦（黑麦）是主要原料，占51%以上，再配以大麦芽及其他谷类组成，此酒经发酵、蒸馏、勾兑等工艺，并在白橡木桶中陈酿至少3年（一般达到4~6年），才能出品。该酒口味细腻，酒体轻盈淡雅，度数40度以上，特别适宜作为混合酒的基酒使用。加拿大威士忌酒在原料、酿造方法及酒体风格等方面与美国威士忌酒比较相似。

（五）日本威士忌（Japanese Whisky）

采用苏格兰传统工艺和设备，从英国进口泥炭用于烟熏麦芽，从美国进口白橡木桶用于贮酒，甚至从英国进口一定数量的苏格兰麦芽威士忌原酒，专供勾兑自产的威士忌酒。日本威士忌酒按酒度分级，特级酒含酒精43%（体积），一级酒含酒精40%（体积）以上。

三得利（Suntory）是日本威士忌最为知名的品牌，旗下产品包括：洛雅Royal、角瓶Kakubin、特藏Reserve、山崎等。

日本威士忌起源于1924年，日本三得利（Suntory）公司的创始人鸟井信治郎（寿屋集团），邀请竹鹤政孝（今一甲集团），在京都郊外的山崎县建立了日本第一座生产威士忌的工厂，并于1929年出产了第一瓶真正意义上的日本威士忌：白札。这是一支调和型威士忌，有着苏格兰威士忌般的显著烟熏味，品质很好，但是这种风格在当时并不被日本消费者接受，市场业绩惨淡。

于是两位日本酒业巨人产生了分歧：竹鹤政孝选择离开，希望继续制作以苏格兰威士忌为模板的日本威士忌；而鸟井信治郎为了迎合市场需求则开始推出适合东方人口感的清淡型威士忌。1984年，三得利推出了在国际大赛中多次获得大奖的单一麦芽威士忌——山崎12年。

2003年，山崎12年获得ISC国际烈酒挑战赛金奖；随后山崎25年和18年几乎横扫国际威士忌大奖；在WWA世界威士忌大奖创立的10年间，响被6次选为世界最佳调和威士忌；山崎获得两次世界最佳单一麦芽威士忌大奖；如今这份荣誉又被白州摘得。响、山崎、白州为三得利旗下最具标志性的三大主打产品。

20世纪90年代经济大萧条，日本威士忌大规模减产，原酒库存严重不足，形成了如今供不应求的局面，三得利旗下的威士忌的价格更是居高不下，一些老年份酒款甚至一上市便被抢购一空，可以说是“天价无市”。

【小知识】

日本威士忌的水楢桶

最名贵的日本威士忌是用水楢桶来陈酿的，不仅日本，一些苏格兰威士忌的大品牌也相继推出过水楢桶的版本，价格一直居高不下。那么水楢桶究竟有怎样的神奇之处呢，我们来了解一下日本水楢桶的相关知识。

日本本地橡木主要有两种：小橡木（Konara）和大橡木（Oonara），后者又称为“水楢木”，主要生长于北海道地区。它富含香兰素（酚类物质），但在当时却被视为一种陈年威士忌的劣质木桶。水楢木质地坚硬、厚重，制造家具是一种理想材料，但用作橡木桶的话，加工难度很大，而且其密封性不好，水楢木的含水量偏高，相较于美国橡木与欧洲橡木，用于威士忌熟成，其原酒泄漏及挥发的指数远远高于普通橡木桶。因此，常被作为“转桶”使用，另外其价格也高得吓人，目前一个水楢桶的价格为5000美元。所以20世纪二三十年代，日本人宁可从北美与欧洲进口橡木桶，也不使用本地橡木进行威士忌陈年。

因为第二次世界大战的影响，日本无法从北美、欧洲进口橡木，可国内的需求却不减反增，面对这一状况，日本国内的威士忌酒厂开始使用本地水楢桶来进行威士忌的熟成，战争结束之后，一个偶然的机会，酒商们发现使用水楢桶陈年，能够赋予威士忌有别于美国波本桶与欧洲雪莉桶之外的特别的风味。

随着日本威士忌的迅速崛起，特别是三得利旗下威士忌在国际市场上的突出表现，水楢桶的名气大增，日本威士忌被视为具有独特的“东方元素”：波本桶陈年能赋予威士忌香草、热带水果；雪莉桶则是葡萄干、辛香料等风味；而使用日本水楢木桶陈年，则会带来特殊的檀香、椰子及伽罗熏香，这很容易让人联想起日本“寺庙”线香的气味，因此，也被形容为“东方禅味”。

完成任务

一、威士忌著名品牌的认知

通过本节内容的学习，应熟记几类威士忌的著名品牌，并完成下表。

图	品牌（英文）	中文名称	产地	类型	特点	其他
JAMESON Established Since 1780 IRISH WHISKEY						
Glenfiddich SPECIAL RESERVE						
Ballantine's GOLD						

续表

图	品牌（英文）	中文名称	产地	类型	特点	其他

二、独立完成“威士忌酸”的调制与服务

（一）分组练习

每3~5人为一小组，分别扮演调酒师、吧员、客人等不同角色，然后按顺序完成调酒任务并提供对客服务。练习过程中仔细观察每个人的动作及服务效果。

（二）讨论、对比

对每个人的表现进行组内分析讨论、组间对比互评，加深对整个对客服务步骤、方法及要求的理解与掌握。

能力评价

教师对各小组的制作过程、成品、酒水服务进行讲评，然后把个人评价、小组评价简要填入以下评价表中。

被考评人					
考评地点					
考评内容					
考评标准	内容	分值 / 分	个人评价 / 分	小组评价 / 分	实际得分 / 分
	熟知鸡尾酒的分类和基本结构	10			
	熟悉掌握鸡尾酒的调制方法及原则	20			
	熟记调制鸡尾酒的步骤及注意事项	10			
	掌握品尝、鉴别鸡尾酒的步骤及技巧	20			
	掌握鸡尾酒及基酒相关知识	20			
	鸡尾酒促销能力	10			
	鸡尾酒规范服务	10			
合计		100			

能力拓展

一、其他摇和法鸡尾酒的调制与服务

根据以下表格内容，完成得其利、白兰地亚历山大以及红粉佳人三种鸡尾酒的调制与服务。

（一）得其利 Daiquiri

项目	内容	
调酒配方	外文	中文
	1oz White Rum 2oz Sweet Lemon Juice	1 盎司白朗姆酒 2 盎司甜酸柠檬汁
装饰物	糖边	
使用工具	量酒器　摇酒壶	
使用载杯	鸡尾酒杯	
调制方法	摇和法	
操作程序	1. 杯子做糖边后备用 2. 将摇壶内放入适量冰块 3. 加入甜酸柠檬汁 4. 加入白朗姆酒 5. 大力摇匀后滤入带糖边的鸡尾酒杯中	

（二）白兰地亚历山大 Brandy Alexander

项目	内容	
	外文	中文
调酒配方	1oz Brandy 1oz Creme de Cacao（Dark） 1oz Milk	1 盎司白兰地 1 盎司黑可可酒 1 盎司牛奶
装饰物	豆蔻粉	
使用工具	量酒器　摇酒壶	
使用载杯	鸡尾酒杯	
调制方法	摇和法	
操作程序	1. 将摇酒壶内加入适量冰块 2. 按顺序加入牛奶、黑可可酒 3. 加入白兰地 4. 大力摇匀后滤入鸡尾酒杯 5. 在杯中撒入少许豆蔻粉装饰	

（三）红粉佳人 Pink Lady

项目	内容	
	外文	中文
调酒配方	1oz Gin 1/2oz Grenadina 1/2 ps Egg White	1 盎司金酒 1/2 盎司红石榴糖浆 1/2 个鸡蛋白
装饰物	红色樱桃	
使用工具	量酒器　摇酒壶	
使用载杯	鸡尾酒杯	
调制方法	摇和法	
操作程序	1. 将摇酒壶内加入适量冰块 2. 加入鸡蛋白 3. 加入红石榴糖浆 4. 加入金酒 5. 大力摇匀后滤入鸡尾酒杯 6. 以 1 只带把红樱桃挂杯装饰	

二、威士忌推销及服务

任务6　“玛格丽特”的调制与服务——摇和法（双手）

任务描述

“玛格丽特”是一款经典的鸡尾酒，也是酒吧畅销的鸡尾酒。作为调酒师要能够独立完成以玛格丽特为代表的摇和法鸡尾酒调制及服务；能够提供主酒特基拉酒的不同服务并有效进行推销。

情境引入

一位看上去情绪低落的女士走进酒吧，点了一杯“玛格丽特”，调酒师一边招呼这位客人，一边调制“玛格丽特”。

任务分析

完成玛格丽特的操作和服务，应熟练掌握：

- “玛格丽特”的配方
- 正确规范的摇和法鸡尾酒（双手）调制及服务
- 特基拉的特点、品牌
- 特基拉的饮用方法和服务要求

必备知识

一、玛格丽特（见图3–41）的配方

- 特基拉酒 1oz
- 橙皮香甜酒 1/2oz
- 鲜柠檬汁 3/4oz

图3–41　“玛格丽特”鸡尾酒

二、载杯的认知

载杯的选择：玛格丽特杯，如图3–42所示。

特点：玛格丽特杯容量6oz，高脚，阔口，碟身，专用于盛放玛格丽特鸡尾酒。

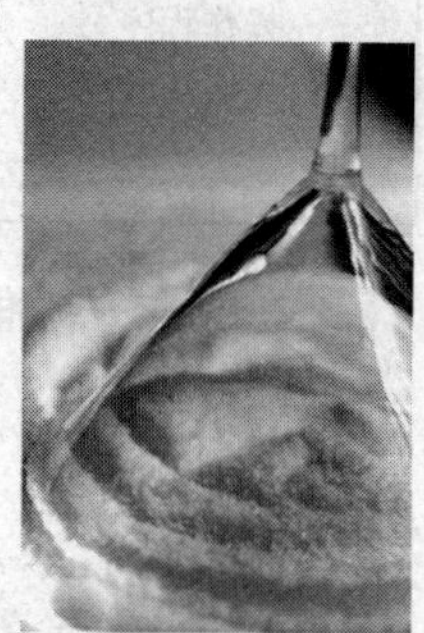

图3–42　玛格丽特杯

三、装饰物的制作与搭配

装饰物：雪霜杯盐边、青柠角。

装饰物的制作：用青柠角擦拭酒杯的杯沿，然后让杯口蘸上细盐，青柠檬切角。

制法：先将浅碟香槟杯用精细盐圈上杯口待用，并将上述材料加冰摇匀后滤入杯中，饰以一片柠檬即可。

四、摇和法鸡尾酒（双手）的调制方法及服务要求

调制方法：双手摇和法。

器材准备：冰桶、冰夹（冰铲）、摇酒器（波士顿摇酒壶）、滤冰器、量杯、鸡尾酒载杯、装饰物。

制作方法：

1. 制作雪霜杯（盐边）。
2. 将清洁的摇酒器分开，将冰块放入底杯。
3. 再将烈酒、配酒、果汁等倒入有冰块的底杯中，盖上上盖。
4. 右手手掌抵住上盖，左手手掌扶住壶底。
5. 握紧摇酒器，手背抬高至肩膀，再用手臂快速来回摇动，至外表结霜即可。
6. 打开上盖，用滤冰器将酒倒入酒杯中，见图 3–43。
7. 再加上装饰品即可。

图 3–43　摇和法鸡尾酒（双手）的调制方法

拓展知识

一、特基拉的知名品牌

（一）Olmeca 奥美加

奥美加高档特基拉酒植根于古代墨西哥奥美加文化，富有浓郁的墨西哥风情和迷人的异国情调。奥美加充分汲取了墨西哥哈里斯哥高地植物的馥郁芳香，采用传统的工艺以确保获得独特的醇和口感和高度纯净的品质。该酒名可使人想起墨西哥最古老的文明，酒标上的人头即为模拟 Olmeca 文明遗物，如图 3–44 所示。

图 3–44　奥美加特基拉酒

（二）Jose Cuervo 豪帅快活

Cuervo 本是西班牙语中“乌鸦”的意思，但这个名字却是由在 1765 年创立此公司的荷西科佛先生而来，其中白牌是在蒸馏后未经酒桶处理成熟的产品，口味清爽；金牌 Tequila 是贮藏在白坚木桶成熟两年而成的，它和威士忌或白兰地一样，在酒中含有一种由木桶成熟所带来的特有风味。原料 100% 为龙舌兰，不加砂糖，是精心竭力生产高质量的酒品，见图 3–45。

图 3–45　豪帅快活特基拉酒

（三）Pepe Lopez 雷博士

雷博士龙舌兰酒是 100% 产于墨西哥哈利斯科州的一种龙舌兰酒，自 1857 年于墨西哥东部连绵山脉中的特吉拉村庄开始生产。采用种植超过 8~12 年的珍贵龙舌兰为主要原料，经双重蒸馏，确保香味浓郁。

雷博士龙舌兰酒在 1998 年击败了 Cuervo、1800、Porfidio 等众多对手获得世界龙舌兰酒大奖，并得到墨西哥政府质量和原产地认可奖章。

（四）Sauza 索萨

在墨西哥所卖出的特基拉中，几乎每三瓶就有一瓶是 Sauza 牌的，销路之好可见一斑。自 1873 年 Sauza 公司创立该酒以来，经过四代人的经营，保存其古老的传统方式制造，以龙舌兰及砂糖为原料，口感浓烈，劲道十足。

二、特基拉酒饮用方法和服务要求

特基拉酒适宜冰镇后纯饮，或是加冰块饮用；纯饮多使用烈性酒杯，每客 1oz，杯口盐圈，配柠檬片；加冰用古典杯，调配鸡尾酒根据配方选择载杯。

知识链接

一、特基拉的起源

特基拉酒又称龙舌兰酒，是墨西哥的特产，是墨西哥文化和灵魂的重要象征，以龙舌兰（Agave）为原料，因产地而得名，是酒吧必备的基酒之一。

“特基拉”是墨西哥哈利斯科州的一个小镇，龙舌兰（Agave，墨西哥当地人又称其为 Maguey）是一种墨西哥原生的特殊植物，有着长长的、多纤维的披针形叶子，颜色蓝绿，龙舌兰植物要经过 10~12 年才能成熟，它那灰蓝色的叶子有时可达十尺长。当成熟时，看起来就像巨大的郁金香。龙舌兰酒制造业者把外层的叶子砍掉取其中心部位，这种布满刺状的果实，酷似巨大的凤梨，见图 3–46，最重可达 150 磅，果子里充满香甜、黏稠且富含糖分的汁液。然后再把它放入炉中蒸煮，这样做为的是浓缩甜汁，并且把淀粉转换成糖类。经煮过的果实再送到另一机器挤压成果汁发酵，果汁发酵达到适宜酒精度即开始蒸馏。

龙舌兰早在古印第安文明的时代，就被视为是一种非常有神性的植物，是天上的神给予人们的恩赐。阿兹台克（Aztec）文化中，龙舌兰被认为是一种神圣的植物，被认为是神灵玛雅胡埃的化身，传说天上的神以雷电打中生长在山坡上的龙舌兰，而创造出龙舌兰酒，土著部落将龙舌兰和它的副产品制成了各种日用品，同时墨西哥人学会了烹调龙舌兰的球果。

图 3–46 龙舌兰

在公元 3 世纪时，居住于中美洲地区的印第安文明早已发现发酵酿酒的技术，他们取用生活里面任何可以得到的糖分来造酒，除了他们的主要作物玉米，与当地常见的棕榈汁之外，含糖分不低又多汁的龙舌兰，也就自然而然地成为造酒的原料。以龙舌兰汁经发酵后制造出来的Pulque酒，经常被用于宗教信仰活动，除了饮用之后可以帮助祭司们与神明的沟通（其实是饮酒后产生的酒醉或幻觉现象），他们在活人祭献之前也会先让牺牲者饮用Pulque，使其失去意识或至少降低反抗能力，而方便仪式的进行。

二、特基拉的生产工艺

与其他酒类经常使用的原料，如谷物与水果等比较，龙舌兰酒使用的是一种非常特殊且奇异的糖分来源——蕴含在龙舌兰草心（鳞茎）汁液里面的糖分。在几种龙舌兰酒里面，Tequila使用蓝色龙舌兰的汁液作为原料，根据土壤、气候与耕种方式，这种植物拥有8~14年的平均成长期，相比之下，Mezcal所使用的其他龙舌兰品种在成长期方面普遍较蓝色龙舌兰更短。

栽种与采收龙舌兰是种非常传统的技艺，有些栽植者本身是采取世袭制在传递相关知识，称为Jimador。由于原本从地底下开始生长，并且慢慢破土而出的龙舌兰“心”会在植物成年后长出高耸的花茎（Quixotl，其高度有时可以超过5米），大量消耗花心里面的糖分，因此及时将长出来的花茎砍除，也是Jimador必须执行的工作之一。采收时，Jimador需先把长在龙舌兰心上面往往多达上百根的长叶坎除，然后再把这凤梨状的肉茎从枝干上砍下。原料到了酒厂里面后，通常会被十字剖成四瓣方便进一步的蒸煮处理。由于需要的龙舌兰成熟程度不一，采收工作一整年都可以持续进行，有些蒸馏厂会使用较年轻的龙舌兰来造酒，但像是马蹄铁龙舌兰（Tequila Herradura）这种知名老厂，会严格要求只使用10年以上的龙舌兰来做原料。

传统上，蒸馏厂会用蒸汽室或是西班牙文里面称为Horno的石造或砖造烤炉，慢慢地将切开的龙舌兰心煮软，时长达50~72小时。在60~85℃的慢火烘烤之下，其植物纤维会慢慢软化、释放出天然汁液，但又不会因为火力太强太快而煮焦，让汁液变苦或不必要地消耗掉宝贵的可发酵糖分。另外，使用炉子烘烤龙舌兰的另外一个好处是可以保持植物原有的风味。不过，碍于大规模商业生产的需求，今日许多大型的蒸馏厂比较偏向使用高效率的蒸汽高压釜（Autoclaves）或压力锅来蒸煮龙舌兰心，使耗时缩短到一日以内（8~14小时）。蒸煮的过程除了可以软化纤维释放出更多的汁液外，也可以将结构复杂的碳水化合物转化成可以发酵的糖类。直接从火炉里面取出的龙舌兰心尝起来非常像是番薯或是芋头，但多了一种龙舌兰特有的气味。传统做法的蒸馏厂会在龙舌兰心煮好后让它冷却24~36小时，再进行磨碎除浆，不过也有一些传统酒场蓄意保留这些果浆，一同拿去发酵。当龙舌兰心彻底软化且冷却后，工人会拿大榔头将它们打碎，并且移到一种传统上使用驴子或牛推动，称为Tahona的巨磨内磨得更碎。现代的蒸馏厂除了可能会以机械的力量来取代兽力外，有些酒厂甚至会改用自动辗碎机来处理这些果浆或碎渣，将杂质去除作为饲料或肥料使用。至于取出的龙舌兰汁液（称为Aquamiel，意指糖水）则在掺调一些纯水之后，放入大桶中等待发酵。

接下来，工人会在称为Tepache的龙舌兰草汁上洒下酵母，虽然根据传统做法，制造龙舌兰酒使用的酵母采集自龙舌兰叶上，但现在大部分的酒厂都是使用以野生菌株培育的人工酵母，或甚至商业上使用的啤酒酵母。有些传统的Mezcal或是Pulque酒，是利用空气中飘散的野生酵母造成自然发酵，但在Tequila之中只有老牌的马蹄铁龙舌兰（Tequila Herradura）一家酒厂是强调使用这样的发酵方式。不过，某些人认为依赖天然飘落的酵母，风险太大，为了抑制不想要的微生物滋生，往往还得额外使用抗生素来控制产品稳定度，利与弊颇值得争议。用来发酵龙舌兰汁的容器可能是木造或现代的不锈钢酒槽，如果保持天然的发酵过程，其耗时往往需要7~12天之久，为了加速发酵过程，许多现代化的酒厂透过添加特定化学物质的方式加速酵母的增产，把时间缩短到两三日内。较长的发酵时间可以换得较厚实的酒体，酒厂通常会保留一些发酵完成后的初级酒汁，用来当作下一次发酵的引子。

龙兰汁经过发酵过程后，制造出来的是酒精含量在5%~7%、类似啤酒般的发酵酒。传统酒厂会以铜制的壶式蒸馏器进行二次蒸馏，现代酒厂则使用不锈钢制的连续蒸馏器，初次的蒸馏耗时1.5~2小时，制造出来的酒，其酒精含量在20%上下。第二次的蒸馏耗时3~4小时，制造出的酒，拥有约55%的酒精含量。原则上每一批次的蒸馏都被分为头、中、尾三部分，初期蒸馏出来的产物酒精度较高但含有太多醋醛（Aldehydes），因此通常会被丢弃。中间部分品质是最好的，也是收集起来作为产品的主要部分。至于蒸馏到末尾时产物里面的酒精与风味已经开始减少，部分酒厂会将其收集其来加入下一批次的原料里再蒸馏，其他酒厂则是直接将其抛弃。有少数强调高品质的酒厂，会费工地使用三次蒸馏来制造Tequila，但太多次的蒸馏往往会减弱产品的风味，因此其必要性常受到品酒专家的质疑。相比之下，大部分的Mezcal只进行一次的蒸馏，虽然少数高级品会采取二次蒸馏。从开始的龙舌兰采收到制造出成品，大约每7千克的龙舌兰心，才制造得出1升的酒。

刚蒸馏完成的龙舌兰新酒，是完全透明无色的，市面上看到有颜色的龙舌兰都是因为放在橡木桶中陈年过，或是因为添加酒用焦糖的缘故（只有Mixto才能添加焦糖）。陈年龙舌兰酒所使用的橡木桶来源很广，最常见的还是美国输入的二手波本威士忌酒桶，但也不乏酒厂会使用些更少见的选择，如西班牙雪莉酒、苏格兰威士忌、法国干邑白兰地甚至使用全新的橡木桶。龙舌兰酒并没有最低的陈年期限要求，但特定等级的酒则有特定的最低陈年时间。白色龙舌兰（Blanco）是完全未经陈年的透明新酒，其装瓶销售前是直接放在不锈钢酒桶中存放，或一蒸馏完后就直接装瓶。大部分的酒厂都会在装瓶前，以软化过的纯水将产品稀释到所需的酒精强度（大部分在37%~40%，虽然也有少数酒精含量超过50%的产品），并且经过最后的活性炭或植物性纤维过滤，完全将杂质去除。如同其他的酒类，每一瓶龙舌兰酒里面所含的酒液，都可能来自多桶年份相近的产品，利用调和的方式确保产品口味的稳定。不过，也正由于这种缘故，高级龙舌兰酒市场里偶尔也可以见到稀有的“Single Barrel”产品，感觉跟苏格兰威士忌或法国干邑的原桶酒类似，特别强调整瓶酒都是来自特定一桶酒，并且附上详细的木桶编号、下桶年份与制作人名称，限量发售。所有要装瓶销售的龙舌兰酒，都需要经过 Tequila 规范委员会（Consejo Regulador del Tequila，CRT）派来的人员检验确认后，才能正式出售，打破龙舌兰是一种制作方式随便、品质欠佳的酒类的既有印象。

三、特基拉的特点

特基拉市一带是 Maguey 龙舌兰品质最优良的产区，并且也只有以该地生产的龙舌兰酒，才允许以 Tequila 之名出售；若是其他地区所制造的龙舌兰酒则称为 Mezcal。特基拉酒的口味凶烈，香气很独特。经两次蒸馏酒精纯度达 10^4~10^6proof，然后放入橡木桶陈酿，陈酿时间不同，颜色和口味差异很大，白色者未经陈酿，银白色贮存期最多 3 年，金黄色酒贮存至少 2 年，特级特基拉需要更长的贮存期，装瓶时酒度要稀释至 80~100proof，包装体现墨西哥的民族特色。

特基拉酒是墨西哥的国酒，墨西哥人对此情有独钟，饮酒方式也很独特，常用于净饮。从 18 世纪开始，为了获得龙舌兰入口带来的强烈感觉，人们借助盐和柠檬，龙舌兰酒、盐和柠檬配合食用的习惯开始于最初的龙舌兰酒的爱好者们。据说这种饮用方式是因为盐可以促使人产生更多的唾液，而柠檬可以缓解烈酒带来的对喉咙的刺激。每当饮酒时，墨西哥人总先在手背上倒些海盐来吸食，然后用腌渍过的辣椒干、柠檬干佐酒，恰似火上浇油，美不胜言…… 另外，特基拉酒也常作为鸡尾酒的基酒，如墨西哥日出（Tequila Sunrise）、玛格丽特（Margarite）深受广大消费者喜爱。其名品还有：凯尔弗（Cuervo）、斗牛士（El Toro）、索查（Sauza）、欧雷（Ole）、玛丽亚西（Mariachi）、特基拉安乔（Tequila Aneio）。

马儿樽是龙舌兰酒专用酒杯的名称，现在这种酒杯由玻璃制成，杯体成椭圆形，当被问及使用这种酒杯的原因时，墨西哥人会回答说："为了在马背上享受特基拉。"当时，人们习惯用这种杯子一下子喝光一小杯特基拉龙舌兰酒。

四、特基拉的等级和分类

（一）按酿造工艺分

通常我们提到龙舌兰酒时，可能意指的是下列几种酒之中的一种，但如果没有特别说明，最有可能的还是指广为人知的 Tequila，其他几款酒则大都是墨西哥当地人才较为熟悉。

1. Pulque

这是种用龙舌兰草的心为原料，经过发酵而制造出的发酵酒类，最早由古代的印第安文明发现，在宗教上有不小的用途，也是所有龙舌兰酒的基础原型。由于没有经过蒸馏处理酒精度不高，目前在墨西哥许多地区仍然有酿造。

2. Mezcal

其实可说是所有以龙舌兰草心为原料，所制造出的蒸馏酒的总称，简单说来，Tequila 可说是 Mezcal 的一种，但并不是所有的 Mezcal 都能称作 Tequila。开始时，无论是制造地点、原料或做法上，Mezcal 都较 Tequila 的范围更为广泛、规定不严谨，但近年来 Mezcal 也渐渐有了较为确定的产品规范，以便能争取到较高的认同地位，与 Tequila 分庭抗礼。

3. Tequila

是龙舌兰酒一族的顶峰，只有在某些特定地区、使用一种称为蓝色龙舌兰草（Blue Agave）的植物作为原料所制造的此类产品，才有资格冠上 Tequila 之名。还有一些其他种类，同样也是使用龙舌兰为原料所制造的酒类，如齐瓦瓦州（Chihuahua）生产的 Sotol，这类的酒通常都是比较区域性的产品而不是很出名。严格规定只能使用龙舌兰多达 136 种的分支里面，品质最优良的蓝色龙舌兰（Blue Agave）作为原料。这种主要是生长在哈里斯科州海拔超过 1500 米的高原与山地的品种，最早是由德国植物学家佛朗兹·韦伯（Franz Weber）在 1905 年时命名分类。

（二）按颜色和口味分

特基拉酒在铜制单式蒸馏中蒸馏两次：一种是未经过木桶成熟的酒，透明无色，称为 White Tequila，味道较呛；另一种是 Gold Tequila，因淡琥珀色而得名，通常在橡木桶中至少贮存一年，味道与白兰地近似。

除了颜色有金色有银色（透明）之外，很少人真的了解 Tequila 其实也有产品等级差异。虽然，各家酒厂通常会根据自己的产品定位，创造发明一些自有的产品款式，但是下面几种分级，却是有法规保障、不可滥用的官方标准。

1. Blanco Plata 白色特基拉

该酒清亮透明，带有强烈的青草气味。Blanco 与 Plata 分别是西班牙文里面“白色”与“银色”的意思，在龙舌兰酒的领域里面，它可以被视为是一种未陈年酒款，并不需要放入橡木桶中陈年。在此类龙舌兰酒里面，有些款式甚至是直接在蒸馏完成后就装瓶，有些则是放入不锈钢容器中贮放，但也有些酒厂为了让产品能比较顺口点，还是选择短暂地放入橡木桶中陈放。只是有点特殊的是，一般酒类产品的陈年标准都是规定存放的时间下限，Blanco 等级的龙舌兰规定的却是上限：最多不可超过 30 日。但应注意，Blanco 这种等级标示只说明了产品的陈年特性，却与成分不全然相关，在这种等级的酒中也有成分非常纯正的“100% Agave”产品存在，不见得都是混制酒 Mixto。Blanco 等级的龙舌兰酒通常都拥有比较辛辣、直接的植物香气，但在某些喜好此类酒款的消费者眼中，白色龙舌兰酒才能真正代表龙舌兰酒与众不同的风味特性。

2. Jven Abocado 金色特基拉

Jven Abocado 在西班牙文里面意指“年轻且顺口的”，此等级的酒也常被称为 Oro（金色的）。基本上，金色龙舌兰跟白色龙舌兰其实可以是一样的东西，只不过金色的版本含有局部的调色与调味料（包括酒用焦糖与橡木萃取液，其重量比不得超过 1%），使得它们看起来有点像是陈年的产品。以分类来说，这类的酒全属于 Mixto，虽然理论上没有 100% 龙舌兰制造的产品高级，但在外销市场上，这等级的酒因为价格实惠，因此仍然是销售上的主力。

3. Anejo 古老特基拉

Anejo 在西班牙语中有“古老”之意，其贮藏于木桶内超过一年，由于经长时间酝酿，其强烈的味道已冲淡，制造出非常温和爽口的口感，与白兰地非常相近。

有别于之前三种等级，陈年龙舌兰酒受到政府的管制要严格许多，它们必须使用容量不超过 350 升的橡木桶封存，由政府官员上封条，虽然规定上只要超过一年的都可称为 Anejo，但有少数非常稀有的高价产品，如 Tequila Herradura 著名的顶级酒款“Selección Suprema”，就是陈年超过 4 年的超高价产品之一，其市场行情甚至不输给一瓶陈年 30 年的苏格兰威士忌。一般来说，专家们都同意龙舌兰最适合的陈年期限是 4~5 年，超过此时段则桶内的酒精会挥发过多。除了少数陈年有 8~10 年的特殊酒款外，大部分的 Anejo 是在陈年时间满后，直接移到无陈年效用的不锈钢桶中保存等待装瓶。Reposado 与 Anejo 等级的 Tequila 并没有规定必须以 100% 龙舌兰为原料，如果产品的标签上没有特别说明，那么这就是一瓶陈年的 Mixto 混合酒，如潇洒龙舌兰（Tequila Sauza）的 Sauza Conmemorativo，就是一瓶少见的陈年 Mixto 酒。

除了以上四种官方认可的等级分法外，酒厂也可能以这些基本类别的名称为基础进行变化，甚至自创等级命名来促销产品，如 Gran Reposado、Ejos 或 Blanco Suave 等。Reserva de casa 也是一种偶尔会见到的产品称呼，通常是指该酒厂最自豪的顶级招牌酒，但这些不同的命名全是各酒厂在行销上的技巧，只有上述四种才具有官方的约束力量。

五、特基拉的级别

特基拉的级别有 Blanco，Joven Abocado，Reposado 与 Anejo 四个产品等级，这些等级的标示必须符合政府的相关法规而非依照厂商想法随意标示。不过，有些酒厂为了更进一步说明自家产品与他厂的不同，会在这些基本的分级上做些变化，但这些都已不在法律规范的范围了。

纯度标示：唯有标示“100% Agave”（或是更精确的，100% Blue Agave 或 100% Agave Azul）的 Tequila，才能确定这瓶酒里面的每一滴液体，都是来自天然的龙舌兰草，没有其他的糖分来源或添加物（稀释用的纯水除外）。如果一瓶酒上并没有做此标示，最好要假设这瓶酒是一瓶 Mixto。应注意的是，由于 20 世纪 90 年代末期严重的病虫害造成龙舌兰大量减产，其原料价格迄今仍在直线飙涨中。为了维持不至于过高的售价，许多酒厂纷纷把原本是纯龙舌兰成分的产品款式，降级成混用其他原料的 Mixto，因此购买相关产品的时候应该多看两眼标签，不能想当然地以为这瓶酒品牌与品名都与之前买过的一样，其成分原料就会与以往相同。

蒸馏厂注册号码：Normas Oficial Mexicana（墨西哥官方标准，又简称为 NOM），是每一家经过合法注册的墨西哥龙舌兰酒厂都会拥有的代码。目前墨西哥约有 70 家蒸馏厂，制造出超过 500 种的品牌销售国内外，NOM 码等于是这些酒的“出生证明”，从上面可以看出实际上制造这瓶酒的制作者是谁（但并不见得看得出是哪家工厂制造的，因为酒厂只需以母公司的名义注册就可取得 NOM）。因为并不是每一个品牌的产品都是贩售者自行生产的，有些著名品牌如Porfidio或较早期时的Patron，本身甚至没拥有自己的蒸馏厂。

CRT标章：它的出现代表这瓶产品是受到CRT（Consejo Regulador del Tequila，龙舌兰酒规范委员会）的监督与认证的，然而，它只保证了产品符合法规要求的制造程序，并不确保产品的风味与品质表现。Hacienda、Hacienda是西班牙文里面类似庄园的一种单位，这个字经常会出现在制造龙舌兰酒的酒厂地址里。因为，许多墨西哥最早的商业酒厂，当初都是墨西哥的富人们在自己拥有的庄园里面现地创立，并且将这习俗一直保持到今日。

识别生产厂商：从龙舌兰酒标签上的NOM编号，我们可以看出该产品实际上的制造厂商是谁，需注意的是有些酒厂会同时替多家品牌生产龙舌兰酒，甚至有可能是由互相竞争的品牌分别销售。当然，既然有一厂多牌的现象，一个品牌底下有多个NOM编号也有可能。

完成任务

一、特基拉著名品牌的认知

通过本节内容的学习，应熟记几类特基拉的著名品牌，并完成下表。

序号	品牌（英文）	中文名称	产地	类型	特点	其他

二、独立完成“玛格丽特”的调制及服务

（一）分组练习

每3~5人为一小组，分别扮演调酒师、吧员、客人等不同角色，然后按顺序完成调酒任务并提供对客服务。练习过程中仔细观察每个人的动作及服务效果。

（二）讨论、对比

对每个人的表现进行组内分析讨论、组间对比互评，加深对整个对客服务步骤、方法及要求的理解与掌握。

能力评价

教师对各小组的制作过程、成品、酒水服务进行讲评，然后把个人评价、小组评价

简要填入以下评价表中。

被考评人					
考评地点					
考评内容					
考评标准	内容	分值 / 分	个人评价 / 分	小组评价 / 分	实际得分 / 分
	熟知鸡尾酒的分类和基本结构	10			
	熟悉掌握鸡尾酒的调制方法及原则	20			
	熟记调制鸡尾酒的步骤及注意事项	10			
	掌握品尝、鉴别鸡尾酒的步骤及技巧	20			
	掌握鸡尾酒及基酒相关知识	20			
	鸡尾酒促销能力	10			
	鸡尾酒规范服务	10			
合计		100			

能力拓展

一、蓝色玛格丽特的调制与服务

根据以下表格内容，完成蓝色玛格丽特的调制与服务。

酒品名称:（中文）蓝色的玛格丽特 （英文）Blue Margarita

项　目	内　容	
	外文	中文
调酒配方	1oz Tequila 1/2oz Blue Curacao 3/4oz Sweetened Lemon Juice	1 盎司得其拉 1/2 盎司蓝橙汁酒 3/4 盎司青柠汁
装饰物	盐边 青柠角	
使用工具	量酒器　摇酒壶　吧勺　电动搅拌器	
使用载杯	鸡尾酒杯　古典杯　卡伦杯　酸酒杯　香槟杯	
调制方法	摇和法	
操作程序	1. 先将杯口作盐边 2. 将适量的冰块加入壶中 3. 将 3/4 盎司青柠汁倒入壶中 4. 加入 1/2 盎司蓝橙汁酒 5. 加入 1 盎司得其拉酒 6. 大力摇匀后滤入鸡尾酒杯中 7. 以青柠角装饰	

二、特基拉酒的推销及服务

任务7 “香蕉得其利”的调制与服务——搅和法

任务描述

果香四溢的鸡尾酒一向受女士的喜爱，作为调酒师应该能够根据客人的口味需求向客人推销鸡尾酒，能够独立完成以香蕉得其利为代表的搅和法鸡尾酒调制及服务，能流利回答客人有关朗姆酒知识的提问，并提供相应服务。

情境引入

在炎炎的夏日，一位女士来到酒吧需要一杯清凉可口、果香四溢的鸡尾酒，调酒师为她推荐了香蕉得其利，见图3–47。

任务分析

完成香蕉得其利的操作和服务，应熟练掌握：

- “香蕉得其利”的配方
- 雪霜杯（糖边）装饰的操作
- 搅拌机的使用
- 搅和法鸡尾酒的操作
- 长饮类鸡尾酒的特点
- 正确规范的搅和法鸡尾酒调制及服务
- 朗姆酒的特点、品牌
- 朗姆酒的饮用方法和服务要求

必备知识

一、香蕉得其利配方

- 白朗姆酒 1oz
- 柠檬汁、白糖水适量
- 碎冰 1 勺
- 熟香蕉：半根

图3–47 “香蕉得其利”鸡尾酒

二、载杯的认知

载杯的选择：科林斯杯或特饮杯。

科林斯杯又名哥连士杯、高杯、直身杯，这种杯常用的容量是 12oz，外形与海波杯大致相同，杯身略高，多用于盛放混合饮料、鸡尾酒及奶昔。

三、装饰物的制作与搭配

装饰物：雪霜杯糖边、香蕉片。

装饰物的制作：用青柠角擦拭酒杯的杯沿，然后让杯口蘸上糖；切香蕉片。

四、搅和法鸡尾酒的调制方法及服务要求

（一）香蕉得其利调制方法：搅和法（Blender）

器材准备：冰桶、冰夹（冰铲）、搅拌机、量杯、鸡尾酒载杯、装饰物。

调制方法如图 3-48 所示。

1. 将备好搅拌机、冰夹（冰铲）、量杯、鸡尾酒载杯等清洗干净。
2. 将 1 盎司白朗姆酒、适量柠檬汁、白糖水、1 勺碎冰和半根熟香蕉加入搅拌机。
3. 打开搅拌机开关开始搅拌。
4. 搅拌结束，将饮品倒入准备好的杯中。
5. 用香蕉片作为装饰物出品。

图 3-48 “香蕉得其利”的调制方法

搅和法操作应注意的细节：加冰的量应根据水果原料水分的含量进行调整，如西瓜水分充足可以不加冰，而香蕉水分少，需要多加些碎冰用来稀释；柠檬汁与糖浆的添加也应根据水果糖分的含量及时调整，酸度大的水果建议少加甚至不加柠檬汁，甜度大的水果同样少加或不加糖浆；从节约成本的角度考虑，应采取多杯优惠、套餐的营销方式，避免水果浪费；如果采用的水果味道偏淡，可微量加入与水果口味相对应的风味糖浆或利口酒，增强鸡尾酒的风味。

（二）长饮类（Long Drinks）鸡尾酒特点

基酒所占比重小，酒精含量低，约 8 度；放置 30 分钟也不会影响风味的鸡尾酒，加冰，用高脚杯，适合餐时或餐后饮用；通常使用兑和法、摇和法、搅和法来进行调制；载杯为典型的平底高杯，也可以使用富有创意的独特酒杯。

【小知识】

鸡尾酒配方的演变和拓展

鸡尾酒领域有一个经典的基本公式——酒＋甜＋酸，酒指各类基酒，特别是蒸馏酒；甜指砂糖、糖浆、利口酒等含糖分高的原料；酸指以柠檬汁为代表的酸味配料，这个公式可以在很多款鸡尾酒配方中得到应用，并且可以让鸡尾酒与鸡尾酒之间随意切换，例如：

配方的演变和拓展－酒+甜+酸

Whiskey sour-威士忌酸

➡ New york -纽约（甜）

Apricot sour -杏仁酸（酒+甜）……

酒 ⬍

➡ Bacardi Cocktail -百加得鸡尾酒（甜）

Daiquiri + Fruit + Ice-水果黛可丽……

Daiquiri-黛可丽

威士忌酸与黛可丽之间可以通过更换基酒做到切换，同时这两款酒又可以通过更改甜味成分或添加其他诸如水果、碎冰等配料变身切换为其他鸡尾酒，威士忌酸可以变身为纽约、杏仁酸等，黛可丽可以变身为百加得鸡尾酒、水果黛可丽等。

Cosmopolitan-大都会（+蔓越莓汁）

⬆

Kamikaze-神风敢死队（酒）

⬆

Side car-边车

酒 ⬍

Margarita-玛格丽特

➡ Blue Margarita- 蓝色玛格丽特（甜）

Margarita + Ice-冰冻玛格丽特

Blue Margarita + Ice-蓝色冰冻玛格丽特

Margarita + Fruit + Ice-水果冰冻玛格丽特……

边车、玛格丽特与神风敢死队可以通过更改基酒做到轻松切换；玛格丽特通过更改甜味成分或添加其他诸如水果、碎冰等配料变身切换为蓝色玛格丽特、冰冻玛格丽特、蓝色冰冻玛格丽特、水果冰冻玛格丽特等；神风敢死队通过添加蔓越莓汁可以轻松变身为大都会……

以上内容可帮助大家熟记鸡尾酒配方，并且开阔视野，给鸡尾酒的创作带来启发。

拓展知识

一、朗姆酒的知名品牌

（一）Bacardi 百家得

百家得朗姆酒为19世纪古巴葡萄酒进口商法孔度先生灵机一动之下的成果。他发展出一套完美的蒸馏及混合程序，配以当地特产的糖浆，酿造出具有醇、和、净等特色的烈酒。今天，百家得朗姆酒的生产者仍是法孔度先生的后人，酒液贮藏于美洲白橡木桶中，以使酒质清爽顺滑。百家得朗姆酒在天然木桶中培养出香醇芬芳的酒味，而色泽较深的金朗姆酒就以烧焦橡木制的酒桶贮藏，轻盈酒质更富香气，见图3–49。

图3–49 百家得朗姆酒

（二）Captain Morgan 摩根船长

摩根船长朗姆酒由加勒比海最优良的甘蔗经过连续的蒸馏方式酿造而成，见图3–50，然后再放入橡木桶中经过一年的陈化，使酒质和口味发挥到最好。创始人摩根船长是一位出色的冒险家，喜欢寻求刺激。

这款富有强烈岛国风味的朗姆酒，其命名是从一名曾经做过海盗的牙买加总督而来。三款摩根船长朗姆酒，各具特色：摩根船长金朗姆酒酒味香甜；摩根船长白朗姆酒以软化见称；摩根船长黑朗姆则醇厚馥郁，是酒吧必用的调配酒。

图3–50 摩根船长朗姆酒

（三）Mulata 慕兰潭

由维亚克拉拉圣菲朗姆酒公司生产。将蒸馏后的酒置于橡木桶内熟成，有多种香型和口味。

（四）Ronrico 郎立可

普路拖利库生产的朗姆酒。1860 年创立，酒名是由“朗姆”和“丰富”两个词合并而成的，酒品分为白色和蓝色。

（五）Lemon Hart 柠檬哈妥

戛纳产朗姆酒。哈妥是经营砂糖和朗姆酒的贸易商，曾经为英国海军供应过朗姆酒，1804 年开始经营品牌。此酒为 75.5 度的烈性朗姆酒，由巴罗公司生产。

（六）Don Q 唐 Q

此酒由塞拉内公司生产，酒名就叫唐 Q，商标中对香味和口味均有描述，此酒属浅色品种。除金色外，还有水晶色。

（七）Pusser's Rum 帕萨姿

维京岛制造的朗姆，市场上销售的是 1970 年的新品，此酒以前一直是英国海军的特供品。由帕萨姿公司生产，产品分为浅色和蓝色两种类型。

二、饮用方法和服务要求

陈年浓香型的朗姆酒可作为餐后酒纯饮，可加冰块，加冰纯饮、均可用古典杯或威士忌杯。白色淡香型的朗姆酒，适宜作混合酒的基酒，可兑入果汁、碳酸饮料，加冰，金色的朗姆酒纯饮加冰皆可。朗姆酒被誉作“随身酒吧”，可以和各种软饮料搭配调出香醇可口的鸡尾酒。

知识链接

一、朗姆酒的定义

朗姆酒也叫糖酒，是制糖业的一种副产品，它是以甘蔗压出来的糖汁或糖蜜为原料，经发酵、蒸馏陈酿而生产的一种蒸馏酒。此种酒的主要生产特点是：选择特殊的生香（产酯）酵母和加入产生有机酸的细菌共同发酵后，再经蒸馏陈酿而成。朗姆酒又称火酒，它的绰号又叫“海盗之酒”，英国曾流传一首老歌，是海盗用来赞颂朗姆酒的，过去横行在加勒比海地区的海盗都喜欢喝朗姆酒。

“朗姆”这个名字的起源种种说法很多。有人说 Rum 来自于 Rumbullion，意思是“喧嚣，骚动”，还有人说 Rum 这个词来自荷兰海员饮酒用的一种杯子 Rummer。1745 年，英国海军上将弗农在航海时发现手下的士兵患了坏血病，他命令士兵们停止喝啤酒，改喝西印度群岛的朗姆酒，凑巧把病治好了。这些士兵为了感谢他，称弗农上将为老古怪（Rum 有古怪的意思），把这种酒精饮料称为朗姆。

二、朗姆酒的起源及发展

朗姆酒的产地包括西半球的西印度群岛，以及美国、墨西哥、古巴、牙买加、海地、多米尼亚、特立尼达和多巴哥、圭亚那、巴西等国家，非洲岛国马达加斯加也出产朗姆酒。

朗姆酒的起源可以追溯到古代，很早以前在印度和中国，人们就用甘蔗汁发酵酿酒并传播，几千年前马来人酿的 brum 就是这类。甘蔗并非原产于西印度群岛而是印度，哥伦布第二次航行美洲时来到西印度群岛，从加纳利群岛带来了制糖甘蔗的根茎，热带的气候使得西印度群岛变成甘蔗王国。

最早接受朗姆酒的是那些横行加勒比海的海盗以及寻找新大陆的冒险家们，他们用朗姆酒壮胆，用朗姆酒狂欢，也用朗姆酒给自己的伤口消毒，对海盗们来说，朗姆酒是他们航行中最重要的伙伴，可以没有食物、没有金币，但不能没有朗姆酒，甚至有的船长，还会用朗姆酒代替工资发给船员。

三、朗姆酒的生产工艺

朗姆酒生产的原料为甘蔗汁、糖汁或糖蜜。甘蔗汁原料适合于生产清香型朗姆酒。甘蔗汁经真空浓缩被蒸发掉水分，可得到一种较厚的带有黏性液态的糖浆，适宜于制备浓型朗姆酒。

（一）原料预处理

糖蜜的预处理可分成几个不同的阶段：首先要通过澄清去除胶体物质，尤其是硫酸钙，在蒸馏时会结成块状物质。糖蜜预处理的最后阶段是用水稀释，经冲稀后的低浓度溶液中，总糖含量 10~12 克 /100 毫升，是适宜的发酵浓度，并添加硫酸铵或尿素。朗姆酒可以直接单独饮用，也可以与其他饮料混合成好喝的鸡尾酒，在晚餐时作为开胃酒来喝，也可以在晚餐后喝。在重要的宴会上是极好的饮品伴侣。

（二）酒的酿制

酒厂承袭传统工艺，每到生产旺季，均采用传统酿造方法。机器虽好，但不能识别酒香，好酒只能出自好的酿酒师之手。酿造工艺代代相袭，酿造经验点滴积累。酿酒师堪称艺术大师，不仅能够驾驭酿酒原料，而且也能随心所欲地塑造朗姆酒的香型。朗姆酒的传统酿造方法：先将榨糖余下的甘蔗渣稀释，然后加入酵母，发酵 24 小时以后，蔗汁的酒精含量达 5~6 度，故俗称“葡萄酒”。之后进行蒸馏，第 一个蒸馏柱内上下共有 21 层，由一个蒸汽锅炉将蔗汁加热至沸腾，使酒精蒸发，进入蒸馏柱上层，同时使酒糟沉入蒸馏柱下层，以待排除。

（三）陈化朗姆酒

经过这一工序后，蒸馏酒精进入第二较小的蒸馏柱进行冷却、液化处理。第二个蒸馏柱有 18 层，用于浓缩；以温和的蒸汽处理，可根据酒精所含香料元素的比重分别提取酒的香味：重油沉于底部，轻油浮于中间，最上层含重量最轻的香料，其中包括绿苹果香元素。只有对酒精香味进行分类处理，酿酒师才能够随心所欲地调配朗姆酒的香味。

四、朗姆酒的特点

朗姆酒是一种带有浪漫色彩的酒，具有冒险精神的人都喜欢用朗姆酒作为他们的饮料，据说英国人在征服加勒比海大小各岛屿时，最大的收获是为英国人带来了喝不尽的朗姆酒，朗姆酒的热带色彩，也为冰冷的英伦之岛，带来了热带情调。

朗姆酒是微黄、褐色的液体，具有细致、甜润的口感，酒液淡黄，香型突出，没有冲刺口味，具有芬芳馥郁的酒精香味，余香长久。朗姆酒是否陈年并不重要，主要看是不是原产地，分为清淡型和浓烈型两种风格。

朗姆酒的饮用也是很有趣的。在出产国和地区，人们大多喜欢喝纯朗姆酒，不加以调混，实际上这是品尝朗姆酒最好的做法。而在美国，一般把朗姆酒用来调制鸡尾酒。朗姆酒的用途也很多，它可在烹饪上制作糕点、糖果、冰激凌以及法式大菜的调味，在加工烟草时加入朗姆酒可以增加风味。除此之外，朗姆酒饮用时还可加冰、加水、加可乐和加热水。据说用热水和黑色朗姆酒兑在一起，是冬天治感冒的特效偏方。

五、朗姆酒的分类

（一）根据风味特征分类

1. 浓香型

首先将甘蔗糖澄清，再接入能产丁酸的细菌和产酒精的酵母菌，发酵 10 天以上，用壶式锅间歇进行二次蒸馏，得到 86% 左右的无色原朗姆酒，生成无色的透明液体，然后在橡木桶中熟化 5 年以上。勾兑成金黄色或淡棕色的成品酒。浓烈朗姆酒呈金黄色，酒香和糖蜜香浓郁，味辛而醇厚，酒精含量 45%~50%。浓香型朗姆酒以牙买加的为代表。

2. 清香型

甘蔗糖只加酵母，发酵期短，用甘蔗糖蜜、甘蔗汁加酵母进行发酵后蒸馏，在木桶中贮存多年，再勾兑配制而成。酒液呈浅黄到金黄色，度数在 45~50 度。清淡型朗姆酒主要产自波多黎各和古巴，它们有很多类型并具有代表性。塔式连续蒸馏，产出 95% 度的原酒，贮存勾兑成浅黄色到金黄色的成品酒，以古巴朗姆为代表。

（二）根据原料和酿制方法分类

1. 淡朗姆酒 Silver Rum

银朗姆又称白朗姆，是指蒸馏后的酒需经活性炭过滤后入桶陈酿一年以上。酒味较干，香味不浓。无色，味道精致、清淡，是鸡尾酒基酒和兑和其他饮料的原料。

2. 中性朗姆酒 Gold Rum

金朗姆又称琥珀朗姆，是指蒸馏后的酒需存入内侧灼焦的旧橡木桶中至少陈酿 3 年。酒色较深，酒味略甜，香味较浓。生产过程中，加水在糖蜜上使其发酵，然后仅取出浮在上面澄清的汁液蒸馏、陈化，出售前用淡朗姆或浓朗姆兑和至合适程度。

3. 浓朗姆酒 Dark Rum

黑朗姆又称红朗姆，是指在生产过程中需加入一定的香料汁液或焦糖调色剂的朗姆酒。酒色较浓（深褐色或棕红色），酒味芳醇。在生产过程中，先让糖蜜放置2~3天进行发酵，加入上次蒸馏留下的残渣或甘蔗渣，使其发酵，甚至要加入其他香料汁液，放在单式蒸馏器中，蒸馏出来后，注入内侧烤过的橡木桶陈化数年，因色泽浓所以也叫Heavy Rum。

4. 传统朗姆酒 Traditional Rum

传统型朗姆酒，酒色呈琥珀色，光泽透明。具有甘蔗香味，口味精细醇厚。

六、朗姆酒的产区及特色

（1）波多黎各（Puerto Rico Rum）。以其酒质轻而著称，有淡而香的特色。

（2）牙买加（Jamaica Rum）。味浓而辣，呈黑褐色。

（3）维尔京群岛（Virgin Island Rum）。质轻味淡，但比波多黎各产的朗姆酒更富糖蜜味。

（4）巴巴多斯（Barbados Rum）。介于波多黎各味淡质轻和牙买加味浓而辣之间。

（5）圭亚那（Guyana Rum）。比牙买加产的朗姆酒味醇，但颜色较淡，大部分销往美国。

（6）海地（Haiti Rum）。口味很浓，但很柔和。

（7）巴达维亚（Batauia Rum）。是爪哇出的淡而辣的朗姆酒，有特殊的味道，是因为糖蜜的水质以及加了稻米发酵的缘故。

（8）夏威夷（Hawaii Rum）。是市面上所能买到的酒质最轻、最柔以及最新制造的朗姆酒。

（9）新英格兰（New England Rum）。酒质不淡不浓，用西印度群岛所产的糖蜜制造，适合调热饮。

完成任务

一、朗姆酒著名品牌的认知

通过本节内容的学习，应熟记几类朗姆酒的著名品牌，并完成下表。

序号	品牌（英文）	中文名称	产地	类型	特点	其他

二、独立完成“香蕉得其利”的调制及服务

（一）分组练习

每3~5人为一小组，分别扮演调酒师、吧员、客人等不同角色，然后按顺序完成调酒任务并提供对客服务。练习过程中仔细观察每个人的动作及服务效果。

（二）讨论、对比

对每个人的表现进行组内分析讨论、组间对比互评，加深对整个对客服务步骤、方法及要求的理解与掌握。

能力评价

教师对各小组的制作过程、成品、酒水服务进行讲评，然后把个人评价、小组评价简要填入以下评价表中。

被考评人					
考评地点					
考评内容					
考评标准	内容	分值 / 分	个人评价 / 分	小组评价 / 分	实际得分 / 分
	熟知鸡尾酒的分类和基本结构	10			
	熟悉掌握鸡尾酒的调制方法及原则	20			
	熟记调制鸡尾酒的步骤及注意事项	10			
	掌握品尝、鉴别鸡尾酒的步骤及技巧	20			
	掌握鸡尾酒及基酒相关知识	20			
	鸡尾酒促销能力	10			
	鸡尾酒规范服务	10			
合计		100			

能力拓展

一、其他搅和法鸡尾酒的调制与服务

根据以下表格内容，完成黄金飞土、两者之间两种鸡尾酒的调制与服务。

（一）酒品名称：（中文）黄金飞土 （英文）Golden Fizz

项　目	内　容	
	外文	中文
调酒配方	1oz Gin 3oz Sweetened Lemon Juice 1 Egg Yolk Soda	1盎司金酒 3盎司甜酸柠檬汁 1个鸡蛋黄 苏打水
装饰物	樱桃橙片	

续表

项　目	内　容
使用工具	量酒器　摇酒壶　吧勺
使用载杯	卡伦杯
调制方法	摇和法　搅和法
操作程序	1. 先将适量冰块倒入摇酒壶中 2. 加入 3 盎司甜酸柠檬入壶中 3. 加入 1 盎司金酒入壶中，加入蛋黄 4. 大力摇匀后滤入加有冰块的卡伦杯中 5. 加苏打水搅和至八分满 6. 将樱桃、橙片挂在杯中

（二）以朗姆酒为基酒的鸡尾酒调制

酒品名称:（中文）两者之间 （英文）Between Sheets

项　目	内　容	
	外文	中文
调酒配方	1/2oz Light Rum 1/2oz Brandy 1/2oz Triple Sec 1.5oz Sweetened Lemon Juice	1/2 盎司白朗姆酒 1/2 盎司白兰地酒 1/2 盎司橙味酒 1.5 盎司青柠汁
装饰物	红樱桃	
使用工具	量酒器　摇酒壶	
使用载杯	鸡尾酒杯	
调制方法	摇和法	
操作程序	1. 先将适量冰块加入摇酒壶中 2. 将 1.5 盎司青柠汁加入壶中 3. 将 1/2 盎司橙味酒加入壶中 4. 将 1/2 盎司白朗姆酒、1/2 盎司白兰地加入壶中 5. 大力摇匀后滤入，倒入鸡尾酒杯中 6. 用红樱桃装饰	

二、朗姆酒的推销及服务

任务 8　“爱尔兰谷仓”的调制与服务——搅和法

任务描述

甜品是女孩的最爱，酒吧中也专门提供此类鸡尾酒。作为酒吧调酒师要能独立完成以爱尔兰谷仓为代表的搅和法鸡尾酒调制及服务，同时要能介绍有关甜食酒的常识并提供相应的服务。

情境引入

一位年轻时尚的女孩来到酒吧，想要奶油口味、新奇特色的酒品，我们给她推荐爱尔兰谷仓，下面我们就为她边介绍边调制吧！

任务分析

完成爱尔兰谷仓的操作和服务，应熟练掌握：

- "爱尔兰谷仓"的配方
- 发泡奶油的制作
- 雪霜杯（糖边）装饰的操作
- 甜食酒的特点、品牌
- 甜食酒的饮用方法和服务要求

必备知识

一、"爱尔兰谷仓"配方（Irish barn）

- 百利甜酒 2/3oz
- 咖啡蜜 2/3oz
- 4oz 杯牛奶
- 奥利奥饼干 2 块
- 香草冰激凌 2 勺
- 碎冰 1 勺，如图 3–51 所示

图 3–51　爱尔兰谷仓

二、载杯的认知

载杯的选择：飓风杯。

特点：飓风杯容量 16oz，属于长饮类酒杯，容量大，杯身由向内弧形收紧，造型特殊。

三、装饰物的制作与搭配

装饰物：发泡奶油、红樱桃（奥力奥饼干碎）、巧克力糖浆。

制作方法如图 3–52 所示。

（1）打开瓶盖，倒入鲜奶油到 5 分满。

（2）将一支 8 克装的氮气，装入转紧，上下 45° 摇晃（务必锁紧，以免漏气）。

（3）装上花嘴，挤出奶油。

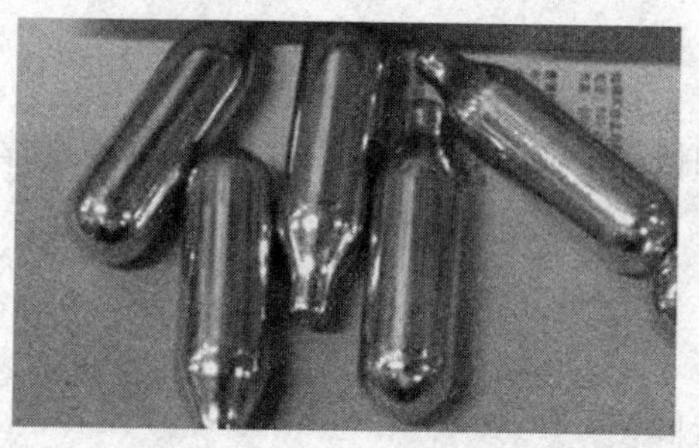
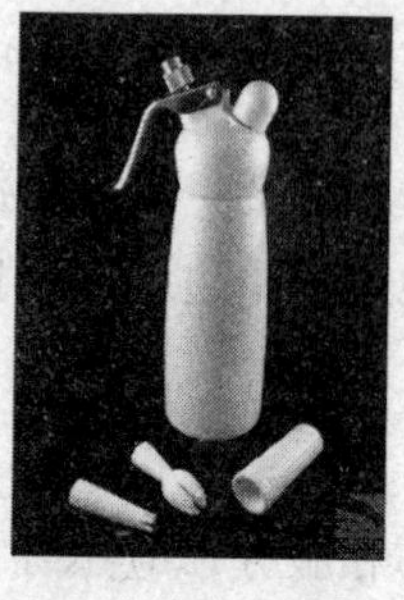

图 3–52　“爱尔兰谷仓”的调制方法

拓展知识

一、甜食酒简介

甜食酒是在用完正餐吃甜点时饮用的一种酒品。甜食是西餐的最后一道食物，有几种专门搭配的强化葡萄酒称为甜食酒，其主要特点是口味较甜。甜食酒又称为强化葡萄酒，通常是以葡萄酒作为基酒，在葡萄酒的生产过程中，为了保留其葡萄糖分，在发酵过程中，加入了白兰地以终止发酵，这种酒的酒精含量远远超过普通餐酒，开瓶后仍可保存较长的时间，主要分类有雪莉酒、波特酒、玛德拉酒、玛萨拉酒等。

甜食酒始于 17 世纪中期的欧洲大陆，随着国与国之间酒水贸易的日渐增多，为保证酒质延长保质期，在酒中加入了蒸馏酒，以抑制酵母菌的生长，保留糖分。英国人在甜食酒的推广和普及上功不可没。

二、甜食酒的分类

（一）波特酒

1. 波特酒的特点

波特酒是葡萄牙保护品牌葡萄酒，产于葡萄牙北部杜罗（Douro）河谷，波特酒的主要集散地是波尔图（Porto）。波特酒的制法：先将葡萄捣烂，现在依然沿用古老的“脚踩法”，避免踩碎葡萄籽；接着发酵，等糖分在 10% 左右时，添加白兰地酒中止发酵，但保持酒的甜度，经过二次剔除渣滓的工序，然后运到酒库里陈化、贮存，一般的陈化要 2~10 年时间，最后按配方混合调出不同类型的波特酒。根据葡萄牙政府的政策，如果酿酒商想在自己的产品上写“波特”（Port）的名称，必须有三个条件：第一，用杜罗河上游的奥特 · 杜罗（Alto Douro）地域所种植的葡萄酿造，为了提高产品的酒度，用来兑和的白兰地也必须使用这个地区的葡萄酿造；第二，必须在杜罗河口的维拉 · 诺瓦 · 盖亚酒库（Vila Nova de Gaia）内陈化和贮存，并从对岸的波特港口运出；第三，产品的度数在 16.5 度以上。

2. 波特酒的分类

（1）白波特（White Port）

用灰白色的葡萄酿造，一般是作为开胃酒饮用的，主要在葡萄牙北部崎岖的杜罗河山谷。酒的颜色通常是浅金黄色的，随着陈年时间增长，颜色越深，酒越口感圆润，通常还带着香料或者蜜的香气。产量较少，酿法和红波特酒类似，只是浸皮的时间缩短而已，通常也经过橡木桶熟成，除了一般甜味的白波特酒，标示 Dry White Port 的白波特酒大多含有一点甜味，酒精度也稍低一点。

（2）红宝石波特（Ruby Port）

这是最年轻的波特，它在木桶中成熟，陈酿时间一年左右，酒体丰满，果香味突出，保持着新葡萄酒的色彩，适宜在幼龄时饮用，不宜长期窖藏，带有黑色浆果的香气，是当地人喜欢当成餐后甜酒来喝的一类酒。其中，Fine old Ruby Port（陈年宝石红）以几种优质的葡萄酒勾兑，于桶中陈近 4 年，在零下八到九摄氏度的低温处理后装瓶，其果香突出，口味甘润。

（3）茶红波特（Tawny Port）

由白葡萄酒和红宝石波特酒勾兑，是比较温和精细的木桶陈化酒。比宝石波特存放在木桶里的时间要长，酒体柔顺，具有坚果香，陈酿 6~10 年，一直在木桶里要等到出现茶色（一般指的是红茶色）才装瓶。便宜的商业化的酒直接销售，10 年以上的茶色波特，称为 Fine Old Tawny Port（陈年茶红波特），贴上的标签有 10 年或者 20 年、30 年，甚至是 40 年。

（4）年份（好年成）波特（Vintage Port）

相当美妙的波特酒，只在最好的年份才做，而且也是挑选最好的葡萄酿造而成的（不混合其他年度），通常每 10 年才会有两三个年份生产这种味道最浓、最珍贵的波特酒。经两年的大型木桶培养，最初时酒色浓黑，甜美丰厚，多单宁，需经数十年的瓶中贮存才会成熟，通常一家酒商会混合来自不同庄园的葡萄酒。

但有时也会独立装瓶，称为单一酒庄年份波特（Single Quinta Vintage Port）。由于这类酒是瓶陈，所以酒渣很多，喝的时候需要换瓶，酒的口味也非常浓郁芬芳，其口味纯厚，果、酒香协调，甜爽温润，甚至可以存放 50 年以上。

目前公认的年度有：1927、1934、1935、1942、1945、1947、1948、1950、1955、1958、1960、1963、1966、1970、1977、1980、1982、1983、1985 等。

（5）迟装瓶年份波特酒（Quinta Vintage Port / Late Bottled Vintage Port）

简称“LBV”，是延长木桶陈酿期的好年成酒，酒标上有特大年成号，和年份波特一样，采用同一年份的葡萄制成，会经过 4~6 年的木桶陈酿才装瓶，不及年份波特浓郁，但却较快成熟，无须等待太久，且价格便宜很多，大部分是商业化的而且便宜的酒，口味比较重，好一点的酒喝时是需要换瓶的。

（6）单一酒庄年份波特（Single Quinta Port）

指的是葡萄来自一个酒园，用最优秀的葡萄酿造，有着特殊风格，在木桶中贮藏两年以后，转入瓶中，陈酿 10 年，口感厚实、浓郁、味道和谐，长时间陈酿会产生沉淀，需滗酒。

（二）雪莉酒

雪莉是英文 Sherry 的译音，也有译成谐丽、谢利等，这种酒在西班牙称为雷茨酒。当前，世界许多国家已仿制雪莉酒，但酒质仍以西班牙的最佳，只有在西班牙赫雷斯（Jerez）地区生产才可称为 Sherry，否则要冠以国名，如“American Sherry”。

赫雷斯位于西班牙西南部安达鲁西亚（Amdalusia），雪莉酒于中世纪出现，流行于贵族之间，400 多年前由英国人推广至世界各地，19 世纪末成为流行饮品，英国人认为“Jerez”绕嘴，后改为“Sherry”（王子之意），莎士比亚称它为“装在瓶子里的西班牙阳光”。

1. 雪莉酒的生产工艺及特点

雪莉酒是将原料葡萄先晾干，等水分减少、糖分增加时才开始榨汁，同时为了提高酸味，会加入少许的石膏发酵，然后再装入桶中二次发酵，最后再加入白兰地增加酒精浓度。雪莉酒的颜色从透明到深黄、棕色都有，也有琥珀色（如阿蒙提那多酒），清澈透明，口味复杂柔和，香气芬芳浓郁，是世界著名的强化葡萄酒，雪莉酒含酒精量高，为 15%~20%；甜型雪莉酒的含糖量高达 20%~25%，干型雪莉酒的糖分为 0.15 克 /100 毫升，（发酵后残存的）酸度为 4.4 克 / 升。

2. 雪莉酒的分类

雪丽酒通常分为两大类：

（1）Flor（酵母膜）中熟成

①菲诺（Fino）

雪丽酒中最年轻的酒品，颜色为浅稻草黄，酒度 15 度左右，口感甘洌、爽快、清淡、细腻，不含甜分，是很好的饭前开胃酒，是当地最常饮用的雪莉酒。

②曼赞尼拉（Manzanilla）

色泽淡雅，酒液微红、清亮，香气温馨醇美，有浓郁的草药味，口感甘冽、酒劲较大，酒度在 15~17 度，是西班牙人非常喜爱的酒品。

③阿莫提拉多（Amontillado）

Amontillado 是 Fino 或者 Manzanilla 酒桶中的酒花（菌膜）开始死去，酒液接触到氧气，逐渐变成同时具有生物陈年和氧化陈年风味的雪莉。

陈酿时间长，价格偏贵。

（2）非 Flor 熟成

①奥拉露索（Oloroso）

因为没有 flor 的保护，葡萄酒完全被氧化，风味宜人，具有甜分，口感偏油腻，酒精度高，所以香气浓郁，口味浓烈，柔绵干洌，颜色深，越陈越香，酒度一般在18~20度，通常作为餐后酒。

②巴罗·古塔多（Palo Cortado）

巴罗·古塔多是雪丽酒中的珍品，市场上很少有供应，该酒甘洌醇浓，一般陈酿多年才上市，颜色比Amontillado深，酒精度类似Oloroso，香气接近Fino，酒体感觉像Oloroso。

③奶油雪丽（Cream Sherry）

顾名思义，属于调配型或加甜型雪丽，油滑甜蜜，多以Oloroso混调PX制成，所以又叫Oloroso Dulce。含糖量在115克/升以上。

通体呈浓重的红木色，香气间点缀着提子干、香草与木质芬芳。口感如天鹅绒般柔滑，入口随即感受到无花果、提子干及微妙的焦糖与木头香味。

④ Pale Cream（白奶油雪莉）

这是英国人的发明，以Croft品牌最有名气，Fino或是Manzanilla混酿甜葡萄汁制成，含糖量在45~115克/升。

外观和香气跟Fino一样，通常呈淡金色，香气精致，带有酵母香气与轻微水果气息。

⑤ P X

100%用Pedro Ximénez所酿制而成，含糖量会高，在400~500克/升，充满葡萄干、枣干、无花果干、咖啡、甘草和焦糖的香气。单独饮用时，12~14℃风味最佳。

⑥ Moscatel

也很甜，但风格较优雅，含糖量在200~300克/升。这两种酒颜色都极为浓重，像浓浓的深褐色或深红木色糖浆。

（三）玛德拉酒 Madeira

玛德拉酒产于葡萄牙的玛德拉岛上，是以地名命名的酒品，该酒是用当地生产的葡萄酒与白兰地勾兑而成的一种强化葡萄酒。玛德拉是世界上贮存年份最长的葡萄酒，最长可达200年之久，玛德拉酒度数为16~18度，大多属干型白葡萄酒类，饮用初期需稍烫一下，越干越好，作为饭前开胃酒饮用最佳。

玛德拉岛地处大西洋，长期以来为西班牙所占领，玛德拉酒产于此岛上，是用当地生产的葡萄酒和葡萄烧酒为基本原料勾兑而成，十分受人喜爱，其酒精含量大多在16%~18%。玛德拉酒是上好的开胃酒，也是世界上屈指可数的优质甜食酒，运输途中经过赤道升温，酒液成分改变，可延长贮存时间。

玛德拉酒分为四大类：Sercial（舍西亚尔）、Verdelho（弗德罗）、Bual（布阿尔）、Malmser（玛尔姆赛）。舍西亚尔是干型酒，酒色金黄或淡黄，色泽艳丽，香气优美，人称“香魂”，口味醇厚，西方厨师常用来作料酒；弗德罗也是干型酒，但比舍西亚尔稍甜一点；布阿尔是半干型或半甜型酒；玛尔姆赛是甜型酒，是玛德拉酒家族中享誉最高的酒，此酒呈棕黄色或褐黄色，香气悦人，口味极佳，比其他同类酒更醇厚浓重，风格和酒体给人以富贵豪华的感觉。

玛德拉酒的名品有：Borges（鲍尔日）、Crown Barbeito（巴贝都王冠）、Leacock（利高克）、Franca（法兰加）。

（四）玛拉佳酒 Malaga

玛拉佳酒产于西班牙南部的玛拉佳省，以产地命名，玛拉佳酒是一种极甜的葡萄酒，酿造方法和波特酒类似，也是采用烧乐腊法（Solera）陈酿，它的度数在14~23度。马拉加酒产于西班牙安达卢西亚的马拉加地区，酿造方法颇似波尔图酒，此酒在餐后甜酒和开胃酒中比不上其他同类产品，但它具有显著的强补作用，较为适合患者和疗养者饮用。

较有名的有：Flores Hermanos、Felix、Hijos、José、Larios、Louis、Mata、Pérez Texeira 等。

（五）玛萨拉酒 Marsala

玛萨拉酒产于意大利西西里岛的玛萨拉地区，玛萨拉酒是用当地生产的白葡萄酒中加入蒸馏酒勾兑而成，勾兑好的酒陈酿于橡木桶4~5个月或更长的时间，它与波尔图、雪莉酒齐名，酒呈金黄带棕色，香气芬芳，口味舒爽、甘润。根据陈酿的时间不同，马尔萨拉酒风格也有所区别，陈酿4个月的酒称为Fine（精酿）、陈酿两年的酒称为Superiore（优酿）、陈酿5年的酒瓶Verfine（特精酿）。

较为有名的马尔萨拉酒有：Gran Chef（厨师长）、Florio（佛罗里欧）、Rallo（拉罗）、Peliegrino（佩勒克利诺）等。

三、甜食酒的知名品牌

甜食酒的知名品牌包括：科伯恩（Cockburn's）、克罗夫特（Croft）、戴尔瓦（Dalva）、桑德曼（Sandeman）、方瑟卡（Fonseca）、泰勒（Taylor's）等。

四、饮用方法和服务要求

陈年波特酒在饮用时需要滗酒；菲诺酒可以在喝汤时饮用，也可用作开胃酒；奥鲁罗索酒是最好的餐后甜酒，不过也可随时饮用。喝雪莉酒之前一定要把它冷却，特别是菲诺酒，这样才能显示出它的香味。

完成任务

一、甜食酒的认知

通过本节内容的学习，应熟记几类甜食酒品牌，并完成下表。

序号	英文名称	中文名称	产地	类型	特点	其他

二、独立完成“爱尔兰谷仓”的调制及服务

（一）分组练习

每 3~5 人为一小组，分别扮演调酒师、吧员、客人等不同角色，然后按顺序完成调酒任务并提供对客服务。练习过程中仔细观察每个人的动作及服务效果。

（二）讨论、对比

对每个人的表现进行组内分析讨论、组间对比互评，加深对整个对客服务步骤、方法及要求的理解与掌握。

能力评价

教师对各小组的制作过程、成品、酒水服务进行讲评。然后把个人评价、小组评价简要填入以下评价表中。

被考评人					
考评地点					
考评内容					
考评标准	内容	分值 / 分	个人评价 / 分	小组评价 / 分	实际得分 / 分
	熟知鸡尾酒的分类和基本结构	10			
	熟悉掌握鸡尾酒的调制方法及原则	20			
	熟记调制鸡尾酒的步骤及注意事项	10			
	掌握品尝、鉴别鸡尾酒的步骤及技巧	20			
	掌握鸡尾酒及基酒相关知识	20			
	鸡尾酒促销能力	10			
	鸡尾酒规范服务	10			
合计		100			

能力拓展

一、含六大烈酒的鸡尾酒的调制与服务

根据以下表格内容，完成环游世界鸡尾酒的调制与服务。

酒品名称:（中文）环游世界 （英文）Around the World

项　目	内　容	
	外文	中文
调酒配方	1/2oz Gin 1/2oz Vodka 1/2oz Rum 1/2oz Tequila 1/2oz Whisky 1/2oz Brandy 1/2oz Green Creme de Monthe 1/2oz Syrup 3oz Pineapple Juice	1/2 盎司金酒 1/2 盎司伏特加 1/2 盎司朗姆酒 1/2 盎司得其拉 1/2 盎司威士忌 1/2 盎司白兰地 1/2 盎司绿薄荷酒 1/2 盎司糖水 3 盎司菠萝汁
装饰物	菠萝　绿樱桃	
使用工具	量酒器　摇酒壶	
使用载杯	卡伦杯	
调制方法	摇和法	
操作程序	1. 将适量冰块倒入壶中 2. 将所有材料倒入壶中 3. 大力摇匀后滤入卡伦杯中 4. 用菠萝、绿樱桃装饰	

二、甜食酒的推销及服务

任务 9　“新加坡司令”的调制与服务——综合法

任务描述

酒吧提供的一些鸡尾酒不是单一的方法调制的，需要几种方法结合，调酒师要能独立完成以新加坡司令为代表的综合法（摇和法、调和法及兑和法）鸡尾酒调制及服务；能提供其他综合法知名鸡尾酒调制与服务。

情境引入

一位在国内常驻的外国客人，怀着浓郁的思乡之情来到酒吧，我们优秀的调酒师为他推荐一杯新加坡司令来缓解他的乡愁，给他带来我们酒吧温馨的服务……

任务分析

完成新加坡司令的操作和服务，应熟练掌握：

- “新加坡司令”鸡尾酒的故事
- “新加坡司令”的配方

● 综合法（摇和法、调和法及兑和法）鸡尾酒调制及服务

必备知识

一、“新加坡司令”鸡尾酒的故事

“新加坡司令”鸡尾酒诞生在新加坡波拉普鲁饭店，是 Ngiam Tong Boon（严崇文）于 1915 年间作为新加坡莱佛士酒店 Long Bar 酒吧的酒保时调配的。配方几经变更，目前版本的配方是由他的侄子改良的。口感清爽的金酒配上热情的樱桃白兰地，喝起来口味更加舒畅。夏日午后，这种酒能使人疲劳顿消。英国的塞麦塞特 · 毛姆将新加坡司令的诞生地波拉普鲁饭店评为“充满异国情调的东洋神秘之地”。波拉普鲁饭店所调的新加坡司令用了 10 种以上的水果做装饰，看起来非常赏心悦目。相传莱佛士酒店的调酒师为驻新加坡的英国司令设计的这款独特的鸡尾酒，用红色的渐变和独特的口感来缓解司令的思乡之情。

“司令酒”（Sling）又称“斯林酒”，是鸡尾酒的一种，是以烈性酒如金酒等为基酒，加入利口酒、果汁等调制，并兑以苏打水混合而成，见图 3–53，这类饮料酒精含量较少，清凉爽口，很适宜在热带地区或夏季饮用。

此款酒的调制会用到摇和法、调和法及兑和法，能够使学生原有的调酒技术得到提高，有助于增加调酒的连贯性，同时，通过结合新加坡司令的故事的讲述，可以满足客人的文化需求，并恰当地传播鸡尾酒文化。

图 3–53 新加坡司令鸡尾酒

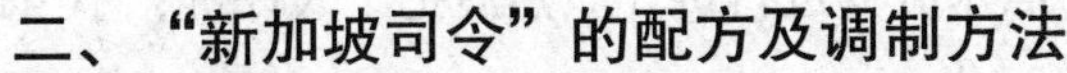

二、“新加坡司令”的配方及调制方法

（一）配方

● 金酒 30ml
● 柠檬汁 1oz
● 红石榴糖浆 0.5oz
● 樱桃白兰地 0.5oz
● 苏打水 8 分满
● 载杯：柯林杯
● 装饰物：柠檬片与红樱桃

（二）做法

用 8 分满冰块摇杯，量金酒 1oz，柠檬汁 1oz，红石榴糖浆 0.5oz 倒入，摇至外部结霜，倒入加适量冰块的柯林杯，加入苏打水至 8 分满，淋上樱桃白兰地 0.5oz，穿叉柠檬片与红樱桃于杯口，放入吸管与调酒棒，置于杯垫上。

【小知识】

酒吧用苏打水

酒吧常用的苏打水是含气的碳酸饮料，调制鸡尾酒的时候用以增加独特的风味，市场上常见的苏打水常见品牌有：屈臣氏、怡泉等；不计成本的话也可以用高端的含气矿泉水替代，如巴黎矿泉水、圣培露、阿波丽娜斯等；此外还可以用苏打汽水瓶来自制苏打水，原料很简单，用日常饮用的纯净水加上一颗气弹就能轻松搞定，需要注意的是：市场上常见的气弹有两种，一种是做苏打水的，一种是打发奶油的，两者不能混淆。

完成任务

独立完成“新加坡司令”的调制及服务

一、分组练习

每 3~5 人为一小组，分别扮演调酒师、吧员、客人等不同角色，然后按顺序完成调酒任务并提供对客服务。练习过程中仔细观察每个人的动作及服务效果。

二、讨论、对比

对每个人的表现进行组内分析讨论、组间对比互评，加深对整个对客服务步骤、方法及要求的理解与掌握。

能力评价

教师对各小组的制作过程、成品、酒水服务进行讲评。然后把个人评价、小组评价简要填入以下评价表中。

被考评人					
考评地点					
考评内容					
考评标准	内容	分值 / 分	个人评价 / 分	小组评价 / 分	实际得分 / 分
	熟知鸡尾酒的分类和基本结构	10			
	熟悉掌握鸡尾酒的调制方法及原则	20			
	熟记调制鸡尾酒的步骤及注意事项	10			
	掌握品尝、鉴别鸡尾酒的步骤及技巧	20			
	掌握鸡尾酒及基酒相关知识	20			
	鸡尾酒促销能力	10			
	鸡尾酒规范服务	10			
合计		100			

能力拓展

其他综合法鸡尾酒的调制与服务。

一、长岛冰茶

1. 配方

包括：金酒 0.5oz、伏特加 0.5oz、白朗姆酒 0.5oz、龙舌兰酒 0.5oz、白柑橘香甜酒 0.5oz、柠檬汁 1oz、糖水 1/3oz、可乐、柠檬一片。

2. 做法

将除可乐外的所有材料倒入摇酒壶中摇匀，滤入盛满块冰的大型柯林杯中，用可乐注满后慢慢调和，然后用柠檬片和雨伞装饰，最后放入吸管。

3. 长岛冰茶的创作

据说在20世纪20年代美国禁酒令期间，酒保将烈酒与可乐混成一杯看似茶的饮品，长岛冰茶由此诞生，见图 3-54。还有一种说法是在 1972 年，由长岛橡树滩客栈（Oak Beach Inn）的酒保发明了这种以四种基酒混制出来的饮料。调和此酒时所使用的酒基本上都是 40 度以上的烈酒。虽然取名“冰茶”，但口味辛辣。鸡尾酒配方中有各种配料的用量与药店和医院的计量是一样的，并且鸡尾酒的配方不止一个。

此酒所用的酒基本上都是 40 度以上的烈酒。即使是冰茶的酒精度，也比“无敌鸡尾酒”要强。尝试饮用此酒后，再去饮用用酒精度稍弱的酒调和的相同配比的鸡尾酒，就不畏惧酒精鸡尾酒了。

4.“变形计”

（1）长岛冰茶第二代——多加一份波本酒。

（2）长岛冰茶第三代——在第二代里多加一份白兰地。

（3）长堤冰茶——用小红莓汁代替可乐。

（4）加州冰茶——用杏仁酒代替龙舌兰与橙皮酒，并用等量的小红莓汁与凤梨汁取代可乐。

（5）夏威夷冰茶——用覆盆子酒取代龙舌兰与橙皮酒，并用雪碧汽水取代可乐。

（6）迈阿密冰茶——用蜜瓜酒与桃味蒸馏酒取代龙舌兰与橙皮酒，而用柳橙汁代替可乐。

（7）加勒比冰茶——用牙买加黑兰姆酒取代龙舌兰与伏特加。

（8）得州冰茶——用白兰地取代金酒。

（9）东京红茶——用一份蜜瓜酒取代可乐。

（10）比佛利山冰茶——用香槟替代可乐。

（11）触电冰茶——用波本酒取代龙舌兰。

（12）其他——用真正的红茶代替可乐。

二、椰林飘香（Pina Colada）

1. 配方

包括：白朗姆酒 1oz、菠萝汁 2.5oz、椰奶 1.5oz、菠萝片 1 小片、樱桃 1 枚。

2. 做法

将白色朗姆酒、菠萝汁、椰奶倒入雪克杯中摇和，将摇和好的酒注入盛满碎冰块的大型酒杯中，用菠萝片和樱桃装饰杯口，最后添加吸管，见图 3–55。

图 3–54　长岛冰茶

图 3–55　椰林飘香

3. 特点

椰林飘香的口味较甜，度数为 15 度，在西班牙语中是“菠萝茂盛的山谷”的意思。此酒诞生在迈阿密，在美国流行的末期传入别国。与此酒归于相同热带鸡尾酒的名品还有“亲亲”。这两款酒其他配料全部一样，只是调酒时所用基酒不同。此酒是以前“亲亲”在夏威夷诞生时，偶然用朗姆酒调和出的。之后为了与“椰林飘香”相区别，“亲亲”采用伏特加为基酒进行调和。

任务 10　“林宝坚尼”的调制与服务——特殊（氛围）

任务描述

火焰鸡尾酒是调节气氛的鸡尾酒，深受客人的喜爱。作为调酒师要能够独立完成以林宝坚尼为代表的花式调法（火焰杯塔）鸡尾酒调制及服务，同时要能够独立完成其他花式调法的知名鸡尾酒（深水炸弹、高山流水、多米诺等）调制与服务。

情境引入

一位车迷来到酒吧，她酷爱赛车，喜欢冒险、饱含激情，那么林宝坚尼鸡尾酒（见

图 3–56）最适合她！

图 3–56 “林宝坚尼”鸡尾酒

任务分析

完成林宝坚尼的操作和服务，应熟练掌握：

- “林宝坚尼”的配方
- “林宝坚尼”鸡尾酒的特点
- 花式调法（火焰杯塔）鸡尾酒调制及服务

必备知识

一、“林宝坚尼”的配方

- 森佰如 Sambuca 1oz（白兰地杯）
- 咖啡甜酒 Kaluha 0.5oz（鸡尾酒杯）
- 加利安奴 0.5oz（分层）
- 蓝香橙酒 0.5oz（子弹杯）
- 百利甜酒 0.5oz（分层）

二、做法

点燃白兰地杯中酒（从杯的底部开始热杯，一边烧一边转，一定温度后点着杯中的酒），然后连同子弹杯中的酒一起倒入鸡尾杯中，举得越高越好，这样能形成一条火线从高处流下，具有较高的观赏性。

倒酒时不能倒得太急，以免溅出。有些配方在白兰地杯里加白兰地酒，但也有加入森佰加的，因森佰加是意大利的一种茴香甜酒，故用森佰加好一点，而且森佰加的燃烧效果要比白兰地好很多。

拓展知识

一、森佰加

森佰加茴香味利口酒的酒精含量为 38%，是意大利的经典利口酒，见图 3–57。大茴香为森佰加香甜酒的主要原料，其产品特色为特殊浓烈的茴香香味。据称西方名人、政要都有大量喝大茴香酒的习惯，也曾于战争和航海的相关记录中发现大茴香酒具有预防疾病的功效。大茴香主要产地集中于地中海沿岸，然而最珍贵的大茴香则是产于中国。

图 3–57 森佰加利口酒

传统喝法：小子弹杯里装满森佰加后放上 7、8 颗意大利特浓咖啡豆，点燃，这时可以听到咖啡豆燃灼的“滋滋”声，用杯垫盖灭火焰，趁热一下倒进口中。酒是烫的，咖啡豆是热的，不要呛到咖啡豆，也不要吞下去，喝下酒后慢慢地咀嚼那喷香的咖啡豆。

二、加力安奴利口酒

加利安奴利口酒（Galliano Liqueur）始于19世纪的意大利米兰市，1896年以来就在米兰的索拉罗按照古老的神秘配方生产。以白兰地为原料，配以40种以上草药和香草，酒精度35度，糖度30%，带有明显的茴香味，见图3–58。

图3–58 加力安奴利口酒

完成任务

独立完成“林宝坚尼”的调制及服务。

一、分组练习

每3~5人为一小组，分别扮演调酒师、吧员、客人等不同角色，然后按顺序完成调酒任务并提供对客服务。练习过程中仔细观察每个人的动作及服务效果。

二、讨论、对比

对每个人的表现进行组内分析讨论、组间对比互评，加深对整个对客服务步骤、方法及要求的理解与掌握。

能力评价

教师对各小组的制作过程、成品、酒水服务进行讲评，然后把个人评价、小组评价简要填入以下评价表中。

被考评人					
考评地点					
考评内容					
考评标准	内容	分值/分	个人评价/分	小组评价/分	实际得分/分
	熟知鸡尾酒的分类和基本结构	10			
	熟悉掌握鸡尾酒的调制方法及原则	20			
	熟记调制鸡尾酒的步骤及注意事项	10			
	掌握品尝、鉴别鸡尾酒的步骤及技巧	20			
	掌握鸡尾酒及基酒相关知识	20			
	鸡尾酒促销能力	10			
	鸡尾酒规范服务	10			
合计		100			

能力拓展

花式调法其他知名鸡尾酒调制与服务：

1. 深水炸弹

一种鸡尾酒的名字，在宽口杯里倒2/3满的啤酒，在小杯子里盛满伏特加，然后将小杯子沉入宽口杯，也有人用苏格兰威士忌代替伏特加。

这款鸡尾酒命名深水炸弹，形容其沉得很深，威力强大。如果像喝啤酒一样喝下去后劲很大。深水炸弹没有固定的配方，很多调酒师自创深水炸弹，不一定用啤酒，而是根据客人要求进行调制，如汽水＋利口酒——有色深水炸弹。

2. 高山流水

一种花式调酒技法，准备多个啤酒杯（上宽下窄），每杯注入约1/2的酒水，然后把杯子纵向重叠，再横向放平，把各杯的酒水同时注入事先准备好依次排开的载杯中，注入要准确、无滴酒。

3. 多米诺

挨个摆一排洛克杯，无色汽水注入四五分满，然后在每两个杯之间，杯沿之上摆一排子弹杯，杯里盛装不同颜色的利口酒，碰倒第一个子弹杯，形成多米诺效应，其他的依次落入洛克杯中。

4. 炸弹/水果炸弹

必备知识

一、“龙舌兰炸弹”的配方

配方：龙舌兰1oz、7up注满

载杯：子弹杯

二、“龙舌兰炸弹”及龙舌兰的饮用方法

Tequila酒加7up，用杯垫盖住酒杯用力敲下，再一饮而尽。

“Los Tres Cuates”被译为“三个好朋友”，是墨西哥当地的独特饮用方式。粗犷豪爽的特基拉酒由于采用独特的原材料制成，深受墨西哥印第安人的喜爱，他们根据酒的特性，创造了举世无双、奇特无比的饮用方法。饮用特基拉酒时，左手拇指与食指中间夹一块柠檬，在两指间的虎口上撒少许盐，右手握着盛满特基拉的酒杯，首先用左手向口中挤几滴柠檬汁，一阵爽快的酸味扩散到口腔的每个角落，顿感精神为之一振，接着将虎口处的细盐送入口中，举起右手，头一昂，将特基拉一饮而尽。45%的烈酒和着酸味、咸味，如同火球一般从嘴里顺喉咙一直燃烧到肚子，十分刺激。喝特基拉时一般不再喝其他饮料，否则会冲淡它的原始风味。

知识链接

一、中国白酒概述

中国白酒有着悠久的酿酒历史，早在商代，中国人就用麦曲酿酒。自宋代以后，开始出现制造白酒的酿酒工业。近年来，中国的酿酒技术不断提高，白酒品种众多，市场竞争激烈。但由于降度技术的成熟及人民健康意识的提高，白酒开始向低酒度方向发展。

中国的白酒是以高粱、玉米、大麦、小麦、甘薯等为原料，经过发酵、制曲、多次蒸馏、长期贮存制成的高酒度的液体。度数通常为38~60度。由于中国酒大多无色，因此称为白酒。因制曲方法的不同，发酵、蒸馏的次数不同以及勾兑技术的不同而形成了不同风格的中国白酒。

二、中国白酒的种类

中国白酒通常按香型可分为酱香型、浓香型、清香型、米香型和兼香型等。

（一）酱香型

酱香型又称为茅香型，以贵州茅台酒为代表。柔润是酱香型白酒的主要特点。酱香型的白酒气香不艳，低而不淡，醇香优雅，不浓不猛，回味悠长，倒入杯中过夜香气久留不散，且空杯比实杯还香，令人回味无穷。

（二）浓香型

浓香型又称泸香型，以四川泸州老窖特曲、五粮液、洋河大曲为代表。浓香干爽是浓香型白酒的主要特点。浓香型的酒芳香浓郁，绵柔甘洌，香味协调，入口甜，落口绵，尾净余长，这也是判断浓香型白酒酒质优劣的主要依据。在名优酒中，浓香型白酒的产量最大，四川、江苏等地的酒厂所产的酒基本是浓香型白酒。

（三）清香型

清香型又称汾香型，以山西杏花村汾酒为主要代表。清香型白酒酒气清香纯正，口味干爽协调，酒味芬芳，醇厚绵柔。

（四）米香型

米香型是指以桂林三花酒为代表的一类小曲米酒，是中国历史悠久的传统酒种。米香型的酒米香轻柔纯正，优雅纯净，入口绵柔，回味怡畅，给人以朴实醇厚的感觉。

（五）兼香型

兼香型通常又称为复香型或混合型，即兼有两种以上主体香气的白酒。兼香型白酒之间风格相差较大，有的甚至截然不同。兼香型白酒的酿造会各采用浓香型、酱香型或清香型白酒中的一些酿造工艺，因此兼香型白酒的闻香、口味和回味香各有不同，具有一酒多香的风格。兼香型酒以董酒、西凤酒、白沙液等为代表。

三、中国白酒的著名品牌

（一）茅台酒

茅台酒为大曲酱香型白酒。茅台酒历史悠久，产于贵州省仁怀市茅台镇，素以“低而不淡，香而不艳”著称于世，被尊为中国的国酒。1915年在巴拿马国际博览会上，茅台酒被评为世界名酒第二，地位仅次于法国白兰地，获得金质奖章，从此驰名中外。与法国干邑白兰地、英国苏格兰威士忌并称为“世界三大名酒”。

茅台酒香气柔和优雅，郁而不烈，酒液晶莹透明，味感柔绵醇厚，回味悠长，饮后空杯留香不绝，为茅台酒的特殊风格。茅台有46度、53度、55度的高度酒，也有38度的中度酒。

茅台酒所以成为名酒，这和它的自然条件有极大关系，茅台镇海拔400多米，四面群山环抱，气候温和，雨量充沛，中年无雪。夏天气温高，四面不透风，是一个天然的发酵场所。由山泉水汇合而成的赤水河，水清味美，是茅台酒品质特佳的一个重要因素。茅台镇的土壤为橘红色“朱砂土”，有利于微生物的繁殖，酿制茅台酒的发酵池底都是用朱砂土砌成的。

茅台酒酿工艺复杂，操作要求极严。它用优良小麦制曲，精选的高粱作糟，用曲数量相当于作糟的原料，而且酿造有季节性，每年必须在重阳节前后投料，叫“重阳下沙”，经八次下曲，八次蒸馏。各次蒸馏所得的酒，品质都不相同，要分别进行处理，第一次蒸馏的酒全部回窖发酵，以后每次蒸馏的酒分别贮存，三年以后，再进行勾兑，勾兑好后再贮存一年装瓶出厂。茅台酒的勾兑，少则要用三四十种，多则要用七八十种单型酒。勾兑师分别采用不同生产轮次，不同贮存年份及不同酒精浓度的酒，加以调配，使酒的主体香气更加突出。

（二）五粮液

五粮液为大曲浓香型白酒，产于四川宜宾市五粮液酒厂，以其独特的喷香而成为酒中举世无双的妙品。五粮液在全国名酒评比中连续三届被评为国家名酒，并三次荣获国家金质奖。

五粮液以红高粱、糯米、大米、小麦、玉米五种粮食为制造原料，开瓶时“喷香”是五粮液最大的特点。五粮液酒液清澈透明，浓郁扑鼻，饮用时满口溢香，盛杯时满室留芳，饮后余香不绝，在同类酒中有显著的风格。而且即使是高度五粮液酒，沾唇触香，也无强烈的刺激性，可感觉到酒体柔和甘美，酒味醇厚净爽，酒味全面。五粮液有52度的高度酒，也有38度的中度酒。

（三）泸州老窖特曲

泸州老窖特曲为浓香型白酒，也经常被称为泸州老窖、泸州特曲，产于四川泸州市酒厂，是中国名酒，被誉为“浓香鼻祖”“酒中泰斗”。

泸州市酒厂的产品有老窖特曲、老窖头曲、老窖低度特曲等15个品种，其中老窖特曲是泸州老窖大曲酒品中品级最高的一种，传统酒度有60度和55度两个品种，同时产生有低度酒。泸州老窖特曲具有无色透明、窖香优雅、绵甜爽净、柔和协调、尾净香长、风格典雅的特点，以独特的老窖发酵技术获得好评。

（四）洋河大曲

洋河大曲也是浓香型白酒中的名品酒，由江苏省泗阳县杨河镇酒厂生产。它以优质高粱为原料，以大麦、小麦和豌豆制曲，用当地“美人泉”泉水酿造，形成了“甜、绵、软、净、香”的独特风格，酒液清澈，口感甜润、香醇。洋河大曲有酒度62度、55度和38度等产品。

（五）古井贡酒

古井贡酒为大曲浓香型白酒，产于安徽省亳州古井贡酒厂。酒液清澈透明如水晶，香醇如幽兰，倒入杯中黏稠挂杯，酒味醇和、浓郁、甘润、味香悠长，经久不息。安徽省亳县有一古井泉，清澈甜美，古井贡酒以此古井泉水酿造，在明、清两代均为宫中贡品，故而得名古井贡酒。

（六）汾酒

汾酒为清香型白酒，以地名命名，产于山西省汾阳市的杏花村酒厂。汾酒的酿造有悠久的历史，是中国白酒的鼻祖，素以色、香、味三绝之称。晚唐时期，诗人杜牧的一首《清明》诗吟出了千古绝唱“借问酒家何处有？牧童遥指杏花村”，汾酒借此声名远播。

汾酒以高粱为主要原料，其最大的特点是香绵、爽烈，其酒液晶莹透明，清香纯正，优雅芳香，绵甜爽净，酒体丰满，回味悠长，度数为53度。

（七）剑南春

剑南春为大曲清香型白酒，产于四川省剑南春酒厂。酒液无色透明，芳香浓郁，醇和回甜，清冽净爽，余香悠长，并有独特的曲酒香味。剑南春具有芳、冽、醇、甘的特点，有52度的高度酒和38度的中度酒。在明末清初时称其为绵竹大曲，后更名为剑南春。

（八）桂林三花酒

桂林三花酒为米香型白酒，早年就是广西名酒，远销港澳地区、东南亚国家和日本等国。因在摇动酒瓶时，只有桂林三花酒会在酒液面上泛起晶莹如珠的酒花，而且入坛堆花，入瓶堆花，入杯也堆花，故名“三花酒”。

桂林三花酒的特点是米香纯正，以桂北优质大米为原料，小曲为糖化剂，配以漓江上游清澈澄碧，无怪味杂质的优良江水。陈贮于条件优越、冬暖夏凉的岩洞——象山岩洞内，加之工艺精湛，使酿得的酒香纯正无比。桂林三花酒酒液清亮透明，有浓郁幽兰的蜜香，入口香醇干爽，清冽回甜，饮后留香，度数为56度。

（九）董酒

董酒为兼香型白酒，因产于贵州省遵义市北郊董公寺而得名，现为遵义市董酒厂产品。董酒生产工艺非常独特，选用优质高粱为原料，小曲酒串蒸大曲酒，使董酒既有大曲酒的浓香，又具有小曲酒的柔绵、醇和、回甜的特点，使董酒的香型介于清、浓之间，并带有奇特的使人心旷神怡的药香，因此被人们誉为兼香型白酒中独具一格的“药香型”或“董酒型”。

董酒酒液晶莹透亮，浓郁扑鼻，香气优雅舒适，饮用时甘美、满口醇香，还有淡雅舒适的药香和爽口的微酸，饮后回味香甜悠长。董酒的度数为58度，其38度的低度酒名为飞天牌董醇。

（十）西凤酒

西凤酒为兼香型白酒，陕西省凤翔县柳林镇西凤酒厂出品。西凤酒历史悠久，是中国古老的名酒之一。

西凤酒以当地高粱为原料，以大麦、豌豆制曲。其特点是酒液无色，清凉透明，醇香芬芳，入口甘润、醇厚、丰满，有水果香，尾净味长，为喜饮烈性酒者所钟爱。西凤酒具有“凤型”酒的独特品格。它清而不淡，浓而不艳，酸、甜、苦、辣、香，诸味皆调，把清香型和浓香型两者的优点融为一体。

著名的中国白酒还有：北京二锅头、杜康、长沙白沙液、孔府家酒、双沟大曲、郎酒、全兴大曲、酒鬼酒等。

四、中国白酒的饮用与服务

（一）饮用

1. 净饮

中国人饮用白酒的习惯是净饮，这样便于细细品味中国白酒的色、香、味等特色。

2. 兑饮

随着鸡尾酒在中国的推广，酒吧行业逐渐开始使用中国白酒作为基酒，调制各种鸡尾酒。中国马天尼、长城之光、太空星等一些鸡尾酒应运而生。

（二）服务

1. 杯具

中国白酒的饮用常常使用无柄利口酒杯和古典酒杯。

2. 标准分量

中国白酒饮用的标准分量为1oz。

任务11　自创鸡尾酒

任务描述

尾酒的创新是调酒师应具备的重要能力，自创鸡尾酒成为酒吧的新卖点。调酒师要能够根据季节、客人需求等自创鸡尾酒，并能够进行有效促销。

情境引入

童老师是中国调酒界资深的高级讲师、调酒师，他自创的鸡尾酒多次在全国调酒大赛上获得大奖，备受关注，今天我们就以童老师为榜样，合理创新，为客人提供自创鸡尾酒的调制及服务。

任务分析

完成自创鸡尾酒，应熟练掌握：

- 鸡尾酒创新原则
- 鸡尾酒的命名
- 鸡尾酒推销能力

必备知识

一、鸡尾酒创新的原则

随着调酒师技术水平的不断完善和提高，鸡尾酒的创新成为调酒师们面临的一个新课题。目前酒吧中非常风行的“特其拉爆”“深水炸弹”“山地”“红酒 + 雪碧”等鸡尾酒，就是调酒师们的匠心创造，而闻名遐迩的“红粉佳人”“血腥玛丽”“亚历山大”等鸡尾酒，更是前辈调酒师心血的结晶。创新鸡尾酒的目的不仅是着眼于消费者，为他们提供更多、更新、更满意的酒品，而且就调酒师的发展而言，这也是一项不可缺少的内容，无论是 I.B.A 的调酒师大赛，还是国内的调酒师等级考核（中级以上）或大赛，创新鸡尾酒均是必做项目，在分数上占有很大的比重。那么，作为一个调酒师在鸡尾酒的创新上应如何入手，又如何遵循某些原则呢？

首先，在鸡尾酒的创造中，应遵循酒名及配方内容新颖别致，操作简单、配方易于记忆，易于推广，创意独特，配方书写完整且中、英文对照这 5 项基本原则。在此基础上，根据调酒器如摇酒壶、电动搅拌机等的操作和作用原理及步骤来确定调制手法。

其次，在酒水的选择上应参考“酒水搭配原理”的有关内容。装饰物的制作也应按照“鸡尾酒装饰原理”来予以确定和实施。

再次，在酒杯的使用上，不仅要使酒水与栽杯、装饰物与载杯浑然一体，交相辉映，而且要在符合上述 5 项基本原则的基础上，发挥创造力，选择独特的、具有创意的酒杯，最大限度地体现创新鸡尾酒的特点与魅力。

最后，需特别强调的是当创新一款鸡尾酒时，所调制的酒品应尽量避免出现“混浊不堪”“味道怪异”“该冷不冷”“该热不热”“主客不分”“喧宾夺主”这几种情况，它们是导致创新失败的重要因素。总之，只要按照创新鸡尾酒的基本原则予以发挥和创造，鸡尾酒的推陈出新并不是一件非常困难的事情。

二、鸡尾酒的命名

（一）以酒的内容命名

以酒的内容命名的鸡尾酒虽说为数不多，但却有不少是流行品牌，这些鸡尾酒通常都是由一两种材料调配而成，制作方法相对也比较简单，多数属于长饮类饮料，而且从酒的名称就可以看出酒品所包含的内容。

比较常见的有：金汤力（Gin and Tonic），由金酒加汤力水调制而成；伏特加7（Vodka“7”），由伏特加加七喜调制而成。此外，还有金可乐、威士忌可乐、伏特加可乐、伏特加雪碧、葡萄酒苏打等。

（二）以时间和事件命名

以时间命名的鸡尾酒在众多的鸡尾酒中占有一定数量，这些以时间命名的鸡尾酒有些表示了酒的饮用时机，但更多的则是在某个特定的时间里，创作者因个人情绪，或身边发生的事，或其他因素的影响有感而发，产生了创作灵感，创作出一款鸡尾酒，并以这一特定时间来命名鸡尾酒，以示怀念、追忆。

如：“忧虑的星期一”“六月新娘”“夏日风情”“九月的早晨”“开张大吉”“最后一吻”等。

（三）以自然景观命名

创作者通过游历名山大川、风景名胜，徜徉在大自然的怀抱中，尽情享受创作出一款款著名的鸡尾酒，并用所见所闻来给酒命名，以表达自己憧憬自然热爱自然的美好愿望，当然其中亦不乏“叹人生之苦短，惜良景之不再”的忧伤之作，因此，以自然景观命名的鸡尾酒品种较多。酒品的色彩、口味甚至装饰等都具有明显的地方色彩，比如“雪乡”“乡村俱乐部”“迈阿密海滩”等，此外还有“红云”“牙买加之光”“夏威夷”“翡翠岛”“蓝色的月亮”“永恒的威尼斯”等。

（四）以颜色命名

以颜色命名的鸡尾酒占鸡尾酒的大部分，它们基本上是以“伏特加”“金酒”“朗姆酒”等无色烈性酒为基酒，加上各种颜色的利口酒调制成形形色色、色彩斑斓的鸡尾酒品。鸡尾酒的颜色主要是借助各种利口酒来体现的，不同的色彩刺激会使人产生不同的情感反映，这些情感反映又是创作者心理状态的本能体现。由于年龄、爱好和生活环境的差异，创作者在创作和品尝鸡尾酒时往往无法排除感情色彩的作用，并由此而产生诸多的联想。

1. 红色

它是鸡尾酒中最常见的色彩，主要来自于调酒配料“红石榴糖浆”。通常人们会从红色联想到太阳、火、血，享受到红色给人带来的热情、温暖，而红色同样能营造出异常热烈的气氛，为各种聚会增添欢乐、增加色彩。因此，红色无论是在现有鸡尾酒中还是各类创作、比赛中都得到广泛使用，如著名的“红粉佳人”“新加坡司令”“特基拉日出”“迈泰”“热带风情”等。

2. 蓝色

这一常用来表示天空、海洋、湖泊和的自然色彩，著名的蓝橙酒的酿制，使其在鸡尾酒中频频出现，如“忧郁的星期一”“蓝色夏威夷”“蓝天使”“青鸟”等。

3. 绿色

主要来自于著名的绿薄荷酒，薄荷酒有绿色、透明色和红色三种，但最常用的是绿薄荷酒，它用薄荷叶酿成，具有明显的清凉、提神作用，用它调制的鸡尾酒往往会使人自然而然地联想到绿茵茵的草地、繁茂的大森林，更使人感受到春天的气息、和平的希望。特别是在炎热的夏季，饮用一杯碧绿滴翠的绿色鸡尾酒，使人暑气顿消，清凉之感沁人心脾，著名的绿色鸡尾酒有“蚱蜢”“绿魔”“青龙”“翠玉”“落魄的天使”等。

4. 黑色

用各种咖啡酒，其中最常用的是一种叫甘露（也称卡鲁瓦）的墨西哥咖啡酒，其色浓黑如墨，味道极甜，带有浓厚的咖啡味，专用于调配黑色的鸡尾酒，如“黑色玛丽亚”“黑杰克”“黑俄罗斯”等。

5. 褐色

可可酒，由可可豆及香草做成，由于欧美人对巧克力偏爱异常，配酒时常常大量使用，或用透明色淡的，或用褐色的，如调制“白兰地亚历山大”“第五街”“天使之吻”等鸡尾酒。

6. 金色

用带茴香及香草味的加里安奴酒，或用蛋黄、橙汁等，常用于“金色凯迪拉克”“金色的梦”“金青蛙”“旅途平安”等的调制。

带色的酒多半具有独特的味道，一味只知调色而不知调味，可能调出一杯中看不中喝的手工艺品；反之，只重味道而不讲色泽，也可能成为一杯无人问津的杂色酒。此中分寸，需经耐心细致的摸索、实践来寻求，不可操之过急。

（五）以其他方式命名

上述四种命名方式是鸡尾酒中较为常见的命名方式，除了这些方式外，还有很多其他命名方法。

1. 以花草、植物来命名鸡尾酒，如“白色百合花”“郁金香”“紫罗兰”“黑玫瑰”“雏菊”“香蕉杧果”“樱花”“黄梅”等。

2. 以历史故事、典故来命名，如“血玛丽”“太阳谷”“掘金者”等，每款鸡尾酒都有一段美丽的故事或传说。

3. 以历史名人来命名，如“亚当与夏娃”“哥伦比亚”“亚历山大”“丘吉尔”“牛顿”“伊丽莎白女王”“丘比特”“拿破仑”“毕加索”“宙斯”等。将这些世人皆知的著名人物与酒紧紧联系在一起，使人时刻缅怀他们。

4. 以军事事件或人来命名，如“海军上尉”“自由古巴”“深水炸弹”“老海军”等。

5. 以形象命名，如“马颈”“咸狗”等。

三、鸡尾酒的推销

（一）服务是酒水推销的基础

酒水销售是通过一定的服务方式来提供给客人的，酒水推销在一定的酒店文化的环境中，使客人在服务过程中得到满足，从而增加酒水的消费数量。坚持以服务为基础，在遵循酒店服务原则的前提下增加酒水的销售。

1. 以顾客为中心的原则

酒吧经营的一切服务活动和一切服务项目都必须从消费者的角度出发。因此，酒吧服务必须坚持以顾客为中心的原则，尊重顾客的人格、身份、喜好和习俗，避免同顾客发生争吵，把错留给自己，把对留给客人，坚持“顾客永远都是对的”的原则，在满足客人自尊的同时提供能满足消费动机的服务，增强顾客消费欲望。

2. 周全性原则

现代人消费日趋多样化、高档化，人们不仅要求酒店能提供丰富多彩、高质量的饮品与服务，还要求提供各种代表新潮流的娱乐项目和其他特色服务，来提高客人的消费水平。

3. 体现人情的原则

酒吧作为客人精神需求满足和情感宣泄的理想场所，要在服务上体现出人情味。当客人感到空虚、寂寞、孤独或因繁忙的工作而疲倦、紧张时，他们总能在酒店中找到适合于自己的服务氛围。酒吧服务应尽量满足客人这种情感上的需求，以增加顾客的回头率和提高顾客的消费能力。

4. 灵活性原则

酒吧服务不像餐饮服务那样呆板，酒吧服务是一个动态过程，应在服务中体现灵活性。一方面客人在酒吧消费的随意性，必须使酒吧服务人员采取相应的灵活性；另一方面，酒吧消费中经常会出现一些突发性事件，如客人醉酒等，酒吧服务人员必须采取随机应变的措施，要求在不损害客人的自尊或情感的条件下，灵活得体地进行处理。灵活性原则能使酒吧服务最大限度地满足客人的需求。

5. 效率性原则

酒吧的产品一般是即时生产、即时消费。客人所点的各种饮料需要服务人员面对面的直接服务；同时，饮料本身的特征也要求服务人员必须提供快速服务。酒吧服务过程既是产品出售过程，也是消费过程。酒吧服务必须突出高效率，保证高质量地完成酒水的服务。

6. 安全性原则

酒吧服务必须在一个安全的环境中完成。首先，要求酒吧服务人员要保证酒水的质量和卫生安全；其次，要保证客人隐私权得到尊重；最后，要保证客人在酒店的消费过程中不受干扰和侵害。只有保证酒吧消费的安全，才能维持一个稳定的客源市场，只有保证了酒水质量和卫生安全，才能扩大和提高饮品推销的机会。

（二）服务人员是酒水推销的关键

酒水是通过服务人员来向客人提供的。酒吧服务人员是酒吧的推销员，酒店生意的好坏直接与服务人员的推销技巧有关。酒吧服务人员通过向客人展示自己的礼貌、热情、友好的态度给客人以良好的印象。机智灵活的服务人员会不失时机地向客人进行推销。

酒水推销是一门艺术，要求服务人员具有必备的酒水知识，掌握酒水的特征，通过提供规范标准的服务，使客人享受到最佳的服务。在服务过程中，服务人员针对不同身份、习俗的顾客推销适合其口味的饮品。通常情况下，顾客对服务人员提供的合理建议是很难拒绝的。

（三）酒水的服务推销方法

酒水推销应掌握一定的方法，推销得法就能取得事半功倍的效果。每一个酒吧员工都是酒吧的推销员。

1. 服务人员的推销知识和技巧

要做好酒水推销，首先酒吧服务人员尤其是调酒师和服务人员要详细了解酒吧饮品原料成分、调制方法、基本口味、适应场合等。酒水知识是服务人员做好推销工作的首要条件，同时服务人员还应了解每天的特饮以及酒水的存货情况。酒吧饮品因名称诱人，顾客在点饮料时，会带有盲目性，所以，服务人员应根据顾客的需要详细介绍饮品，在顾客了解饮品后点饮料，这样能减少顾客点要不了解的饮品。服务人员正确使用推销技巧，不仅能增加销售量，而且会使顾客享受到标准殷勤的服务。

2. 演示推销

酒吧酒水的配置都是调酒师当着客人的面完成的。调酒师优美的动作、高超的技艺，在向客人展示其自信的同时，给客人一种可信赖感。酒品艳丽的色彩、诱人的味道、精美的装饰都刺激着人们对酒水的消费欲望。演示性推销是一种最可靠、最有效的手段，这是因为：第一，调酒师直接接触顾客。调酒师衣着整洁、举止文雅、礼貌稳重、面带微笑，向客人充分展示自身的形象。第二，调酒师直接向顾客展示饮品，顾客感到可信并有好印象就会很容易地接受调酒师推荐的饮品。第三，调酒师面对客人，有机会同顾客聊天，能随时回答顾客提问。

3. 服务推销

服务推销要从真正了解顾客开始。服务强调以顾客为中心，以满足顾客的需求为首要任务，要做到这一点就必须从了解顾客的真实需求、真实感受开始。了解顾客需要什么样的饮品和服务，而不是把自己的产品强行推销给客人。

（1）注意瞬间推销

注意服务的瞬间效应。服务人员在与顾客接触的过程中的每一时刻，每个细节上，都应严格按照服务规范和标准，给顾客温馨体贴的服务。这种服务能给客人留下深刻的甚至是终身的印象。服务瞬间效应来自于以下几个方面：

第一，服务语言规范化。在特定的酒吧经营环境下，服务人员用什么样的语言都有较明确的规定。除礼貌用语外还要注意语言的推销技巧，如“今天我们酒吧的特饮很受欢迎，您看是否来一杯”或“您已经点了王朝干白，我们还有一种与其相媲美的长城干白，价格又合理，我给您再来一瓶好吗”等。

第二，语言简练、优美。服务人员谈吐清楚，快慢适宜，语音音质优美，表情自然。

第三，服务和蔼有礼貌。礼貌既能使服务人员与顾客保持适宜的距离，又能让顾客加深对服务人员的熟悉与信任。

第四，主动服务。包括主动去迎接客人，主动去帮助客人，主动去询问客人，主动去服务客人。这种主动性表现了服务人员的服务热情、对顾客的尊重。主动服务要以征求顾客需要为前提，体现出热情与周到。

第五，全方位立体服务。对顾客来说，酒吧不能以送上酒单，提供完饮品就算完成了服务。全方位立体服务要使顾客在酒吧的任何一个活动都达到满意，只有在各个方面得到满足，客人才会感到物有所值。

（2）服务推销的方法

第一，从客人需要出发推销饮品。不同顾客光顾酒吧的目的不同，其消费需求也不同。对于摆阔、虚荣心强的客人要推销高档名贵的酒水；对于主要是为了消遣娱乐的客人，推销大众酒水；对于团体聚会，向客人推销瓶装酒水。

第二，从价格高的名牌饮品开始推销。价格高的饮品，利润大，对酒吧贡献多。可以这样向顾客推荐“本酒吧最近从法国进了一批名贵的葡萄酒，有 ×× 和 ××，您要不要尝尝？”有一定身份或虚荣心的顾客一般是不会拒绝的。

第三，推销酒吧的特饮或创新饮品。向客人介绍特饮的独特之处，如由著名的调酒师调制，该饮品在 ×× 比赛中获一等奖，以及从味道、色彩等方面向客人介绍，引导客人点饮料。

第四，主动服务，制造销售机会。当顾客正在犹豫或不想购买时，服务人员只要略加推销，就可能促成客人消费。这些机会在服务中经常可见，当客人环顾四周或当客人酒杯已空时，只要适时推销即可抓住机会。

完成任务

自创鸡尾酒及推销

一、分组练习

每 3~5 人为一小组，根据客人不同要求创新鸡尾酒，边操作边讲解鸡尾酒创作的灵感、特点、方法等，然后按顺序完成调酒及推销任务并提供对客服务。

二、讨论、对比

对每个人的表现进行组内分析讨论、组间对比互评，加深对创作鸡尾酒的步骤、方法及要求的理解与掌握。

能力评价

教师对各小组的制作过程、成品、酒水服务进行讲评，然后把个人评价、小组评价简要填入以下评价表中。

被考评人					
考评地点					
考评内容	鸡尾酒创作及推销能力				
考评标准	内容	分值 / 分	个人评价 / 分	小组评价 / 分	实际得分 / 分
	熟知各种酒的酿制原料、制作工艺、口味特点、酒品分类、著名品牌和等级划分等相关知识	20			
	严格遵循鸡尾酒的创作原理和注意事项	20			
	创作鸡尾酒时，应控制好酒水分量，手法、动作应规范，用杯、装饰物搭配要合理	10			
	鸡尾酒创意新颖、合理	10			
	鸡尾酒色、香、味、体符合创意	20			
	结合鸡尾酒有效促销	10			
	酒品质量高，受欢迎、易流行	10			
合计		100			

能力拓展

1. 总结鸡尾酒创新的原则及要求。
2. 鸡尾酒的品鉴要领。
3. 鸡尾酒的品鉴。

根据对酒吧常见著名鸡尾酒的品鉴，准确辨别鸡尾酒的配方及特点等，并完成下表。

序号	鸡尾酒名称	英文名称	基酒	配方	特点	适合人群

项目四

酒吧运营

导言

科学的管理是酒吧正常运营和健康发展的一个有力保证，提高从业人员的运营管理能力才能使酒吧在竞争激烈的市场环境下，保持永久的竞争力，立于不败之地！酒吧服务人员如图 4–1 所示。

图 4–1　酒吧服务人员

【学习目标】

- 独立完成酒会的策划及实施。
- 能够做好客户管理工作，维系良好的客户关系。
- 科学合理处理特殊事件。

任务1　酒会策划

任务描述

酒会成为越来越多的人举办各种聚会所选择的形式，也是考察酒吧服务与管理水平的重要方面。各类酒会的策划与实施，需要具有计划、组织、协调、决策、控制等能力，并且能够独立进行酒会相关的合理创意、会场布置、人员安排、成本核算等工作，并提供相应服务。酒会现场如图 4–2 所示。

图 4–2　酒会现场

情境引入

一位风度绅士的外联客人与酒吧主管洽谈酒会运作事宜，该酒会为某企业 5 周年庆功酒会，人数 120 人，要求价格低廉、品种多样，采取定额制酒会。该如何策划呢?

任务分析

要完成此次酒会策划，应熟练掌握：

- 了解酒会类型：定额制酒会。
- 掌握酒会主题：商务酒会。
- 了解酒会目的：周年庆功。
- 根据客人需求做好酒会策划书。
- 熟悉酒会工作程序。

必备知识

一、酒会策划书

完成酒会策划，应做好以下几点：

- 酒会策划
- 酒会主题
- 酒会地点
- 酒会时间
- 酒会布局
- 酒会具体内容安排
- 酒会工作人员安排
- 酒会收费方式
- 酒会成本核算

二、酒会的类型

（一）根据酒会主题分

酒会一般都有较明确的主题，如婚礼酒会、开张酒会、招待酒会、庆祝庆典酒会，产品介绍、签字仪式、乔迁、祝寿等酒会。这种分类对组织者很有意义，对于服务部门来说，应针对各种不同的主题，配以不同的装饰、酒食品种。

（二）根据组织形式分

根据组织形式来划分，酒会有两大类，一类是专门酒会，一类是正规宴会前的酒会。专门酒会单独举行，可分为自助餐酒会和小食酒会。宴会前酒会比较简单，其功能只作为宴会前召集客人，也可联络感情。

（三）根据收费方式分

1. 定时消费酒会

定时消费酒会又称包时酒会，其特点是酒会的时间确定后，客人只能在固定的时间内参加酒会，时间一到，将不再供应酒水。

2. 计量消费酒会

计量消费酒会是根据酒会中客人所饮用的酒水数量进行结算的酒会。

3. 定额消费酒会

定额消费酒会是指客人的消费额已固定，酒吧按照客人的人数和消费额来安排酒水的品种和数量。

4. 现付消费酒会

多使用在表演晚会中，客人主要是观看演出，而不是消费酒水。这种酒会在许多大饭店中经常举行，如时装表演、演唱会、舞会等。

除此之外，还有外卖式酒会。由于有的客人希望在自己的公司或者家里举行酒会，以显示自己的身份和排场，酒吧就要按收费的标准类型准备酒水、器皿和酒吧工具，运到客人指定的地方。

三、酒会工作程序

（一）酒会的准备工作

1. 根据主办人的要求与饭店的设计布置酒会标准等。

2. 准备好小方桌或小圆餐桌，数量要合适，餐桌上铺好台布。准备好餐巾纸、杯、烟缸、牙签筒、鲜花、花瓶等，餐桌的摆设要一致。

3. 根据酒会通知单备足备齐各类酒品饮料，布置好酒台。

4. 各种调酒专用工具准备齐全。

5. 检查参加酒会服务人员的着装仪表。

6. 酒会开始前几分钟，服务员托带有酒水的托盘，站在宴会厅入口处，准备欢迎宾客并送上迎宾酒。

（二）酒会中的服务

1. 酒品饮料服务

（1）各种酒品饮料由服务员托让（鸡尾酒由调酒师在吧台直接向宾客提供，现要现调）。

（2）当宾主祝酒时，托让酒水一定要及时，如有香槟，要保证祝酒时人手一杯。

（3）托让酒水要注意配合，服务员不要同时进入场地，又同时返回，造成场内无人服务。

（4）要有专人负责回收空酒杯，以保持桌面清洁。

2. 上菜服务

（1）在酒会开始前半小时把各种干果摆在小桌上，前10分钟把各式面包托摆在小桌上。

（2）酒会开始后，陆续上各种热菜热点，并随时注意撤回空盘。由于酒会的桌面小，冷、热食品较多，服务中要抓紧时间清理桌面，保持桌面清洁。

（3）在酒会结束前，给每张小桌上摆放一盘香巾，香巾的数量不少于该桌宾客数。

3. 小吃服务

（1）让小吃的服务员最好跟在让酒水服务员的后面，以便宾客取食下酒。

（2）要注意多让距小吃较远的宾客，特别是坐在厅堂两侧的女宾和年老体弱者。

（3）酒会结束，仍有宾客未离开时，应留有专人继续服务。

（三）酒会的结束工作

1. 酒会结束时，服务人员应热情礼貌地欢送宾客，并欢迎宾客再次光临。

2. 如有宾客自带酒品，应马上点数，请宾客过目。

3. 清洗用具，清扫场地。

拓展知识

一、酒会的定义

酒会也称鸡尾酒会（Cocktail Party），酒会形式较灵活，以酒水为主，略备小吃，不设座椅，仅置小桌或茶几以便宾客随意走动。酒会通常准备较多酒类品种，有鸡尾酒和各种混合饮料以及果汁、汽水、矿泉水等，一般不用或较少用烈性酒。

二、酒会的特点

酒会进行的时间较短，约为1小时；服务方法灵活，服务员各负其责，分工合作；举行酒会的时间较为灵活，中午、下午、晚上均可。

三、酒水成本核算

（一）酒水成本核算

1. 原料成本组成

原料成本指餐厅和酒吧销售给顾客的酒或饮料的原料成本。鸡尾酒成本不仅包括它的基酒（主要使用的酒），还包括所有辅助原料成本。

2. 零杯酒成本核算

在酒水经营企业，烈性酒和利口酒以零杯方式出售，每杯烈性酒和利口酒的容量常为1盎司。因此计算每一杯酒的成本，需要先计算出每瓶酒可以销售多少杯酒，然后每瓶酒的成本除以销售的杯数就可以得到每杯酒的成本。

$$\text{每杯金酒成本}=\frac{\text{每瓶酒成本}}{(\text{每瓶酒容量}-\text{每瓶酒标准流失量})/\text{每杯酒容量}}$$

例1：某品牌金酒每瓶成本180元，容量是32盎司。企业规定在零杯销售时，每瓶酒的流失量为1盎司内，零售每杯金酒的容量是1盎司。计算每杯金酒的成本：

$$\text{每本金酒的成本}=\frac{180}{(32-1)/1}\approx 5.81\text{（元）}$$

3. 鸡尾酒的成本核算

计算鸡尾酒的成本不仅要计算它使用的基酒（主要使用的酒）成本，而且要加入辅助酒、辅助原料和装饰品的成本。

$$\text{每杯鸡尾酒的成本}=\frac{\text{每瓶烈性酒成本}}{(\text{每瓶酒容量}-\text{每瓶酒标准流失量})/\text{每杯鸡尾酒标准容量}}+\text{每份鸡尾酒配料成本}+\text{装饰品成本}$$

每份鸡尾酒配料成本 + 装饰品成本

例 2：计算一杯哥连士的成本，其配方如表 4–1 所示。

表 4–1　哥连士配方

原料名称	重量（数量）	成本
威士忌酒	1.5 盎司（约 45 毫升）	某品牌威士忌酒每瓶采购价格为 262 元，容量为 32 盎司，每瓶烈性酒标准流失量为 1 盎司
冷藏鲜柠檬汁 20 毫升、糖粉 10 克、冷藏的苏打水 90 毫升、冰块		配料总成本为 1.70 元

$$1\text{杯哥连士的成本}=\frac{262}{(32-1)\ /1.5}+1.70\approx 14.40\ (\text{元})$$

4. 酒水原料成本率

酒水原料成本率指单位酒水产品的原料与它售价的比。鸡尾酒成本包括基酒、调味酒、果汁、冰块及装饰品的成本。

$$\text{酒水原料成本率}=\frac{\text{酒水成本}}{\text{酒水售价}}\times 100\%$$

例 3：某咖啡厅王朝干红葡萄酒的成本是 27 元，售价是 90 元。计算销售整瓶王朝干红葡萄酒的成本率。

$$\text{整瓶王朝干红葡萄酒的成本率}=\frac{27}{90}\times 100\%=30\%$$

5. 酒水产品毛利额

酒水产品毛利额指酒水售价减去原料成本后的剩余部分。如 1 杯鸡尾酒的售价是 52 元，它的成本是 10.4 元，那么它的毛利额为 41.6 元。毛利率不是纯利润，它是未减去经营中的人工成本、房屋租金、设备折旧费、能源费用等各项开支的剩余额。

产品毛利率额 = 酒水售价 – 酒水原料成本

例 4：某咖啡厅每杯红茶的售价是 10 元，每杯红茶的茶叶成本为 0.30 元，糖与鲜牛奶的成本是 1.00 元，计算每杯红茶的毛利额。

每杯红茶的毛利额 =10–（0.30+1.00）=8.70（元）

6. 酒水产品毛利率

酒水产品毛利率指产品毛利额与产品售价的比。

$$\text{酒水产品毛利率}=\frac{\text{酒水毛利额}}{\text{酒水售价}}\times 100\%$$

例 5：某五星级饭店的西餐厅，一瓶售价为 800 元的法国某品牌红葡萄酒，其成本是 160 元，计算这瓶葡萄酒的毛利率。

（1）计算出毛利额。葡萄酒的毛利额 =800–160=640（元）

（2）计算出毛利率。葡萄酒的毛利率$=\frac{640}{800}=0.80=80\%$

7. 企业每日成本核算

酒水经营企业应当每日对酒水进行清点和核算。首先对每日入库的酒水及其他原料进行统计，然后统计当日酒水销售情况及库存酒水数量，再根据各种统计的数据计算出当日酒水原料成本、成本率、毛利、毛利率额等，这样每天可以将本企业的实际成本与标准成本进行比较，以达到成本控制。

完成任务

以班级为单位策划30人的小型定额制鸡尾酒会，要求节约成本、酒品饮料品种多样，主题为节日鸡尾酒会暨学业成果展示分享会。由每组学生制定相应的策划方案，采取竞标的形式，选取最合理的策划并实施。

一、分组练习

每五人为一小组，按要求做主题酒会策划。

二、讨论、对比

对每个人的表现进行组内分析讨论、组间对比互评，提高酒会策划的理解与掌握。最终选取最合理的策划并实施。

能力评价

一、酒会的实施

1. 在所有酒会策划中选出一个可行、合理的酒会策划书，全班同学分工，完成酒会的具体实施。

2. 总结酒会具体实施过程中发现的问题，提出改进措施，做出总结。

二、综合评价

教师对各小组的表现进行讲评。然后把个人评价、小组评价、教师评价简要填入以下评价表中。

评价内容	评价标准	个人评价	小组评价	教师评价
• 酒会策划书设计	根据酒会策划书版面设计美观等情况分为： A优　B良　C一般			
• 酒会策划书内容	根据酒会策划书内容全面、具体、合理性等情况分为： A优　B良　C一般			
• 酒会策划主题	根据主题明了、鲜明程度分为： A优　B良　C一般			
• 酒会创意	根据创意新颖、可实施程度分为： A优　B良　C一般			

续表

评价内容	评价标准	个人评价	小组评价	教师评价
●酒会地点、环境	根据地点合理、环境切题程度分为： A优　B良　C一般			
●酒会时间	根据时间安排紧凑、合理程度分为： A优　B良　C一般			
●酒会布局	根据酒会布局合理、环境布置情况分为： A优　B良　C一般			
●酒会具体内容安排	根据酒会内容安排合理、主题突出、烘托气氛等情况分为： A优　B良　C一般			
●酒会工作人员安排	根据酒会人员安排合理、具体情况分为： A优　B良　C一般			
●酒会收费方式	根据酒会收费方式合理情况分为： A优　B良　C一般			
●酒会成本核算	根据酒会人员成本、酒水成本、营销成本控制合理程度分为： A优　B良　C一般			
●酒会实施与保障	根据酒会实施保障措施及特殊事件预防情况分为： A优　B良　C一般			
●酒会策划书可行性	根据酒会策划的现实可行性程度分为： A优　B良　C一般			
●酒会实施情况	根据酒会具体实施情况分为： A优　B良　C一般			
●酒会实施总结	根据酒会实施总结情况分为： A优　B良　C一般			
综合评价		改进建议		

能力拓展

1. 酒会的策划及实施。
2. 酒会突发事件处理。

任务2　特殊事件的处理

任务描述

突发事件在酒吧经营管理过程中是常有的事，作为一名优秀的酒吧员工和管理者应具备灵活处理各类特殊事件的能力。总结工作中醉酒客人、客户间矛盾处理、违法行为等特殊事件以及投诉的处理，具有及时、合理处理突发事件的能力，具有特殊事件预防及采取有效措施的意识。

实例引入

世界杯期间，有两位客人来到酒吧，坐在酒吧的中心位置，每人点了一杯可乐（每杯 20 元），之后二人准备外出就餐，询问服务员是否可将其座位保留，领班表示需先交 100 元押金，其中包括已经消费的 40 元，客人同意。

半小时后，陆续来了很多客人，除预订座位外，均已坐满。此时，酒吧又来了 8 位客人，要求坐在外出二人预订的空座位。领班很为难，同意的话，有失诚信，预订的客人也会不满；不同意的话，酒吧的经济损失会很大，因为根据领班的经验，这 8 位客人预计会消费 3000 多元。

该如何处理呢？

- 实例处理参考

领班同意这 8 位客人入座，他们共消费了 4000 多元。但预订座位的两位客人回来之后，发现自己预订的座位被占了，很不满，找到领班，愤怒地表示商家没有信誉，要找经理投诉……

经理又该如何处理呢？

- 实例处理参考

经理对客人表示是因为一时之间客人太多，没有照顾过来，导致原预订的座位被占，询问客人是否可以坐在角落处的加桌。客人表示那里观看电视屏幕的角度不好，此时经理提出为表示此次工作疏忽给客人带来的困扰，可以送客人一瓶价值 600 元的芝华士和一个大果盘，客人欣然同意了。

- 启示

巧妙地向客人表示是工作上的疏忽而非存心不保留座位，既没有使酒吧失去诚信，客人也对处理方式很满意；8 位后到的客人也在满意的位置收看了世界杯，更是满意。

一瓶芝华士进价 168 元，果盘 10 元，换回一个 4000 元的大单，为酒吧创造了利润，灵活巧妙地解决了看似无法解决的矛盾。

任务分析

要处理好此次事件，应具备以下素质：

- 充分了解客人需求及特点
- 灵活运用“让顾客满意”的服务理念
- 处理好客人利益与酒吧利益的关系
- 具有灵活应变能力
- 具有果断决策能力

● 具有预防投诉及处理投诉的能力

必备知识

酒吧服务和管理人员经常遇到的头疼问题就是客人投诉，如何接待客人投诉，如何处理好客人投诉，是酒吧工作人员重要的工作，处理是否合理，也是综合能力的重要体现。

酒吧工作的目的是使每一位客人满意，但事实上，无论何种类型、多高档次的酒吧，无论管理者在服务质量方面下了多大的功夫，总会有某些客人在某个时间，对某件事、物或人表示不满，因此投诉是不可避免的，这时客人可能直接向服务员发泄心中的不满，或找领班、主管甚至经理投诉。因此，无论是服务人员还是管理人员，在接待投诉客人和处理接待投诉方面都要训练有素。

掌握接待投诉客人的要领和处理客人投诉的方法和技巧，正确处理客人投诉，不仅会使工作变得轻松、愉快，而且对于提高酒吧服务质量和管理水平，赢得回头客，具有重要意义。

一、处理客人投诉的程序和方法

接待投诉客人，无论对服务人员还是管理人员，都是一个挑战。要使接待投诉客人的工作不再那么困难，同时又使客人满意，就必须掌握处理客人投诉的程序、方法和艺术。

（一）做好接待投诉客人的心理准备

为了正确、轻松地处理客人投诉，必须做好接待客人投诉的心理准备。

首先，树立“客人总是对的”的理念。一般来说，客人来投诉，说明酒吧的服务和管理有问题，而且不到万不得已或忍无可忍，客人是不愿前来当面投诉的，所以首先要替客人着想，树立“客人总是对的”理念。换一个角色想一想：如果你是这位客人，在酒吧遇到这种情况，你是什么感觉？更何况在酒吧行业，乃至整个服务行业，很多情况下都提倡“即使客人错了，也要把‘对’让给客人”。只有这样，才能减少与客人的对抗情绪。这是处理好客人投诉的第一步。

其次，掌握投诉客人的三种心态，即求发泄、求尊重、求补偿。投诉客人通常有三种心态：一是求发泄，客人在酒店遇到令人气愤的事，怨气回肠，不吐不快，于是前来投诉；二是求尊重，无论是软件服务，还是硬件设施，出现问题，在某种意义上对客人来说都是不尊重客人的表现，客人前来投诉就是为了挽回面子、求得尊重（有时，即使酒吧方面没有过错，客人由于心情不好，或是为了显示自己的身份与众不同或在同事面前“表现表现”，也会投诉）；三是为了求补偿，有些客人无论酒吧有无过错，或问题是大是小都可能前来投诉，其真正的目的并不在于事实本身，不在于求发泄或求尊重，而在于求补偿，尽管他可能一再强调“并不是钱的问题”。因此，在接待投诉客人时，要正确理解客人、尊重客人，给客人发泄的机会，不要与客人进行无谓的争辩。如果客人投诉的真正目的在于补偿，则要判断自己有无权利这样做，如果没有这样的授权，就要请上一级管理人员出面接待投诉客人。

（二）设法使客人消气

投诉的最终解决只有在“心平气和”的状态下才能进行，因此，接待投诉客人时，首先要保持冷静、理智。同时，要设法消除客人的怒气，如可请客人坐下慢慢谈，也可为客人送上一杯饮品。此时，以下几点要特别注意，否则，不但不能消除客人的怒气，还可能使客人“气”上加“气”，出现火上浇油的效果。

1. 先让客人把话说完，切勿胡乱解释或随便打断客人的讲述。

2. 客人讲话时（或大声吵嚷时），要表现出足够的耐心，决不能随客人情绪的波动而波动，不能失态。即使是遇到一些故意挑剔、无理取闹者，也不应与之大声争辩，或仗“理”欺人，而要耐心听取其意见，使事态不致扩大或影响他人。

3. 讲话时要注意语音、语调、语气及音量的大小。

4. 接待投诉客人时，要慎用微笑，否则，会使客人产生“出了问题你还幸灾乐祸”的错觉。

（三）认真倾听客人投诉，并注意做好记录

对客人的投诉要认真听取，勿随意打断客人的讲述或胡乱解释。此外，要注意做好记录，包括客人投诉的内容、客人的要求及投诉时间等，以示对客人投诉的重视，同时这些也是处理客人投诉的原始依据。

（四）对客人的不幸遭遇表示同情、理解和抱歉

在听完客人的投诉后，要对客人的遭遇表示抱歉（即使客人的反映不完全是事实，或酒吧并没有什么错），同时，对客人的不幸遭遇表示同情和理解。这样，会使客人感觉受到尊重，自己来投诉并非无理取闹，同时也会使客人感到你和他是同一立场，而不是站在他的对立面与他沟通，从而可以减少其对抗情绪。

（五）对客人反映的问题立即着手处理

客人投诉最终是为了解决问题，因此，对于客人的投诉应立即着手处理，必要时，要请上级管理人员亲自出面解决。在接到和处理客人投诉时，要注意以下几点：

1. 切不可在客人面前推卸责任

在接到和处理客人投诉时，一些员工自觉或不自觉地推卸责任，殊不知，这样会给客人留下更糟的印象，出现投诉的“连环套”。

【案例】

一日，甲、乙两位服务员分别为A、B两位客人服务，服务员甲为A客人上啤酒时，见A客人和他朋友正在谈事情，因此就没有打断他们的谈话，而此时旁边客人叫服务员甲，于是她将4瓶百威啤酒放在桌上转身离开了，一会儿，A客人发现酒上错了，刚好看到服务员乙，于是对乙服务员说："服务员，我要的是贝克，怎么上成百威了？""这不是我上的啊，不关我的事，你去找甲服务员说！"说完，乙服务员转身就走了。剩下气呼呼的客人……最后，当然是客人找经理投诉了！

案例中，客人开始是对服务质量不满意，继而对服务员态度不满意，导致出现服务的"连环套"和投诉的一步步升级（当然，由于语言、态度等其他方式的对客人投诉的处理不当，也会导致客人投诉的进一步升级，"小事"也会变成"大事"，对此，应当切实加以注意）。

服务员应该记住，客人投诉时，他所关心的是尽快解决问题，他只知道这是酒吧的问题，而并不关心这具体是哪个人的问题，所以，接待投诉客人，首要的是先解决客人所反映的问题，而不是追究责任，更不能当着客人的面，推卸责任。

2. 给客人多种选择方案

在解决客人投诉中所反映的问题时，往往有多种方案，为了表示对客人的尊重，应征求客人的意见，请客人选择，这也是处理客人投诉的艺术之一。

3. 尽量给客人肯定的答复

一些酒店管理人员认为，为了避免在解决客人投诉时，使自己陷入被动，一定要给自己留有余地。例如，不应说"十分钟可解决"。而应说"我尽快帮您办"或"我尽最大努力帮您办好"。殊不知，客人尤其是日本及欧美客人，最反感的就是什么事情都没有一个明确的时间观念，正如一位投诉客人所言"贻误时间，欧美和日本客人尤为恼火"。因此，处理客人投诉时，要尽可能告诉客人多长时间内解决问题，尽量少用"尽快""一会儿""等等再说"等时间概念模糊的字眼。如果确实有困难，也要向客人解释清楚，求得客人的谅解。

（六）对投诉客人的处理结果予以关注

接待投诉客人的人，并不一定是实际解决问题的人，因此客人的投诉是否最终得到解决，仍然是个问号。事实上，很多客人的投诉并未得到解决，因此，必须对投诉的处理过程进行跟进，对处理结果予以关注。

（七）与客人进行再次沟通，询问客人对投诉的处理结果是否满意

有时候，客人反映的问题虽然解决了，但并没有解决好，或是这个问题解决了，却又引发了另一个问题。如客人投诉酒水问题，结果酒水问题解决好了，却又因服务员态度问题引起客人新的不满。因此，必须再次与客人沟通，询问客人对投诉的处理结果是否满意。这种"额外的"关照并非多余，它会使客人感到酒吧对其投诉非常重视，从而使客人对酒吧留下良好的印象。与此同时，应再次感谢客人，感谢客人把问题反映给我们，使我们能够发现更多问题，并有机会改正错误。这样，投诉才算得到真正圆满的解决。

二、酒吧服务技巧

1. 怎样辨认客人今晚谁埋单

（1）从预订人那里问一下，今晚谁是主人。

（2）从服务员或比较容易沟通的客人那里问。

（3）察言观色，从服务过程中知道。

（4）从主动询问酒水消费情况的客人那里获知。

（5）从客人礼仪中或从客人的介绍讲话中看出来。

2. 怎样为客人斟第一轮酒水

客人刚刚到来，坐下饮第一杯酒时，服务员要首先请主客品酒认可后，把酒杯一字排列，全部斟满后，然后一杯一杯双手捧给客人（顺时针、先宾后主、先女后男）。

注意：不要斟一杯酒给客人，再斟第二杯……斟第一杯酒不要过量（一般为 1/3 杯或少许）。

3. 中途服务怎样进行第二次促销

在服务过程中，当客人所点的酒水或小食只剩余少量时，要轻轻地来到主客面前，礼貌小声地告诉他："酒水快喝完了，是否需要添加。"同时注意以下几点：

（1）不要等客人所点酒水喝完后再询问。

（2）在不知道主客消费意图时，不要当着众多客人的面大声告诉主客"酒水没有了"，以免客人尴尬。

（3）要告诉主客账单的此刻消费情况。

（4）不要不询问客人是否同意，而私自帮客人下单、点取酒水。

4. 怎样为冻饮或冰镇酒水提供杯垫服务

杯垫服务是夜场的一种高雅服务方式，反映了夜场的服务质量和档次以及管理水平。当为客人上冻饮或冰镇酒水时，首先应礼貌示意客人，然后先轻而优雅地放下杯垫，再把冻饮放在杯垫上，请客人慢用。

5. 怎样为喝醉酒或饮酒过量的客人提供服务

除了关心慰问外，还要为醉酒客人提供热茶、热鲜奶等让客人醒酒的服务。必要时要为客人递上热毛巾或进行松骨服务。

6. 什么是酒吧服务中先知先觉、后知后觉、不知不觉

（1）先知先觉指在夜场服务中，客人没告诉你应该怎么做，你看见了，没等客人开口已经圆满完成。也就是说各项服务在客人没提出之前，称之为"醒目"。

（2）后知后觉是指在服务过程中，客人要求的服务。客人发现或提出的，而告知你后才去完成的服务。

（3）不知不觉是指在服务过程中，客人要求的服务告诉你，你后来知道而又没去做

的服务。

7. 怎样使自己的服务给客人“一见钟情”之感

（1）当见到客人时，服务员应面带微笑，真诚欢迎客人的到来。

（2）要使客人进入酒吧感到后空调温度舒适，空气清新；做到环境干净、整洁，物品摆放美观。

（3）中途优质礼貌地服务，熟练地进行操作。

8. 怎样才能在酒吧服务中立于不败之地（应做到哪些）

（1）能合群，服众望。

（2）学会赞扬别人、学会帮助别人、学会尊重别人、学会忍耐和坚持。

（3）遵守酒吧一切规章管理制度。

（4）工作勤奋、踏实、认真。

（5）熟练的业务知识、操作技能技巧。

（6）头脑灵活、醒目。

（7）“微笑”是人际关系的润滑剂。

（8）做事小心谨慎，保持低调、谦虚。

（9）不要太过于聪明、表现自我，也不要过于老实、表现迟钝。

（10）关注客人。

9. 怎样才能掌握客人称呼与爱好

（1）向预订员或向服务过他们的服务员询问。

（2）礼貌地向客人身边的朋友询问。

（3）细致观察。

（4）认真聆听客人相互介绍。

（5）从客人档案中了解。

（6）努力记住酒吧的每一位老顾客。

10. 向客人讲礼貌用语时，要注意哪些问题

（1）面带微笑。

（2）态度温和，不要太刻板，缺少感情。

（3）使用礼貌用语时不要千篇一律，让客人心里不舒服。

（4）合理使用肢体语言。

11. 服务员怎样才能做到成功推销

（1）熟悉各种食品、饮品的价格。

（2）熟悉各种饮品的制作过程、准备时间和原料。

（3）熟悉各种饮品的制作方法。

（4）知道每日特别推荐项目。

（5）掌握酒水品牌中的变化。

（6）语言技巧及微笑礼貌的沟通方式。

三、酒吧常见特殊事件的处理

从事服务行业的服务员，每天在工作中都有可能遇到各种各样的突发事件。应对突发事件就要求服务员掌握一定的服务技巧。

1. 如何处理喝醉酒到处闹事的客人

主管先稳定其情绪，并尽量将闹事者拉开，同时应马上通知喝醉酒客人的朋友，先把其送走，如能自行控制场面则不通知保安，以免事情再扩展恶化。但若客人还是继续其行为不肯罢休，则要观察当时的情况是否会恶化，通知领班，领班通知主管在第一时间内赶到现场并与主管一起劝慰客人以免把事情闹大，主管应视情节严重性当场决定是否通知经理及保安部人员到场（如需通知保安部，应在处理事情之前先知会吧员电话通知保安值班室）。

2. 怎样为患感冒的客人提供服务

（1）为客人关小空调。

（2）为客人提供披巾服务，处处关心客人。

（3）为客人点用"可乐煲姜"让其饮用，或去医务室拿感冒药给客人服用。

3. 如何处理客人要向员工敬酒

（1）婉言谢绝并感谢客人。

（2）主动为其服务，避开客人注意力。

（3）借故为其他客人服务。

4. 如何处理客人对服务员不礼貌

不要指责客人，应借故避开客人，引开他的注意力，向主管申请调离工作岗位，更换另一名服务员提供服务。

5. 如何处理素质低的客人

在服务过程中有时会出现经常把脚放在台上的客人，这时可以利用经常换烟灰缸或收拾台面来干扰客人，同时礼貌地提醒客人把脚放低。

6. 如何处理客人发生口角、打斗

发现客人开始口角，应立即通知领班及主管马上出面调解，如发生打斗，应马上通知保安部人员到场，由保安部人员处理事件并且不要围观以及劝阻其他客人不要围观以免误伤。及时统计在此次事件中酒吧遭受的损失财物清单以方便向客人索赔；如需配合公安机关调查应如实反映客观事实，不允许掺加任何个人主观意识以免误导。

7. 如何处理客人自带酒水、食物

这时，应向客人解释酒店不接受客人自带酒水及食物，如客人坚持，应通知楼层领班解决。可收取相应的 100% 开瓶费并在酒单上写明开瓶费及相应价钱，或请客人将自带酒水、食物存放在吧台。

8. 如何处理酒水倒在桌面上

如果服务员倒酒水在桌面上，应马上说："对不起，我马上帮您抹掉。"然后用干净抹布抹干桌面，换掉原先的酒杯，用新杯重新再倒酒水。如果是客人不小心自己倒酒水在桌面上的，应马上递上毛巾（纸巾）擦掉水迹，再递上纸巾，吸干污物。

9. 如何处理打破玻璃或倒洒酒水在地上

服务员应马上站在现场，提醒过往客人注意，另一位服务员立即清洁现场，有异味应喷空气清新剂。

10. 如何处理客人遗失物品

服务员应马上通知领班，负责该段的服务员要站在现场等主管，主管应协同客人仔细检查客人所使用过的地方，询问清楚客人到过的地方以及和哪些朋友在一起，是否朋友拿了去用。同时询问该服务员当时情况，并立即通知保安检查该员工储物柜，如还没有找到，应让保安做好记录，以便以后有线索时可以联系到该客人。

11. 如何处理客人在洗手间跌倒或晕倒

此时，服务生应马上扶起客人，通知领班及主管，如客人有伤，应立即扶到安全的地方稍作休息，用药物稍作治疗，情况严重的应安排保安将该名客人送到附近医院就医。事先，服务生要经常留意洗手间的卫生，保持地面干爽清洁。

12. 如何处理客人在酒吧到处走动，到处张望不消费

发现此情况应上前询问客人有什么需要帮助的，如没有合理理由也没消费，应马上通知咨客带位让其消费，领班应通知主管及各岗位服务生注意客人动态，以防是小偷。

13. 如何处理开爆啤酒

如发生以上事件，服务员马上说："对不起，我帮你换另外一瓶。"把事情安排好后，通知楼层领班到吧台处理。在事情发生前，服务员要注意开酒的技能和手势要正确，减少耗损。

14. 如何处理客人在酒吧换桌消费

点清客人人数，知会领班，通知吧台，把客人台面剩余的东西送入新的座位，然后马上返回岗位，清理台面、地面卫生，摆好台面，迎接下一批客人。

15. 如何处理客人携带手提包及其他物品

主动提醒客人如果方便，请把东西拿去寄存，如果不需要，应提醒客人小心保管好自己的物品，以免遗失，造成不必要的麻烦，引起客人不开心，同时让客人感到服务员良好的职业道德和服务态度。

16. 如何处理客人不小心摔坏杯子

以和蔼的语气安慰客人"没关系，请问有没有割伤"，并请客人小心离开座位，立即清理现场，把碎杯扫干净再请客人坐回到座位，让客人感到服务员处处关心、帮助客人排忧解难的周到服务。

17. 如何处理停电故障

在台面增置蜡烛杯，点蜡烛的过程中安慰客人："没事，很快就会有电，可能是有点小问题，我们的工程部正在抢修，请先稍等一会儿。"而后告知客人尽量不要离开房间到处走动以免误伤，并在所辖服务区域内加强巡视。来电后应及时通知楼层领班对客人进行拜访，视客人情绪程度给予不同赠送或折扣以示歉意。

18. 如何处理客人向我们提出意见

在表示虚心接受的同时，应说："非常抱歉！感谢你们的宝贵意见，我马上向我们经理汇报，希望下次能够使你们满意，谢谢！"最后将意见反馈给上司。

19. 如何处理不小心将酒水洒在客人身上

诚恳地向客人表示歉意，并想办法进行补救，在获得客人允许的情况下为客人擦拭衣服，女客人应由女服务员擦拭，动作要轻柔适宜。如果客人还不是很满意，应该请上司出面解决。如果是客人不小心将酒洒在你身上，应大方地笑一笑说："没关系，我到外面擦擦就行了。"

20. 如何处理客人不满意食物或饮品

上前询问客人意见，找出问题所在，如果食物或饮品有质量问题，应马上跟客人道歉："不好意思，我马上帮您换。"撤走东西，然后通知楼层领班退回吧台检查。如果食品只是口味问题，应该跟客人解释："对不起，我们吧台的出品是这样的，如果您不满意，我会向经理汇报，希望下次能够使您满意。"然后设法补救，有必要时请上司出面。

21. 如何处理全部客人离开厅房而未埋单

上前询问客人是否埋单，当回答说不是，而是去看节目时，应提醒客人说"请问你们是不是留下一两个人看包，避免贵重物品遗失"，而客人说不用时，应设法通知上司协助，看清客人去向，如果客人是看节目，应派人看住客人，如果客人离场，及时通知上司协助埋单。

22. 节目表演时间，怎样追踪客人行踪，以免跑单

记住客人的外貌特征、服饰打扮、是否留有贵重物品，是自然来客，还是司仪或司仪经理的订房客人，要加以注意与判断。如是包房消费客人，一定至少要留一位客人在房内。

23. 如何处理下单时不小心写错了饮品的名称

及时跟踪查单，如果饮品已经到了房间，应向客人道歉，并询问客人要不要更换。

24. 如何处理客人因事与邻桌客人发生争执打架，并损坏了物品

迅速禀报楼层领班和主管，以防事情恶化延续；注意安全，看客人有否受伤，是否需要急救；打坏的东西，根据上司的意见，按公司规定价格赔偿。

25. 如何处理客人要求找管理人员

礼貌地询问客人贵姓，了解客人找管理人员的意图，然后根据情况向客人要找的管理人员反映，询问是否接见客人。如果管理人员不熟悉客人情况暂时不见的话，应告知

客人该管理人员暂时不在，麻烦客人自己打电话给该人员。

26. 如何处理火警

当火警发生时，不论事态严重与否，都必须采取如下措施：

（1）保持镇静，不能惊慌失措、大喊大叫。

（2）第一现场员工必须稳住客人情绪。对客人讲："各位贵宾，我们酒吧正在扑灭火患，目前火势已得到控制，请诸位不要惊慌。"

（3）了解客人有无埋单，并知道消费情况。

（4）呼唤附近同事援助，帮助看好该区的客人动向，防止跑单。

（5）电话通知消控中心，说出火警发生的具体地点及火情。

（6）在安全的情况下，利用就近的灭火器，配合保安尽力将火扑灭。电器起火用"1211"型号灭火器或干粉灭火器；香烟未熄灭而引起的火灾，用"1211"型号灭火器；因漏电短路而引起的火灾，切记不能用水和泡沫液体型灭火器，一定要用"1211"干粉灭火器。

（7）关掉一切电源开关（含电器用具类）。

（8）如果火势蔓延，必须配合保安、酒吧领导及同事引导客人按正确的安全通道撤离火警现场，以免客人受到损伤。

27. 如何处理打架斗殴

客人打架、斗殴时，根据事态情况，酌情分级处理：

（1）第一时间通知就近的保安部工作人员，让他们第一时间赶到事发现场，并控制场面，防止事态扩大。

（2）详细了解争执原因，并尽快把事态经过上报主管、经理。由管理人员安排和协调，并视情况不同分级、分别处理。

（3）轻度冲突的处理方法（一般打架、争执）：如发现顾客之间发生轻度摩擦，应尽快加以劝阻，并以中间人的立场加以双方面的劝慰，避免事态升级。

（4）中度冲突的处理：以最快的方法第一时间通知有关部门到现场，控制双方人员冲突的可能，并尽量将客人安排到相隔远些的位置。让保安留意客人行为，防止再度引发冲突。

（5）极度冲突的处理：通过保安部门，尽量压制事态，如发生流血事件，则督促其迅速离开，并采取一些基本的急救措施。同时第一时间检查公司物品有无损坏，如有损坏，客人需照价赔偿，通知收银打单，主管负责跟踪，确定客人的物品是否全部带齐离场。如有遗失，则上交所属部门经理处理，等候客人回来认领。

28. 如何处理酒吧内突然有人因兴奋、过度刺激而引发自身死亡或饮酒过量导致休克

立即通知保安和管理人员维护现场，打"110"报警或打"120"急救电话（在安全情况下，不要移动现场物品和尸体或病人）。在发生意外的地方，加设标记防止他人进入。

完成任务

【案例】

"钢丝球"事件

有几位客人在"爱吧"咖啡厅就餐时，在餐中发现一个钢丝球丝，便叫来服务员询问。领班了解情况后表示歉意，并提出可减免一半的餐费。但客人依然不依不饶，要求餐费全免否则不会罢休。领班无奈，只好答应。客人趾高气扬地离开餐厅。

这样处理合适吗？你认为该如何处理呢？

一、分组练习

每3~5人为一小组，情景模拟突发事件的处理。

二、讨论、对比

对每个人的表现进行组内分析讨论、组间对比互评，强化对突发事件的预防及处理能力。

能力评价

一、情景模拟突发事件的处理

【案例】

酒吧里有两位情侣，要求听轻柔浪漫的音乐，服务员满足了其要求。之后来了一桌客人，一行多人，在为其中一位客人庆祝生日，要求播放high曲，应如何处理？

（一）分组练习

每3~5人为一小组，情景模拟突发事件的处理。

（二）讨论、对比

对每个人的表现进行组内分析讨论、组间对比互评，强化对突发事件的预防及处理能力，并将评价内容填入下表。

二、综合评价

教师对各小组成员表现进行讲评，并将评价内容填入下表。

内容		评价	
学习目标	评价项目和要求	小组评价	教师评价
知识	正确认识客人投诉		
	掌握投诉预防方法、要求		
	掌握投诉处理原则、程序及沟通技巧		
	掌握其他突发事件预防及处理		
专业能力	具备突发事件独立处理能力		
	正确认识投诉的能力		
	快速分析、解决问题的能力		
	事件处理后总结的能力		
	常见问题预防能力		
社会能力	组织能力		
	沟通能力		
	解决问题能力		
	自我管理能力		
	创新能力		
	敬业精神		
	服务意识		
态度	爱岗敬业		
	态度认真		
整体评价		改进建议	

能力拓展

1. 总结酒吧常见突发事件处理方法。
2. 总结酒吧常见突发事件预防措施。

任务3　酒吧客户管理

任务描述

稳定的客源、良好的口碑和形象是酒吧的生命。要在激烈的竞争中立于不败之地，就要做好客户的开发、营销等管理工作；具备酒吧营销的策划及实施能力；做好客户信息的管理工作，提供满意的服务。

情境引入

某著名公司高管，第二次光顾酒吧，我们热情亲切地迎接、对客人的特殊需求熟悉，提供了让客人感动的服务，因此，这位高管成了我们忠实的客户。

任务分析

- 通过上述实例我们发现做好客户管理的重要性和必要性。
- 做好酒吧客户管理，可以提高服务质量，提高客户满意度。
- 做好客户管理，让每一位顾客因我们的服务而感动，应掌握客户管理的内容、客户管理的途径等内容。

必备知识

一、酒吧客户管理的内容

通过提供产品和服务实现经营效益。客户作为产品和服务的接受者，对于酒吧至关重要。拥有客户的酒吧才拥有生存和发展的基础，而拥有稳定客户的酒吧才具有进行市场竞争的宝贵资源。为此，市场营销最根本、最大的挑战就是如何管理客户，如何跟随客户需求改变，如何建立稳定的客户关系。

很多酒吧声称客户至上，但是却不了解客户的真正需求，特别是自己提供的产品和服务能否为客户创造价值更是心中无数。这样的营销很难引起客户的共鸣与认同，也无法建立良好的客户关系。只有与客户进行良好的沟通，推动客户良好关系的建立，才能实现酒吧的繁荣。客户管理的实质是通过调查分析，进行客户开发、客户服务、客户促销、客户维护并促进客户价值的提升。包括以下几个方面：

（一）客户调查管理

客户调查是酒吧实施市场策略的重要手段之一。通过人口特征、生活态度、生活方式、消费历史、媒介消费等对目标客户进行分析，迅速了解客户需求，及时掌握客户信息，把握市场动态，调整、修正产品与服务的营销策略，满足不同的需求，促进产品及服务的销售。

（二）客户开发管理

在竞争激烈的市场中，能否通过有效的方法获取客户资源往往是酒吧成败的关键，因此需要加强客户开发管理。客户开发的前提是确定目标市场，研究目标顾客，从而制定客户开发市场营销策略。营销人员的首要任务是通过多种方法寻找准客户并对准客户进行资格鉴定，进而开发准客户，使酒吧的营销活动有明确的目标与方向，使潜在客人成为酒吧的忠实客人。

（三）客户信息管理

客户信息管理是客户管理的重要内容和基础，包括客户信息的搜集、处理和保存。建立完善的客户管理系统，对于酒吧扩大市场占有率、提高营销效率、与客户建立长期稳定的业务联系，都具有重要意义。运用客户信息，区分准客户、新客户和老客户，区分大客户和一般客户，并实施不同的市场营销策略，进行客户关系管理。

（四）客户服务管理

客户服务是在合适的时间、合适的场合，以合适的价格、合适的方式向合适的客户提供合适的产品和服务，使客户合适的需求得到满足，价值得到提升的活动过程。客户服务管理是了解与创造客户需求，以实现客户满意为目的，酒吧全员、全过程参与的一种经营行为和管理方式。它包括营销服务、部门服务和产品服务等几乎所有的服务内容。客户服务管理的核心理念是酒吧全部的经营活动都要从满足客户的需要出发，以提供满足客户需要的产品或服务作为酒吧的义务，以客户满意作为酒吧经营的目的。客户服务质量取决于酒吧创造客户价值的能力，即认识市场、了解客户现有与潜在需求的能力，并将此导入酒吧的经营理念和经营过程中。优质的客户服务管理能最大限度地使客户满意，使酒吧在市场竞争中赢得优势，获得利益。

（五）客户促销管理

促销是营销人员将有关产品信息通过各种方式传递给客户，提供产品情报、增加消费需求、突出产品特点，促进其了解、信赖并使用产品及服务，以达到稳定市场销售，扩大市场份额，增加产品价值，发展新客户，培养强化客户忠诚度的目的。促销的实质是营销人员与客户之间进行有效的信息沟通，这种信息沟通可以通过广告、人员推销、营业推广和公共关系四种方法来实现。而促销管理是通过科学的促销分析方法进行全面的策划，选择合理的促销方式和适当的时机，并对这种信息沟通进行计划与控制，以使信息传播得更加准确与快捷。

二、酒吧客户管理的途径

（一）建立顾客的信息资料库

在信息时代，信息传播的速度与广度使得企业营销环境发生了巨大的变化，网络即时互动的特点使顾客参与到营销管理的过程成为可能，这就使企业必须真正贯彻以顾客需求为出发点的现代营销理念。只有将顾客整合到营销过程中来，才能有效地迎合顾客千差万别的需求，最终取得企业自身的发展。酒吧也必须适应时代发展趋势，采用高科技成果，增加技术投资，即时搜集顾客需求信息，精心设计服务体系，按照顾客的特殊要求提供特定的且为竞争对手不易模仿的服务，使顾客得到更多的消费利益和更大的使用价值，建立并保持企业与顾客的相互忠诚，相互信赖，相互获利。

酒吧可以用电脑建立数字化分布系统，通过数据保存顾客信息，把搜集顾客需求信息的触角分布到酒吧中每一个可能与顾客发生接触的地方，并将这些信息存入顾客资料库，以便对顾客进行电话营销和其他的回访活动。另外，可有针对性地提供定制化的有效服务，以达到顾客满意的最大化。如里兹饭店集团已经建立了近100万份顾客的个人档案，顾客再次入住集团的任何一家成员饭店，该饭店都可以迅速从信息中心调取他的资料，了解他的消费偏好、禁忌、购买行为等特征，从而能够提供更有针对性的个性化服务，进一步强化顾客的满意度和忠诚度。

（二）加强对老顾客关系管理

客户管理的目的是创造“忠诚的顾客”。忠诚的顾客相信酒吧尊重他们，能为他们提供最大消费价值。顾客不断变化的酒吧必须花费大量营销费用，劝说那些对本酒吧不太了解的新顾客购买自己的服务，并不断为新顾客提供启动性服务。有大批忠诚顾客的酒吧通常可极大地节省这些营销费用。此外，忠诚顾客的口头宣传可增强饭店广告的影响，极大地降低饭店的广告费用。要认识到，吸引一名新顾客比保持一名老顾客要付出更大的代价。

针对老顾客，可以提供超值服务，最通常的做法是对经常性的顾客给予优惠性奖励利益。如酒吧可对经常到酒吧消费的顾客提供“常客奖励方案”，即可以按消费的累积给予奖励积分，积分到一定数额后可以为顾客提供免费的消费奖励。虽然，这类增加顾客财务利益的计划可以建立起顾客对酒吧产品的偏好，但是由于这类计划很容易被竞争对手模仿，因此酒吧难以通过这类计划拥有长期的竞争优势，酒吧还需要运用增加顾客社交利益的方法来强化自己的竞争优势。

（三）充分利用网络开展营销

网络营销是借助联机网络、电脑通信和数字交互式媒体的功能来实现营销目标的一种营销方式，目前已经受到人们的普遍关注，这是因为它能够将产品说明、促销、顾客意见调查、广告、公共关系、顾客服务、电子交易等各项营销活动，通过文字、声音、图片及视频等手段有机地整合起来，进行一对一的及时沟通，强化顾客关系，进一步开发更多的顾客需求。

虚拟的网络世界使顾客的个性需求得到充分满足，既可以搜索到最佳价格，又能方便购买。同时，网络的实时性则为企业与顾客提供了一个全新的沟通方式，如利用电子布告栏和电子邮件提供网上售后服务或与消费者做双向沟通，提供顾客与顾客或企业与顾客在网络上的共同讨论区，从而了解顾客的需求、市场趋势等，并以此作为企业改进产品和服务的参考。提供网上自动服务系统，可依据顾客需求，自动在适当时机通过网上提供有关产品和服务的信息等。就我国的酒吧而言，目前网络营销主要是网上预订和网上广告，酒吧可以根据更精细的个人差别将顾客进行分类，分别传递不同的信息，实现真正的个性化服务。

（四）通过优质服务吸引顾客

优质服务可形成并强化顾客对酒吧的信任感，使酒吧取得有利的竞争地位。在酒吧里，顾客与服务人员直接接触，可直接观察服务人员的服务过程。因此，优质服务比优质产品更能形成顾客的忠诚感。

许多顾客希望能长期从同一个企业获得个性化服务，希望服务人员熟悉他们、关心他们、主动与他们联系、为他们服务，这样，他们就不必每次都主动向酒吧提出服务要求。

（五）妥善处理饭店顾客投诉

投诉发生之前，重在防范。通过健全顾客投诉和建议制度及定期组织顾客调查，将顾客的书面、口头投诉和建议进行记录、整理，对调查结果进行统计、分析，可及早发现顾客态度的变化倾向，为酒吧较早采取行动消除顾客的不满，巩固市场份额提供早期预警。对于发生的投诉，要认真分析背后的原因，科学合理地处理。

拓展知识

在我国众多的酒吧经营销售中，一直存在这样的现象：酒吧经营方案千篇一律、缺乏经营的灵活性和创新意识，经营成效并未达到最佳状态，酒吧经营销售问题越来越受关注和重视。

一、酒吧的内部营销方法

内部营销工作是以客人一进门便开始的，客人进来了，能否让他留下并主动消费，这是非常重要的。有位精明的管理者这样说："不向现有的客人宣传，几乎是有罪的。"因此，千万不要错过这个时机，这个时机能同时造就三重机会：其一，使客人在酒吧逗留期间最大限度地消费；其二，邀请他们再来；其三，请他们代为宣传我们的酒水和服务。

服务人员秀丽的外表、可爱的笑容、亲切的问候、主动热情的服务对留住客人是至关重要的。同时，酒吧的环境和气氛也左右着客人的去留。客人坐下来后，行之有效的营销手段及富有导向性的语言宣传是客人消费多少的关键。当客人离座时，服务员赠给客人一份缩样酒单或一块小手帕、一个打火机、一盒火柴，当然这上面都印有本酒吧的地址和电话，请客人作个纪念，欢迎其下次光顾或转送给他的朋友。

1. 酒吧的环境"推销"

一个高品位的酒吧应该营造高品位的环境气氛。酒吧是供人们休闲娱乐的场所，应该营造出温馨、浪漫的情调，使顾客忘记烦恼和疲惫，在消费的过程中获得美好的感受。

氛围和情调是酒吧的特色，是一个酒吧区别于另一个酒吧的关键因素。酒吧的氛围通常是由装潢和布局，家具和陈列，灯光和色彩，背景音乐及活动等组成。酒吧的氛围和情调要突出主题，营造独特的风格，以此来吸引客人。

2. 酒单"推销"

（1）酒单上的酒应该分类，以便顾客查阅与选择。如果大多数顾客对酒不太熟悉，应在每一类或每一小类酒之前附上说明，这样可以帮助顾客选择他们需要的酒。

（2）准备几种不同的酒单。具有多种酒类存货的餐厅，通常有两种不同的酒单：一种为一般的酒单，一种则为贵宾酒单。前者通常一直放在每一张桌子上；而后者只有当顾客要求，或是他无法在一般酒单上找到想喝的酒时才展示出来。

（3）注意拼写错误。注意不要拼错酒名及酒厂名，也不要把酒的分类弄错，印刷之前应仔细校对，以免日后顾客提出质疑。努力将顾客的注意力吸引到几种特别的酒上，以利于刺激消费。最常用的方法是从现有的酒单中，挑选出几种酒加强宣传。不过，提高顾客对酒的认知才是长远之计。

3. 服务员的服务水平

每一个员工都是推销员，他们的外表、服务和工作态度都是对酒吧产品的无形推销。如果讲究装潢，勤于检查清洁，而调酒师仪容却不端正的话，一切努力都是枉费。所以，酒吧调酒师要讲究个人卫生与外表。

4. 借机开展营业推广活动

营业推广是酒吧为了促使目标顾客加快购买决策、增加购买数量而采取的一系列鼓励性的销售措施。酒吧往往通过某种活动来变换产品销售的方式，以达到促销和宣传的目的。这种变换的销售形式适用于特定时期或特定任务下的短期特别推销，目的是在短期内强烈刺激市场需求，迅速取得销售效果。酒吧营业推广的形式包括各种庆典活动、节假日促销、主题销售、文化表演、美食节、康娱项目、名人讲座、展览等。通过这一类的活动形式，酒吧获得了效益，展示了形象，扩大了影响。

酒吧在重要的日子不失时机地举办各种文化品位高、艺术氛围浓、内容独特新颖、形式活泼健康的销售活动，不仅能直接增加酒吧收入，更能扩大酒吧知名度，树立酒吧良好的市场形象。

二、酒吧的外部推销方法

酒吧的外部推销主要有以下几点：

1. 店名推销

店名推销必须适应目标顾客的层次，符合酒吧的经营宗旨和情调。店名推销应取易记和易读的文字，应该符合笔画简洁、字数少，文字排列要避免误会，字体设计要美观大方，要具有独特性；使用的店名应好听和易读；多数顾客通过电话预订餐桌，所以应该避免使用易混淆的词语和发音困难或在一起读不顺口的词汇。特别是不能追求独具一格，选用一些生僻字，造成模糊性。

2. 招牌推销

招牌推陈出新是餐厅最重要的宣传工具，招牌大则醒目，可见性大，易吸引人的注意力。招牌要有霓虹灯照明，使得晚上易于辨识。

3. 酒吧广告宣传

酒吧销售产品不能等客上门，同样需要宣传，但宣传媒介的选择必须慎重考虑。在当今信息时代，传播媒介呈现多样化，不同媒介所针对的受众和辐射范围有所不同。电视、广播、报纸、杂志、商业信函、宣传品、户外广告、流动交通广告等众多媒体和宣传途径往往让酒吧难以选择，无所适从。通过调查不难发现，一些酒吧虽然经常在某些媒体广告上出现，但真正起到的效果却并不理想。原因是酒吧的目标顾客一般比较分散，而媒体的受众又相对集中。

对于覆盖整个市场的宣传，酒吧应该通过制造新闻宣传自己，如设法吸引名人、政要光顾酒吧，以及举办社会反响较大的活动等，频频在媒体亮相，借助新闻宣传扩大酒吧影响。或者根据酒吧的主流顾客进入城市关口，如机场、车站、码头设立户外广告，以及有针对性地给老客户和潜在客户散发信函、纪念品、宣传品等，只有这样，才能收到较好的效果。

4. 短信营销

短信营销在近几年已经被很多行业认识接受并开始使用，服务行业采用这种关系营销方式，细水长流式地维护着与新老顾客的关系，具有成本小、效果理想的特点。

（1）新顾客——体验营销之道

短信营销的基础是客户分析，首先要分门别类，对于新顾客的开发，酒吧会很重视。对于没有来过本店的潜在客户群体，要对其年龄、收入、职业、区域等属性进行筛选。锁定目标客户群体之后，开始策划短信的内容，一般来说，对于新客户采用免费体验的方式比较合适，可以邮寄体验券。

（2）较长时间未到店客户——主动询问、优惠推荐

对于三个月或更长时间未到店的顾客，酒店可以采用问候或优惠推荐的方式，进行短信营销，可以询问客户对于酒吧的建议和意见，同时告知酒吧最新的优惠活动，这样可以增加顾客和酒店之间的联系密度，更好地维护客户。

（3）节日问候

这种方式是最常用的短信营销策略。虽然现在的问候短信确实比较泛滥，但在节日里酒吧送上的真诚、温馨的祝福，顾客还是不会反对的，但要注意短信内容的编辑策划。

完成任务

一、分组练习

每五人为一小组，情景模拟训练建立良好的客户关系。

二、讨论、对比

对每个人的表现进行组内分析讨论、组间对比互评，掌握建立良好的客户关系的途径与技巧。

能力评价

一、酒吧营销策划

（一）分组练习

每 3~5 人为一小组，按要求做酒会营销策划并进行讲解。

（二）讨论、对比

对每个人的表现进行组内分析讨论、组间对比互评，提高酒会策划的理解与掌握。

二、综合评价

教师对各小组的表现进行讲评，然后把小组评价、教师评价简要填入以下评价表中。

<table>
<tr><th colspan="2">内　容</th><th colspan="2">评　价</th></tr>
<tr><th>学习目标</th><th>评价项目和要求</th><th>小组评价</th><th>教师评价</th></tr>
<tr><td rowspan="5">知识</td><td>掌握酒吧客户管理的内容</td><td></td><td></td></tr>
<tr><td>掌握酒吧客户管理的途径</td><td></td><td></td></tr>
<tr><td>认识到酒吧客户管理的重要性</td><td></td><td></td></tr>
<tr><td>掌握客史档案的内容</td><td></td><td></td></tr>
<tr><td>掌握酒吧内外部营销方法</td><td></td><td></td></tr>
<tr><td rowspan="5">专业能力</td><td>信息收集、处理和管理能力</td><td></td><td></td></tr>
<tr><td>对客沟通、协调能力</td><td></td><td></td></tr>
<tr><td>灵活处理问题的应变能力</td><td></td><td></td></tr>
<tr><td>常见问题预防和处理能力</td><td></td><td></td></tr>
<tr><td>营销能力</td><td></td><td></td></tr>
<tr><td rowspan="7">社会能力</td><td>组织能力</td><td></td><td></td></tr>
<tr><td>沟通能力</td><td></td><td></td></tr>
<tr><td>解决问题能力</td><td></td><td></td></tr>
<tr><td>自我管理能力</td><td></td><td></td></tr>
<tr><td>创新能力</td><td></td><td></td></tr>
<tr><td>敬业精神</td><td></td><td></td></tr>
<tr><td>服务意识</td><td></td><td></td></tr>
<tr><td rowspan="2">态度</td><td>爱岗敬业</td><td></td><td></td></tr>
<tr><td>态度认真</td><td></td><td></td></tr>
<tr><td>整体评价</td><td></td><td>改进建议</td><td></td></tr>
</table>

能力拓展

思考：如何做好酒吧客户管理工作？

附　录

附录 1　酒吧专业英语

1. 酒吧用具

量杯 jigger
酒嘴 pourer
调酒杯 mixing glass
调酒壶 shaker
滤冰器 strainer
吧勺　bar spoon
茶匙 tea spoon
冰勺（铲）ice spoon
冰夹 ice tongs
水果挤压器 fruit squeezer
冰桶 ice bucket
宾治盆 punch bowl
砧板 cutting board
吧刀 bar knife
装饰叉 relish folk
酒起子 bottle opener
开塞钻（红酒起子）corkscrew
托盘 tray
杯垫　coaster
吸管 straw
装饰签 cocktail picks

2. 酒吧杯具

古典杯 old fashioned glass

鸡尾酒杯 cocktail glass
高脚杯 goblet glass
柯林杯 collins glass
酸酒杯 sour glass
雪梨杯 sherry glass
香槟杯 champagne glass
宾治酒缸 punch glass
白兰地杯 brandy glass
利口酒杯 liqueur glass
红（白）葡萄酒杯 red（white）wine glass
烈酒杯 shot glass
啤酒杯 beer glass
爱尔兰咖啡杯 Irish coffee glass
彩虹酒杯 pousse coffee cup
玛格丽特 Margarita glass

3. 酒吧设备

冰箱 bar refrigerator
吧台 bar counter
搅拌机 blender
电动饮料机 electronic dispensing system
上霜机 glass chiller
苏打枪 hang gun soda system
制冰机 ice maker
制冰机 ice making machine
冷藏柜（冰箱）refrigerator

4. 果汁 / 水果

果汁 juice
柠檬汁 lemon juice
橙汁 orange juice
菠萝汁 pineapple juice
西柚汁 grapefruit juice
番茄汁 tomato juice
苹果汁 apple juice

葡萄汁 grape juice
黑醋栗汁 black currant juice
青柠汁 lime juice
红石榴汁 grenadine juice
西瓜汁 watermelon juice
杨桃汁 carambola juice
梨 pear
哈密瓜 honeydew melon
樱桃 cherry
野莓（酸果蔓汁）cranberry juice
覆盆子 raspberry
草莓 strawberry
水蜜桃 peach
黄瓜 cucumber
香蕉 banana
杧果 mango
葡萄 grape
西芹 celery
鲜薄荷叶 fresh mint leaf
冰激凌 ice cream

5. 软饮料

汽水 sparkling water
奎宁水 quinine water
雪碧 Sprite
可口可乐 Coca Cola
百事可乐 Pepsi
苏打水 soda water
矿泉水 mineral water
蒸馏水 distilled water
干姜水 ginger water
依云矿泉水 Evian water

6. 配料与装饰物

糖浆 syrup

橄榄 olive
丁香 clove
蜂蜜 honey
可可粉 cacao powder
奶油 cream
牛奶 milk
鸡蛋 egg
咖啡 coffee
玉桂枝 cinnamon stick
玉桂粉 cinnamon powder
白砂糖 white sugar
胡椒粉 pepper
安哥斯特拉比特酒（苦精）Angostura bitter
盐 salt
蛋清 egg white
蛋黄 egg yolk
椰奶 coconut milk
椰汁 coconut juice
柠檬片（半片 / 一片）lemon（slice/wheel）
黄瓜 cucumber
红樱桃 red cherry
绿樱桃 green cherry
菠萝角 pineapple wedge
橙角 orange wedge
柠檬头 lemon head
柠檬角 lemon wedge
一束薄荷叶 sprig of mint
扭曲的柠檬皮 twist lemon
整个柠檬皮 whole lemon peel
小樱桃挂杯 red cherry on glass rim
酒签穿小樱桃 red cherry with pick
酒签穿橄榄 olive with pick
酒签穿小洋葱 onion with pick
杯边蘸上盐 rim of glass with salt
杯边蘸上糖 rim of glass with sugar

西芹做成棒状 celery stick
吸管穿红樱桃 red cherry with straw
面上撒上豆蔻粉 sprinkle with nutmeg on top

7. 酒吧专用术语

兑和法 building
调和法 stirring
摇和法 shaking
搅和法 blending
挤拧 twist
抖 / 甩 dash
滴 drop
漂浮 float
漂在上面 float on top
混合 mix
长饮 long drinks
短饮 short drinks
数量 quantity
基酒 base
成分 ingredient
方法 mothod
装饰 garnish
少许 some
调酒师 bartender
女调酒师 barmaid
经理 manager

8. 酒吧基酒中英文对照

白兰地 Brandy
干邑 Cognac
雅文邑 Armagnac
人头马 V.S.O.P Remy Martin V.S.O.P
人头马 X.O Remy Martin X.O
人头马路易十三 Remy Martin Louis XIII
人头马拿破仑 Remy Martin Napoleon

人头马特级 Club De Remy Martin
轩尼诗干邑 X.O Hennessy X.O Cognac
轩尼诗 V.S.O.P Hennessy V.O.S.P
金牌马爹利 Martell Medaillon
蓝带马爹利 Martell Corden blue

威士忌 Whisky
苏格兰威士忌 Scotch Whisky
黑方 Johnnie Walker Black Lable
红方 Johnnie Walker Red Lable
蓝方 Johnnie Walker Blue Lable
金方 Johnnie Walker Gold Lable
芝华士 Chivas
格兰菲迪 Glenfiddich
皇家礼炮 21 年 Royal Salute 21 years
百龄坛（12，17，21 年）Ballantine's 12/17/21 years
爱尔兰威士忌 Irish Whisky
占美臣 John Jameson
黑麦威士忌 RYE Whisky
加拿大俱乐部 Canadian Club
施格兰 V.O Seagram's V.O
波本威士忌 Bourbon Whisky
占边 Jim Beam Whisky
杰克丹尼 Jack Daniel's
四朵玫瑰 Four Roses Whisky

金酒 Gin
伦敦干酒 London Dry Gin
哥顿 Gordon's
钻石 Gilbey's
必富达 Beefeater
施格兰金 Seagram's Gin

朗姆酒 Rum
百家得 Bacardi Rum

摩根船长 Captain Morgan B/W Rum
美雅士 Myers

伏特加 Vodka
芬兰伏特加 Finlandia Vodka
红牌伏特加 Stolichnaya Vodka
绿牌伏特加 Moskovskaya Vodka
皇冠伏特加 Smirnoff Vodka
绝对伏特加（瑞典产）Absolut Vodka

特基拉酒 Tequila
豪帅快活（银快活）Jose Cuervo White Tequila
豪帅快活（金快活）Jose Cuervo Gold Tequila

啤酒 Beer
喜力 Heineken
嘉士伯 Carlsberg
健力士黑啤 Guinness Stout
虎牌 Tiger
巴斯啤酒 Bass
百威啤酒 Budweiser
贝克啤酒 Beck's
科罗娜 Corona

利口酒 Liqueur
加利安奴 Galliano Liqueur
君度 Ciontreau
飘仙一号 Pimm's No.1
咖啡蜜 Kahlua
添万利咖啡酒 TIA Maria
当酒（法国修士酒）Benedictine D.O.M
爱尔兰百利甜 Baileys
杜林标 Drambuie
金万利 Grand Marnier
马利宝 Malibu

金巴利 Campari
迪她荔枝酒 Dita Lychee
白可可 Cream de Cacao White
棕可可 Cream de Cacao Brown
杏仁白兰地 Apricot Brandy
樱桃白兰地 Cherry Brandy
樱桃酒 Kirschwasser
香草酒 Marschino
白橙皮酒 Triple Sec
蓝橙酒 Blue Curacao
白薄荷酒 Get 31 Pipper mint
绿薄荷酒 Get 27 Pipper mint
蛋黄白兰地 Advocatt
苹果白兰地 Calvados
黑加仑 Black Currant
紫罗兰 Parfait Amour
哈密瓜 Melon Liqueur
香蕉利口酒 Banana Liqueur
黑加仑利口酒 Crème de Cassis
茴香酒 Anises
覆盆子利口酒 Raspberry Liqueur
香草利口酒 Vanilla Liqueur

开胃酒 Aperitif
味美思 Vermouth
干仙山露（甜）Cinzano Vermouth Dry（Sweet）
马天尼红威末 Martini Rosso
马天尼干（半干）Martini Dry（Bianco）
金巴利 Campari
潘诺 Pernod
杜本内 Dubonnet
波特酒 Port
泰勒茶波特酒 Taylor's Tawny Port
雪梨酒 Sherry
哈维上甜雪梨 Harvey's Bristol Cream

葡萄酒 Wine

赤霞珠　Cabernet Sauvignon

莎当尼　Chardonnay

佳美　Gamay

黑比诺　Pinot Noir

薏丝琳（白）Riesling

解百纳　Cabernet

白苏维翁　Sauvignon Blanc

玫瑰红　Rose

年份　Vintage

附录2　鸡尾酒参考配方

调酒配方 1

酒品名称:（中文）莫斯科之骡　（英文）Mule of Moscow

项　目	内　容	
调酒配方	外文	中文
	1oz Vodka Ginger Beer	1 盎司伏特加酒 姜汁啤酒
装饰物	柠檬皮	
使用工具	量酒器　吧勺	
使用载杯	卡伦杯	
调制方法	兑和法	
操作程序	1. 将卡伦杯加水 2. 倒入伏特加 3. 注满啤酒 4. 用 1 片旋装柠檬皮置于杯中	

调酒配方 2

酒品名称:（中文）完美曼哈顿　（英文）Perfect Mahattan

项　目	内　容	
调酒配方	外文	中文
	Dash of Vermouth Dash of Sweet Vermouth 2oz Whisky	1 滴干味美思 1 滴甜味美思 2 盎司威士忌
装饰物	柠檬皮	
使用工具	量酒器　调酒杯	
使用载杯	鸡尾酒杯	
调制方法	调和法	
操作程序	1. 将调酒杯内加入冰块 2. 加入原料酒 3. 用吧勺搅和至冷后滤入鸡尾酒杯 4. 用 1 片柠檬皮挤油后放入杯中	

调酒配方 3

酒品名称:（中文）完美的马天尼 （英文）Perfect Martini

项 目	内 容	
调酒配方	外文	中文
	1/4oz Dry vermouth 1/4oz Sweet Vermounth 1.5oz Gin	1/4 盎司干味美思 1/4 甜味美思 1.5 盎司金酒
装饰物	橄榄	
使用工具	量酒器 调酒杯	
使用载杯	鸡尾酒杯	
调制方法	调和法	
操作程序	1. 将调酒杯内加入适量冰块 2. 将干甜味美思加入 3. 加入金酒 4. 用吧勺搅和均匀后用滤网滤入鸡尾酒杯 5. 用牙签串 1 支橄榄放于杯中	

调酒配方 4

酒品名称:（中文）得其利 （英文）Daiquiri

项 目	内 容	
调酒配方	外文	中文
	1oz White Rum 2oz Sweet Lemon Juice	1 盎司白朗姆酒 2 盎司甜酸柠檬汁
装饰物	糖边	
使用工具	量酒器 摇酒壶	
使用载杯	鸡尾酒杯	
调制方法	摇和法	
操作程序	1. 杯子做糖边后备用 2. 将摇壶内放入适量冰块 3. 加入甜酸柠檬汁 4. 加入白朗姆酒 5. 大力摇匀后滤入带糖边的鸡尾酒杯中	

调酒配方 5

酒品名称：（中文）白兰地亚历山大 （英文）Brandy Alexander

<table>
<tr><td>项 目</td><td colspan="2">内 容</td></tr>
<tr><td rowspan="2">调酒配方</td><td>外文</td><td>中文</td></tr>
<tr><td>1oz Brandy
1oz Creme de Cacao（Dark）
1oz Milk</td><td>1 盎司白兰地
1 盎司黑可可酒
1 盎司牛奶</td></tr>
<tr><td>装饰物</td><td colspan="2">豆蔻粉</td></tr>
<tr><td>使用工具</td><td colspan="2">量酒器 摇酒壶</td></tr>
<tr><td>使用载杯</td><td colspan="2">鸡尾酒杯</td></tr>
<tr><td>调制方法</td><td colspan="2">摇和法</td></tr>
<tr><td>操作程序</td><td colspan="2">1. 将摇酒壶内加入适量冰块
2. 按顺序加入牛奶、黑可可酒
3. 加入白兰地
4. 大力摇匀后滤入鸡尾酒杯
5. 在杯中撒入少许豆蔻粉装饰</td></tr>
</table>

调酒配方 6

酒品名称：（中文）红粉佳人 （英文）Pink lady

<table>
<tr><td>项 目</td><td colspan="2">内 容</td></tr>
<tr><td rowspan="2">调酒配方</td><td>外文</td><td>中文</td></tr>
<tr><td>1oz Gin
1/6oz Grenadina
1 Egg White</td><td>1 盎司金酒
1/6 盎司红石榴糖浆
1 个鸡蛋白</td></tr>
<tr><td>使用工具</td><td colspan="2">量酒器 摇酒壶</td></tr>
<tr><td>使用载杯</td><td colspan="2">鸡尾酒杯</td></tr>
<tr><td>调制方法</td><td colspan="2">摇和法</td></tr>
<tr><td>操作程序</td><td colspan="2">1. 将摇酒壶内加入适量冰块
2. 加入鸡蛋白
3. 加入红石榴糖浆
4. 加入金酒
5. 大力摇匀后滤入鸡尾酒杯
6. 以 1 只带把红樱桃挂杯装饰</td></tr>
</table>

调酒配方 7

酒品名称:（中文）威士忌酸 （英文）Whisky Sour

项 目	内 容	
调酒配方	外文	中文
	1/2oz Lemon Juice 1/2oz Syrup 1oz Whisky	1/2 盎司柠檬汁 1/2 盎司糖水 1 盎司威士忌
装饰物	红樱桃	
使用工具	量酒器 摇酒壶 吧勺	
使用载杯	酸酒杯	
调制方法	摇和法	
操作程序	1. 将摇酒壶内加入适量冰块 2. 加入糖水柠檬汁 3. 加入威士忌 4. 大力摇匀滤入酸酒杯 5. 杯边用带把红樱桃装饰	

调酒配方 8

酒品名称:（中文）罗布罗伊 （英文）Rob Roy

项 目	内 容	
调酒配方	外文	中文
	Dash of Sweet Vermouth 2oz Scotch Whisky	1 滴甜味美思 2 盎司苏格兰威士忌
装饰物	樱桃（红）	
使用工具	量酒器 吧勺 调酒杯	
使用载杯	酸酒杯	
调制方法	搅和法	
操作程序	1. 将调酒杯内加入适量冰块 2. 加入味美思、苏格兰威士忌 3. 用吧勺搅拌至冷 4. 滤入鸡尾酒杯 5. 用 1 只带把红樱桃挂杯边装饰	

调酒配方 9

酒品名称:（中文）干曼哈顿 （英文）Dry Mahattan

项 目	内 容	
	外文	中文
调酒配方	Dash of Bitter 1/4oz Dry Vermouth 1.5oz Gin	1 滴苦水 1/4oz 盎司干味美思 1.5oz 盎司金酒
装饰物	柠檬皮	
使用工具	量酒器 吧勺 调酒杯	
使用载杯	鸡尾酒杯	
调制方法	调和法	
操作程序	1. 将调酒杯内加入适量冰块 2. 加入 1 滴苦水后摇晃调酒杯几下 3. 加入干味美思 4. 加入金酒 5. 搅拌至冷后，滤入鸡尾酒杯 6. 加入 1 片柠檬皮	

调酒配方 10

酒品名称:（中文）干马天尼 （英文）Dry Mantini

项 目	内 容	
	外文	中文
调酒配方	3/4oz Dry Vermouth 2oz Gin	3/4 盎司干味美思 2 盎司金酒
装饰物	橄榄	
使用工具	量酒器 吧勺 调酒杯	
使用载杯	鸡尾酒杯	
调制方法	调和法	
操作程序	1. 将调酒杯内加入适量冰块 2. 按照先辅后主的原则倒入味美思和金酒 3. 用吧勺搅拌酒至冷 4. 用过滤网将酒滤入鸡尾酒杯中 5. 用牙签串 1 支橄榄放入杯中	

调酒配方 11

酒品名称:（中文）螺丝刀 （英文）Screw Driver

项 目	内 容	
调酒配方	外文	中文
	1oz Vodka Orange Juice	1 盎司伏特加 橙汁
装饰物	无	
使用工具	量酒器 吧勺	
使用载杯	卡伦杯	
调制方法	兑和法	
操作程序	1. 卡伦杯中加入适量冰块 2. 倒入 1 盎司伏特加酒 3. 注满橙汁 4. 用吧勺搅拌、插入 1 支吸管	

调酒配方 12

酒品名称:（中文）血腥玛丽 （英文）Bloody Mary

项 目	内 容	
调酒配方	外文	中文
	1oz Vodka Tomato Juice Dash Lee & pinnling Dash of Worcestershine Sauce Little Salt and Pepper Lemon Juice	1 盎司伏特加 番茄汁 李派林 辣椒汁 盐和胡椒粉 柠檬汁
装饰物	芹菜秆	
使用工具	量酒器 吧勺	
使用载杯	卡伦杯	
调制方法	兑和法	
操作程序	1. 将卡伦杯中加入冰块 2. 倒入番茄汁、柠檬汁 3. 加入李派林、辣椒汁、盐、胡椒粉（根据个人不同口味） 4. 兑入伏特加酒 5. 插入 1 支切好的芹菜秆	

调酒配方 13

酒品名称:(中文)盐狗 (英文)Salty Dog

项 目	内 容	
调酒配方	外文	中文
	1oz Vodka Grapefuit Juice	1 盎司伏特加 西柚汁
装饰物	盐边	
使用工具	量酒器 吧勺	
使用载杯	卡伦杯	
调制方法	兑和法	
操作程序	1. 制作盐边后酒标备用 2. 卡伦杯内加入适量冰块 3. 倒入 1 盎司伏特加酒 4. 注满西柚汁 5. 用吧勺搅拌	

调酒配方 14

酒品名称:(中文)凯尔 (英文)Kir

项 目	内 容	
调酒配方	外文	中文
	1oz Creme de Cassis White Wine	1 盎司黑草莓酒 白葡萄酒
装饰物	无	
使用工具	无	
使用载杯	酸酒杯	
调制方法	兑和法	
操作程序	1. 取 1 支酸酒杯加入 1~2 块冰块 2. 加入白葡萄酒至 7 成满 3. 加入 1 盎司黑草莓酒	

调酒配方 15

酒品名称:（中文）金巴克 （英文）Gin Buck

项 目	内 容	
调酒配方	外文	中文
	1oz Gin Gingerale	1 盎司的金酒 干姜汁汽水
装饰物	青柠角	
使用工具	量酒器 吧勺	
使用载杯	卡伦杯	
调制方法	兑和法	
操作程序	1. 卡伦杯内加入适量冰块 2. 将 1 盎司金酒倒入杯中 3. 注满姜汁汽水 4. 用 1 个青柠角挤汁放入杯中 5. 用吧勺搅拌插入 1 支吸管	

调酒配方 16

酒品名称:（中文）金汤力 （英文）Gin Tonic

项 目	内 容	
调酒配方	外文	中文
	1oz Gin Tonic Water	1 盎司金酒 汤力水
装饰物	柠檬	
使用工具	量酒器 吧勺	
使用载杯	卡伦杯	
调制方法	兑和法	
操作程序	1. 卡伦杯内加入适量冰块 2. 将 1 盎司的金酒倒入杯中 3. 注满汤力水 4. 将柠檬放入杯中 5. 用吧勺搅拌，后插入 1 支吸管	

调酒配方 17

酒品名称:(中文)威士忌苏打 (英文)Whisky Soda

项 目	内 容	
调酒配方	外文	中文
	1oz Whisky Soda Water	1 盎司威士忌 苏打水
装饰物	无	
使用工具	量酒器 吧勺	
使用载杯	卡伦杯	
调制方法	兑和法	
操作程序	1. 卡伦杯内加入适量冰块 2. 倒入 1 盎司威士忌 3. 注满苏打水 4 搅拌后插入 1 支吸管	

调酒配方 18

酒品名称:(中文)朗姆可乐 (英文)Rum Coke

项 目	内 容	
调酒配方	外文	中文
	1oz Light Rum Coke	1 盎司白朗姆酒 可乐
装饰物	无	
使用工具	量酒器 吧勺	
使用载杯	卡伦杯	
调制方法	兑和法	
操作程序	1. 卡伦杯内加入适量冰块 2. 倒入 1 盎司白朗姆酒 3. 注满可乐 4. 用吧勺搅拌后插入 1 支吸管	

调酒配方 19

酒品名称:（中文）自由古巴 （英文）Cuba Libre

项　目	内　容	
	外文	中文
调酒配方	1oz Light Rum 1/2oz Fresh Lemon Juice Coke	1 盎司白色朗姆酒 1/2 盎司柠檬汁 可乐
装饰物	柠檬	
使用工具	量酒器　吧勺	
使用载杯	卡伦杯	
调制方法	兑和法	
操作程序	1. 将卡伦杯内加入适量冰块 2. 将 1 盎司白色朗姆酒倒入杯中 3. 加入 1/2 盎司柠檬汁 4. 注满可乐 5. 用 1 个柠檬角挤汁放入杯中 6. 用吧勺搅拌后插入 1 支吸管	

调酒配方 20

酒品名称:（中文）爱尔兰库勒 （英文）Irish Cooler

项　目	内　容	
	外文	中文
调酒配方	1 Lemon Peel 2oz Irish Whisky Cold Soda Water	1 个柠檬皮 2 盎司爱尔兰威士忌 冷苏打水
装饰物	柠檬皮	
使用工具	量酒器　吧勺	
使用载杯	卡伦杯	
调制方法	兑和法	
操作程序	1. 高杯中放入整条柠檬皮 2. 加入冰块 3. 倒入威士忌 4. 注满苏打水 5. 以柠檬皮装饰	

调酒配方 21

酒品名称:(中文)雪球 (英文)Snow Ball

项 目	内 容	
	外文	中文
调酒配方	1oz Gin 1/4oz Lemon Juice 1 pc Ice Cream Sprite	1 盎司金酒 1/4 盎司柠檬汁 1 勺冰激凌 雪碧
装饰物	吸管 樱桃	
使用工具	量酒器 吧勺	
使用载杯	卡伦杯	
调制方法	调和法	
操作程序	1. 先将适量的冰块倒入卡伦杯中 2. 再将 1 盎司金酒、1/4 盎司柠檬汁、1 勺冰激凌倒入杯中 3. 调和匀后，再将雪碧注入八分满 4. 放 1 支吸管、樱桃入杯中	

调酒配方 22

酒品名称:(中文)金色布朗士 (英文)Golden Bronx

项 目	内 容	
	外文	中文
调酒配方	1.5oz Gin 1/2oz Dry Vermouth 1/2oz Sweet Vermouth 2tsp Orange Juice 1 Egg Yolk	1.5 盎司金酒 1/2 盎司干味美思 1/2 盎司甜味美思 2 吧勺橙汁 1 个鸡蛋黄
装饰物	无	
使用工具	量酒器 吧勺	
使用载杯	鸡尾酒杯	
调制方法	摇和法	
操作程序	1. 先将冰块倒入摇酒壶中 2. 将 1/2 盎司干味美思倒入摇酒壶中 3. 将 1/2 盎司甜味美思倒入壶中 4. 将 2 盎司勺橙汁和 1 个鸡蛋黄倒入壶中 5. 大力摇匀后，倒入鸡尾酒杯中	

调酒配方 23

酒品名称:（中文）吉布森 （英文）Gibson

<table>
<tr><td>项 目</td><td colspan="2">内 容</td></tr>
<tr><td rowspan="2">调酒配方</td><td>外文</td><td>中文</td></tr>
<tr><td>Dash of Dry Vermouth
2oz Gin</td><td>1 滴干味美思
2 盎司金酒</td></tr>
<tr><td>装饰物</td><td colspan="2">小洋葱</td></tr>
<tr><td>使用工具</td><td colspan="2">量酒器 吧勺</td></tr>
<tr><td>使用载杯</td><td colspan="2">鸡尾酒杯</td></tr>
<tr><td>调制方法</td><td colspan="2">调和法</td></tr>
<tr><td>操作程序</td><td colspan="2">1. 摇酒壶内加入适量冰块
2. 点 1 滴干味美思
3. 加入 2 盎司金酒
4. 大力摇和后滤入鸡尾酒杯
5. 用牙签串 1 支小洋葱放入杯中</td></tr>
</table>

调酒配方 24

酒品名称:（中文）彩虹 （英文）Pousse Cafe

<table>
<tr><td>项 目</td><td colspan="2">内 容</td></tr>
<tr><td rowspan="2">调酒配方</td><td>外文</td><td>中文</td></tr>
<tr><td>1/4oz Green Creme de Menthe
1/4oz Yellow Chartreuse
1/4oz Cherry Brandy
1/4oz Cognac</td><td>1/4 盎司绿薄荷酒
1/4 盎司黄甘草酒
1/4 盎司樱桃白兰地
1/4 盎司白兰地</td></tr>
<tr><td>装饰物</td><td colspan="2">无</td></tr>
<tr><td>使用工具</td><td colspan="2">量酒器 吧勺</td></tr>
<tr><td>使用载杯</td><td colspan="2">彩虹杯</td></tr>
<tr><td>调制方法</td><td colspan="2">兑和法</td></tr>
<tr><td>操作程序</td><td colspan="2">1. 先将绿薄荷酒倒入杯中
2. 然后将黄甘草酒用勺兑入杯中
3. 再将樱桃白兰地用勺慢慢地兑入杯中
4. 最后倒入白兰地
5. 点燃白兰地</td></tr>
</table>

调酒配方 25

酒品名称:（中文）教父 （英文）Godfather

项 目	内 容	
调酒配方	外文	中文
	1.5oz Scotch Whisky 1/2oz Amaretto	1.5 盎司苏格兰威士忌 1/2 盎司杏仁甜酒
装饰物	无	
使用工具	量酒器 吧勺	
使用载杯	古典杯	
调制方法	调和法	
操作程序	1. 先将冰块放入古典杯中 2. 然后倒入 1/2 盎司杏仁甜酒 3. 再倒入 1.5 盎司苏格兰威士忌 4. 调和匀后完成	

调酒配方 26

酒品名称:（中文）士天架 （英文）Stinger

项 目	内 容	
调酒配方	外文	中文
	1/2oz white Creme de Menthe 1.5oz Brandy	1/2 盎司白薄荷酒 1.5 盎司白兰地
装饰物	无	
使用工具	量酒器 吧勺	
使用载杯	古典杯	
调制方法	调和法	
操作程序	1. 先将冰块放入古典杯中 2. 将白薄荷酒倒入古典杯中 3. 将白兰地倒入古典杯后调和完成	

调酒配方 27

酒品名称:（中文）生锈钉 （英文）Rusty Nail

项　目	内　容	
调酒配方	外文	中文
	1.5oz Scotch Whisky 1/2oz Drambuie	1.5 盎司苏格兰威士忌 1/2 盎司杜林标
装饰物	1 片柠檬皮	
使用工具	量酒器　吧勺	
使用载杯	古典杯	
调制方法	调和法	
操作程序	1. 先加入量冰块放到古典杯中 2. 再将杜林标倒入古典杯 3. 加入苏格兰威士忌后，调和完成 4. 杯中加入 1 片柠檬皮	

调酒配方 28

酒品名称:（中文）白俄罗斯 （英文）White Russian

项　目	内　容	
调酒配方	外文	中文
	1oz Vodka 1/2oz Kahlua 1/2oz Cream	1 盎司伏特加酒 1/2 盎司咖啡蜜 1/2 盎司淡奶
装饰物	无	
使用工具	量酒器　吧勺	
使用载杯	古典杯	
调制方法	调和法	
操作程序	1. 先将伏特加酒倒入古典杯中 2. 再将咖啡甜酒倒入古典杯 3. 再加入淡奶倒入杯中 4. 加入冰块调和完成	

调酒配方 29

酒品名称:（中文）黑俄罗斯 （英文）Blank Russian

项　目	内　容	
调酒配方	外文	中文
	1.5oz Vodka 1/2oz Kahlua	1.5 盎司伏特加酒 1/2 盎司咖啡蜜
装饰物	无	
使用工具	量酒器　吧勺	
使用载杯	古典杯	
调制方法	调和法	
操作程序	1. 先加入 1.5 盎司伏特加酒入古典杯 2. 再加入 1/2 盎司咖啡蜜入杯 3. 加入冰块调和匀后，出品	

调酒配方 30

酒品名称:（中文）长岛冰茶 （英文）Long Island Iced Tea

项　目	内　容	
调酒配方	外文	中文
	1/2oz Rum 1/2oz Vodka 1/2oz Gin 1/2oz Tequila 1/2oz Triple Sec 1.5oz Sweet Lemon Juice and Coke	1/2 盎司白朗姆酒 1/2 盎司伏特加 1/2 盎司金酒 1/2 盎司龙舌兰 1/2 盎司橙皮甜酒 1.5 盎司青柠汁、可乐
装饰物	柠檬角	
使用工具	量酒器　吧勺	
使用载杯	卡伦杯	
调制方法	调和法	
操作程序	1. 在杯中加入适量冰块 2. 加入白朗姆酒、伏特加酒、金酒、龙舌兰酒、青柠汁、橙皮甜酒 3. 倒入可乐调和后，取出 1 块柠檬角挤汁入杯中	

调酒配方 31

酒品名称:（中文）边车 （英文）Side Car

项 目	内 容	
调酒配方	外文	中文
	1oz Brandy 1/2oz Triple Sec 3/4oz Sweetened Lemon Juice	1 盎司白兰地 1/2 盎司橙皮甜酒 3/4 盎司青柠汁
装饰物	无	
使用工具	量酒器 摇酒壶	
使用载杯	鸡尾酒杯	
调制方法	摇和法	
操作程序	1. 先将冰块加入摇酒壶中 2. 倒入 3/4 盎司青柠汁入壶中 3. 然后倒入 1/2 盎司橙皮甜酒入壶中 4. 倒入 1 盎司白兰地入壶中 5. 大力摇匀后滤入鸡尾酒杯中	

调酒配方 32

酒品名称:（中文）尼克佳人 （英文）Nake Lady

项 目	内 容	
调酒配方	外文	中文
	1oz Teguila 1/2oz Tripe Sec 3/4oz Seetened Lemon Juice	1 盎司龙舌兰酒 1/2 盎司橙味甜酒 3/4 盎司青柠汁
装饰物	盐边	
使用工具	量酒器 摇酒壶	
使用载杯	鸡尾酒杯	
调制方法	摇和法	
操作程序	1. 载杯作盐边 2. 加入冰块入摇酒壶中 3. 加入 3/4 盎司青柠汁 4. 加入 1/2 盎司橙味甜酒 5. 加入 1 盎司龙舌兰酒 6. 大力摇匀后滤入鸡尾酒杯中	

调酒配方 33

酒品名称:（中文）百家得鸡尾酒 （英文）Bacardi Codetail

<table>
<tr><td>项 目</td><td colspan="2">内 容</td></tr>
<tr><td rowspan="2">调酒配方</td><td>外文</td><td>中文</td></tr>
<tr><td>1oz Bacardi Rum
1/2oz Lemon Juice
1/3oz Grenadine</td><td>1 盎司百家得朗姆酒
1/2 盎司柠檬汁
1/3 盎司石榴汁</td></tr>
<tr><td>装饰物</td><td colspan="2">无</td></tr>
<tr><td>使用工具</td><td colspan="2">量酒器 摇酒壶</td></tr>
<tr><td>使用载杯</td><td colspan="2">鸡尾酒杯</td></tr>
<tr><td>调制方法</td><td colspan="2">摇和法</td></tr>
<tr><td>操作程序</td><td colspan="2">1. 先将冰块加入摇酒壶中
2. 在加入 1/3 盎司石榴汁入壶中
3. 加入 1/2 盎司柠檬汁入壶中
4. 加入 1 盎司百家得朗姆酒入壶中
5. 大力摇匀后滤入鸡尾酒杯中</td></tr>
</table>

调酒配方 34

酒品名称:（中文）酸杏 （英文）Apricot Sour

<table>
<tr><td>项 目</td><td colspan="2">内 容</td></tr>
<tr><td rowspan="2">调酒配方</td><td>外文</td><td>中文</td></tr>
<tr><td>1oz Apricot Brandy
2oz Sweet Lemon Juice</td><td>1 盎司杏白兰地
2 盎司甜酸柠檬汁</td></tr>
<tr><td>装饰物</td><td colspan="2">橙片、樱桃</td></tr>
<tr><td>使用工具</td><td colspan="2">量酒器 摇酒壶</td></tr>
<tr><td>使用载杯</td><td colspan="2">酸酒杯</td></tr>
<tr><td>调制方法</td><td colspan="2">调和法</td></tr>
<tr><td>操作程序</td><td colspan="2">1. 先将冰块加入摇酒壶中
2. 然后加入 1 盎司甜酸柠檬汁
3. 加入杏白兰地
4. 大力摇匀后滤入酸酒杯中
5. 用牙签串 1 片橙片及红樱桃挂杯装饰</td></tr>
</table>

调酒配方 35

酒品名称:（中文）金色的梦 （英文）Golden Dream

项　目	内　容	
调酒配方	外文	中文
	1/2oz Galliano 1/2oz Triple Sec 1/2oz Orange Juice 1.5oz Cream	1/2 盎司佳莲露酒 1/2 盎司橙味甜酒 1/2 盎司橙汁 1.5 盎司淡奶
装饰物	无	
使用工具	量酒器　摇酒壶	
使用载杯	鸡尾酒杯	
调制方法	摇和法	
操作程序	1. 先将冰块加入摇酒壶中 2. 加入 1.5 盎司淡奶 3. 加入 1/2 盎司橙味甜酒 4. 加入 1/2 盎司橙汁 5. 加入 1/2 盎司佳莲露 6. 摇和制作出品	

调酒配方 36

酒品名称:（中文）金色卡迪拉克 （英文）Golden Cadillac

项　目	内　容	
调酒配方	外文	中文
	1oz Galliano 1/2oz Greme de Cacao 1/2oz Cream	1 盎司佳莲露 1/2 盎司白可可甜酒 1/2 盎司淡奶
装饰物	无	
使用工具	量酒器　摇酒壶　吧勺　电动搅拌器	
使用载杯	鸡尾酒杯　古典杯　卡伦杯　酸酒杯　香槟杯	
调制方法	调和法　摇和法　搅和法　对合法	
操作程序	1. 先将冰块加入摇酒壶中 2. 加入 1/2 盎司淡奶 3. 加入 1/2 盎司白可可酒 4. 加入 1 盎司佳莲露 5. 摇和制作出品	

调酒配方 37

酒品名称:(中文)青草蜢 (英文)Grashopper

项 目	内 容	
	外文	中文
调酒配方	3/4oz Greme de Menthe 3/4oz Greme de Cacao 3/4oz Cream	3/4 盎司绿薄荷酒 3/4 盎司白可可甜酒 3/4 盎司淡奶
装饰物	无	
使用工具	量酒器 摇酒壶	
使用载杯	鸡尾酒杯	
调制方法	摇和法	
操作程序	1. 先将冰块加入摇酒壶中 2. 加入 3/4 盎司淡奶 3. 加入 3/4 盎司白可可酒 4. 加入 3/4 盎司绿薄荷酒 5. 摇和制作出品 6. 倒入鸡尾酒杯中	

调酒配方 38

酒品名称:(中文)布朗士 (英文)Bront

项 目	内 容	
	外文	中文
调酒配方	1.5oz Gin 1/2oz Dry Vermouth 1/2oz Sweet Vermouth 2tsp Orange Juice	1 盎司金酒 1/2 盎司干味美思 1/2 盎司甜味美思 2 吧勺橙汁
装饰物	无	
使用工具	量酒器 摇酒壶	
使用载杯	鸡尾酒杯	
调制方法	摇和法	
操作程序	1. 先将冰块加入摇酒壶中 2. 再倒 1/2 盎司干味美思入壶 3. 倒 1/2 盎司甜味美思入壶 4. 倒 2 吧勺橙汁入壶 5. 倒 1.5 盎司金酒入壶后 6. 大力摇匀后滤入鸡尾酒杯中	

调酒配方 39

酒品名称:（中文）君度茶 （英文）Cointreau Tea

项　目	内　容	
调酒配方	外文	中文
	1oz Cointreau Hot Black Tea	1 盎司君度 热红茶
装饰物	橙片	
使用工具	量酒器	
使用载杯	带柄咖啡杯	
调制方法	兑和法	
操作程序	1. 先倒 1 杯 8 分满的热红茶 2. 再倒入 1 盎司君度混合 3. 再加入 1 片橙片	

调酒配方 40

酒品名称:（中文）毕恩毕 （英文）B&B

项　目	内　容	
调酒配方	外文	中文
	1oz Brandy 1oz Benedictine	1 盎司白兰地 1 盎司当酒
装饰物	无	
使用工具	量酒器　吧勺	
使用载杯	古典杯	
调制方法	兑和法	
操作程序	1. 将适量冰块加入古典杯中 2. 加入 1 盎司白兰地 3. 加入 1 盎司当酒 4. 兑和法	

调酒配方 41

酒品名称:（中文）热托地 （英文）Hot Toddy

<table>
<tr><td>项 目</td><td colspan="2">内 容</td></tr>
<tr><td rowspan="2">调酒配方</td><td>外文</td><td>中文</td></tr>
<tr><td>1oz Whisky
1tsp Syrup
Hot Water</td><td>1 盎司威士忌
1 吧勺糖粉
开水</td></tr>
<tr><td>装饰物</td><td colspan="2">柠檬皮</td></tr>
<tr><td>使用工具</td><td colspan="2">量酒器 吧勺</td></tr>
<tr><td>使用载杯</td><td colspan="2">古典杯 带把咖啡杯</td></tr>
<tr><td>调制方法</td><td colspan="2">调和法 兑和法</td></tr>
<tr><td>操作程序</td><td colspan="2">1. 将 1 盎司威士忌加入杯中
2. 加入糖粉入杯
3. 加入热开水入杯，调和
4. 以柠檬皮装饰</td></tr>
</table>

调酒配方 42

酒品名称:（中文）重水 （英文）Heavy Water

<table>
<tr><td>项 目</td><td colspan="2">内 容</td></tr>
<tr><td rowspan="2">调酒配方</td><td>外文</td><td>中文</td></tr>
<tr><td>1oz Vodka
1oz Gin
1tsp Syrup
Dash of Bitter</td><td>1 盎司伏特加
1 盎司金酒
1 吧勺糖浆
几滴苦精</td></tr>
<tr><td>装饰物</td><td colspan="2">柠檬片</td></tr>
<tr><td>使用工具</td><td colspan="2">量酒器 摇酒壶</td></tr>
<tr><td>使用载杯</td><td colspan="2">鸡尾酒杯</td></tr>
<tr><td>调制方法</td><td colspan="2">摇和法</td></tr>
<tr><td>操作程序</td><td colspan="2">1. 将适量冰块加入摇酒壶中
2. 加入 1 盎司金酒
3. 加入 1 盎司伏特加
4. 加入 1 吧勺糖水和几滴苦精
5 大力摇匀后滤入鸡尾酒杯中
6. 用柠檬片装饰</td></tr>
</table>

调酒配方 43

酒品名称:（中文）红酒席布拉 （英文）Wine Cobbler

项　目	内　容	
调酒配方	外文	中文
	3oz Wine 1oz Syrup	3 盎司红酒 1 盎司糖浆
装饰物	柠檬片、菠萝片、红樱桃	
使用工具	量酒器	
使用载杯	鸡尾酒杯	
调制方法	兑和法	
操作程序	1. 将酒杯放入碎冰 2. 加入红酒和糖浆 3. 用柠檬片菠萝片、红樱桃装饰	

调酒配方 44

酒品名称:（中文）新月 （英文）New Moon

项　目	内　容	
调酒配方	外文	中文
	1.5oz White Rum 1/2oz Creme de Banana 1/4oz White Creme de Cacao 1/4oz Cherry Brandy	1.5 盎司白朗姆酒 1/2 盎司香蕉利口酒 1/4 盎司白可可酒 1/4 盎司樱桃白兰地
装饰物	绿樱桃	
使用工具	量酒器　吧勺	
使用载杯	鸡尾酒杯	
调制方法	调和法	
操作程序	1. 将上述材料加入鸡尾酒杯中 2. 加入冰块调和匀 3. 滤入鸡尾酒杯 4. 用绿樱桃装饰杯口	

调酒配方 45

酒品名称:（中文）月光 （英文）Moonlight

项　目	内　容	
调酒配方	外文	中文
	3oz Apple Brandy 3tsp Lemon Juice 2tsp Syrup Soda	3 盎司苹果白兰地 3 茶匙柠檬汁 2 茶匙糖浆 适量苏打水
装饰物	苹果	
使用工具	量酒器　摇酒壶	
使用载杯	古典杯	
调制方法	摇和法　兑和法	
操作程序	1. 将适量冰块倒入调酒壶中 2. 将上述材料（除苏打水）加入调酒壶中 3. 大力摇匀后滤入古典杯中 4. 加入少量苏打水 5. 苹果装饰	

调酒配方 46

酒品名称:（中文）天使之吻 （英文）Argel's kiss

项　目	内　容	
调酒配方	外文	中文
	1oz Kahlua 1/2oz Creme	1 盎司咖啡甜酒 1/2 盎司淡奶
装饰物	无	
使用工具	量酒器　吧勺	
使用载杯	鸡尾酒杯	
调制方法	兑和法	
操作程序	1. 将 1 盎司咖啡甜酒倒入杯中 2. 慢慢地倒入淡奶于杯中	

调酒配方 47

酒品名称:（中文）白兰地柯林 （英文）Brandy Collins

项 目	内 容	
调酒配方	外文	中文
	1.5oz Brandy 2/3oz Lemon Juice 3tsp Syrup 4oz Soda	1.5 盎司白兰地 2/3 盎司柠檬汁 3 吧勺糖浆 4 盎司苏打水
装饰物	柠檬片 樱桃	
使用工具	量酒器 吧勺	
使用载杯	卡伦杯	
调制方法	调和法	
操作程序	1. 将适量冰块加入卡伦杯中 2. 将上述材料（除苏打水）加入杯中 3. 调和匀后加入苏打水 4. 用柠檬片、樱桃挂杯装饰	

调酒配方 48

酒品名称:（中文）酸金酒 （英文）Gin Sour

项 目	内 容	
调酒配方	外文	中文
	1.5oz Gin 1oz Sweet Lemon Juice	1.5 盎司金酒 1 盎司酸甜柠檬汁
装饰物	红樱桃	
使用工具	量酒器 吧勺 摇酒壶	
使用载杯	鸡尾酒杯	
调制方法	摇和法	
操作程序	1. 摇酒壶中加冰 2. 置入酒水 3. 摇和均匀 4. 倒入酒杯后用红樱桃装饰	

调酒配方 49

酒品名称:（中文）波尔图菲力普 （英文）Porto Flip

项 目	内 容	
	外文	中文
调酒配方	1oz Brandy 2oz Red Port 1 Egg Yolk Nutmeg	1 盎司白兰地 2 盎司红砵酒 1 个鸡蛋黄 豆蔻粉
装饰物	豆蔻粉	
使用工具	量酒器 摇酒壶	
使用载杯	高脚杯	
调制方法	摇和法	
操作程序	1. 摇酒壶内加冰 2. 倒入原料 3. 大力摇匀 4. 倒入载杯 5. 酒杯向上撒少许豆蔻粉	

调酒配方 50

酒品名称:（中文）尼格罗尼 （英文）Negroni

项 目	内 容	
	外文	中文
调酒配方	1oz Gin 1oz Sweet Vernouth 1oz Campari	1 盎司金酒 1 盎司甜味美思 1 盎司金巴利
装饰物	半片橙片	
使用工具	量酒器 吧勺	
使用载杯	古典杯	
调制方法	兑和法	
操作程序	1. 古典杯加 2~3 块冰 2. 置入原料 3. 用吧勺搅拌 4. 放入半片橙片	

调酒配方 51

酒品名称:（中文）迈泰 （英文）Mai Tai

项 目	内 容	
	外文	中文
调酒配方	1oz White Rum 1/2oz Triple Sec 1/2oz Almond Syrup 2.5oz Sweet Lemon Juice 1/2oz Grenadine	1 盎司白朗姆酒 1/2 盎司橙味甜酒 1/2 盎司杏仁甜酒 2.5 盎司酸甜柠檬汁 1/2 盎司石榴汁
装饰物	樱桃 橙片	
使用工具	量酒器 摇酒壶	
使用载杯	卡伦杯	
调制方法	摇和法	
操作程序	1. 先将适量冰块倒入摇酒壶中 2. 将 1 盎司白朗姆酒、1/2 盎司橙味甜酒倒入壶中 3. 将 1/2 盎司杏仁甜酒、2.5 盎司酸甜柠檬汁倒入壶中 4 将 1/2 盎司石榴汁倒入壶中 5. 大力摇匀后，滤入卡伦杯中 6. 樱桃、橙片挂杯口	

调酒配方 52

酒品名称:（中文）赞比 （英文）Zombie

项 目	内 容	
	外文	中文
调酒配方	1/2oz Dark Rum 1/2oz White Rum 1/2oz Triple sec 1/2oz Creme de Almond 2oz Sweet Lemon Juice 1oz Orange Juice Top With Soda	1/2 盎司黑朗姆酒 1/2 盎司白朗姆酒 1/2 盎司橙味甜酒 1/2 盎司杏仁甜酒 2 盎司甜酸柠檬汁 1 盎司橙汁 加入苏打水
装饰物	无	
使用工具	量酒器 摇酒壶 吧勺	
使用载杯	卡伦杯	
调制方法	调和法 摇和法	
操作程序	1. 先将适量冰块倒入摇酒壶中 2. 加入 1 盎司橙汁 3. 加入 2 盎司甜酸柠檬汁 4. 加入 1/2 盎司黑朗姆酒、1/2 盎司白朗姆酒 5. 加入 1/2 盎司橙味甜酒 6. 大力摇匀后滤入卡伦杯中 7. 加入苏打水入卡伦杯中	

调酒配方 53

酒品名称:（中文）爱尔兰咖啡 （英文）Irish Coffee

项 目	内 容	
	外文	中文
调酒配方	1oz Irish Whisky 1 Bar Spoon of Syrup Fill With Hot Coffee	1 盎司爱尔兰威士忌 1 吧勺糖粉 加热咖啡
装饰物	漂浮奶油	
使用工具	量酒器 吧勺	
使用载杯	香槟杯 咖啡杯	
调制方法	调和法	
操作程序	1. 加热爱尔兰咖啡杯的外侧 2. 加入爱尔兰威士忌 3. 加入糖粉 4. 加入热咖啡 5. 挤奶油花	

调酒配方 54

酒品名称:（中文）白兰地亚历山大 （英文）Brandy Alexander

项 目	内 容	
	外文	中文
调酒配方	2/3oz Brandy 2/3oz Black Creme de Cacao 2/3oz Cream	2/3 盎司白兰地 2/3 盎司黑可可酒 2/3 盎司淡奶
装饰物	豆蔻粉	
使用工具	量酒器 摇酒壶	
使用载杯	鸡尾酒杯	
调制方法	摇和法	
操作程序	1. 先将适量冰块加入调酒壶中 2. 加入 2/3 盎司淡奶入壶 3. 加入 2/3 盎司黑可可酒入壶 4 加入 2/3 盎司白兰地入壶 5. 大力摇匀后，撒入豆蔻粉	

调酒配方 55

酒品名称:（中文）香槟鸡尾酒 （英文）Champagne Cocktail

项 目	内 容	
调酒配方	外文	中文
	1tsp Sugar 1 Dash of Bitters Fill With Champagne	1 吧勺糖粉 1 滴苦精 香槟酒
装饰物	柠檬皮	
使用工具	吧勺	
使用载杯	香槟杯	
调制方法	调和法 兑和法	
操作程序	1. 将 1 滴苦精先倒入杯中 2. 再将香槟倒入杯中 3. 加入 1 吧勺糖粉 4. 用柠檬皮擦杯口，放入杯中	

调酒配方 56

酒品名称:（中文）古典 （英文）Old Fashioned

项 目	内 容	
调酒配方	外文	中文
	1tsp Sugar 1 Dash of Bitters 1.5oz Whisky Dash of Soda	1 吧勺糖粉 1 滴苦精 1.5 盎司威士忌 几滴苏打水
装饰物	樱桃 橙片	
使用工具	量酒器 吧勺	
使用载杯	古典杯	
调制方法	调和法	
操作程序	1. 先将适量冰块倒入杯中 2. 加入 1 滴苦精入杯 3. 加入 1.5 盎司威士忌 4. 加入几滴苏打水 5. 将樱桃、橙片串好架在杯口	

调酒配方 57

酒品名称:(中文)奇奇 (英文)Chi Chi

项 目	内 容	
	外文	中文
调酒配方	1oz Vodka 2oz Cream of CoConut Syrup 3oz Pineapple Juice	1 盎司伏特加酒 2 盎司椰浆力娇酒 3 盎司菠萝汁
装饰物	菠萝条	
使用工具	量酒器 摇酒壶 吧勺	
使用载杯	卡伦杯	
调制方法	调和法 摇和法	
操作程序	1. 先将适量冰块加入卡伦杯中 2. 将适量冰块加入壶中 3. 将 1 盎司伏特加酒倒入壶中 4. 将 2 盎司椰浆力娇酒倒入壶中 5. 大力摇匀后，滤入卡伦杯中 6. 加入菠萝汁调和即可，菠萝条挂杯口中	

调酒配方 58

酒品名称:(中文)椰林飘香(英文)Pina Colada

项 目	内 容	
	外文	中文
调酒配方	1oz White Rum 2oz Cream of Cocount Syrup 3oz Pineapple Juice	1 盎司白朗姆酒 2 盎司椰浆力娇酒 3 盎司菠萝汁
装饰物	菠萝条	
使用工具	量酒器 摇酒壶 吧勺	
使用载杯	卡伦杯	
调制方法	摇和法 搅和法	
操作程序	1. 先将适量冰块加入卡伦杯中 2. 再将适量冰块加入摇酒壶中 3. 加入 2 盎司椰浆力娇酒入壶中 4. 加入 1 盎司白朗姆就入壶中 5. 大力摇匀后滤入卡伦杯中 6. 加入菠萝汁搅和即可，菠萝条挂杯	

调酒配方 59

酒品名称:（中文）种植者宾治 （英文）Planters Punch

项　目	内　容	
	外文	中文
调酒配方	1oz Dark Pum 2.5oz Sweetened Lemon Juice 1oz Orange Juice 1/2oz Grenadine Dash of Bitters	1 盎司黑朗姆酒 2.5 盎司甜酸柠檬汁 1 盎司橙汁 1/2 盎司石榴汁 1 滴苦精
装饰物	樱桃　橙片	
使用工具	量酒器　摇酒壶　吧勺	
使用载杯	卡伦杯	
调制方法	摇和法	
操作程序	1. 先将适量冰块加入摇酒壶中，加苦精 2. 加入 2.5 盎司甜酸柠檬汁入壶中 3. 加入 1 盎司橙汁入壶中 4. 加入 1/2 盎司石榴汁入壶中 5. 加入 1 盎司黑朗姆酒入壶中 6. 大力摇匀后滤入卡伦杯中，加入冰块	

调酒配方 60

酒品名称:（中文）新加坡司令 （英文）Singaproe Sling

项　目	内　容	
	外文	中文
调酒配方	1oz Gin 1.5oz Sweetened Lemon Juice 1/2oz Grenadine Soda Cherry Flavored Brandy	1 盎司金酒 1.5 盎司甜酸柠檬汁 1/2 盎司石榴汁 苏打水 樱桃白兰地
装饰物	柠檬片、樱桃	
使用工具	量酒器　摇酒壶　吧勺	
使用载杯	卡伦杯	
调制方法	调和法　摇和法 兑和法	
操作程序	1. 先将适量冰块倒入卡伦杯中 2. 将适量冰块倒入壶中 3. 加入 1/2 盎司石榴汁入壶中 4. 加入 1.5 盎司甜酸柠檬汁入壶中 5. 加入 1 盎司金酒 6. 大力摇匀后滤入卡伦杯中，倒入苏打水至八分满 7. 加入樱桃白兰地在卡伦杯中 8. 将柠檬片、樱桃挂在杯口	

调酒配方 61

酒品名称:(中文)香蕉得其利 (英文)Banana Daiquri

项 目	内 容	
	外文	中文
调酒配方	1.5oz Light Rum 1/2oz Creme de Banana 1/2 Banana 1oz Sweetened Lemon Juice 3~4oz Grushed Ice	1.5 盎司白朗姆酒 1/2 盎司香蕉甜酒 1/2 只香蕉 1 盎司甜酸柠檬汁 3~4 盎司碎冰
装饰物	香蕉	
使用工具	量酒器 摇酒壶 吧勺	
使用载杯	鸡尾酒杯	
调制方法	摇和法 搅和法	
操作程序	1. 先将适量冰块倒入壶中 2. 将 1 盎司甜酸柠檬汁入壶中 3. 加入 1/2 盎司香蕉甜酒 4. 加入 1.5 盎司白朗姆酒 5. 大力摇匀后滤入碎冰鸡尾酒中 6. 以香蕉装饰	

调酒配方 62

酒品名称:(中文)波本柯林 (英文)Bourbon Colling

项 目	内 容	
	外文	中文
调酒配方	1oz Whisky 3oz Sweetened Lemon Juice Soda	1 盎司威士忌 3 盎司甜酸柠檬汁 苏打水
装饰物	樱桃 柠檬片	
使用工具	量酒器 摇酒壶 吧勺	
使用载杯	卡伦杯	
调制方法	调和法 摇和法 搅和法	
操作程序	1. 先将适量冰块加入摇酒壶中 2. 加入 3 盎司酸甜柠檬入壶中 3. 加入 1 盎司威士忌入壶中 4. 大力摇匀后滤入加有冰块的卡伦杯中 5. 加苏打水搅和至八分满 6. 将樱桃、橙片挂在杯口	

调酒配方 63

酒品名称:（中文）汤姆柯林 （英文）Tom Collins

项 目	内 容	
	外文	中文
调酒配方	1oz Gin 3/4oz Sweetened Lemon Juice Soda	1 盎司金酒 3/4 盎司甜酸柠檬汁 苏打水
装饰物	樱桃 橙片	
使用工具	量酒器 摇酒壶 吧勺	
使用载杯	卡伦杯	
调制方法	调和法 摇和法	
操作程序	1. 先将适量冰块倒入摇酒壶中 2. 加入 3/4 盎司甜酸柠檬汁入壶 3. 加入 1 盎司金酒入壶 4. 大力摇匀后滤入加有冰块的卡伦杯中 5. 如苏打水至八分满 6. 将樱桃、橙片挂在杯口	

调酒配方 64

酒品名称:（中文）白兰地柯斯塔 （英文）Brandy Crusta

项 目	内 容	
	外文	中文
调酒配方	3 Dash Maraschino 1 Dash Bitters 4 Dash Lemon Juice 1oz Brandy 1/2oz Curacao	3 滴樱桃酒 1 滴苦水 4 滴柠檬汁 1 盎司白兰地 1/2 盎司橙花酒
装饰物	1 片橙片	
使用工具	量酒器 摇酒壶	
使用载杯	小红酒杯或酸杯	
调制方法	摇制	
操作程序	1. 将酒杯用橙片涂湿做糖边备用 2. 将摇酒壶内加冰 3. 倒入原料 4. 大力摇匀 5. 将有糖边的杯内加满碎冰 6. 倒入做好的酒 7. 杯上加 1 片橙片	

调酒配方 65

酒品名称:（中文）玛格丽特　（英文）Margarita

项　目	内　容	
	外文	中文
调酒配方	1oz Tequila 1/2oz Triple Sec 3/4oz Sweetened Lemon Juice	1 盎司特基拉 1/2 盎司橙味酒 3/4 盎司青柠汁
装饰物	盐边　青柠角	
使用工具	量酒器　摇酒壶	
使用载杯	鸡尾酒杯	
调制方法	摇和法	
操作程序	1. 先将杯口作盐边 2. 将适量的冰块倒入壶中 3. 将 3/4 青柠汁倒入壶中 4. 加入 1/2 盎司橙味酒 5. 加入 1 盎司特基拉 6. 大力摇匀后，滤入鸡尾酒杯中	

调酒配方 66

酒品名称:（中文）蓝色的玛格丽特　（英文）Blue Margarita

项　目	内　容	
	外文	中文
调酒配方	1oz Tequila 1/2oz Blue Curacao 3/4oz Sweetened Lemon Juice	1 盎司特基拉 1/2 盎司蓝橙汁酒 3/4 盎司青柠汁
装饰物	盐边　青柠角	
使用工具	量酒器　摇酒壶　吧勺　电动搅拌器	
使用载杯	鸡尾酒杯　古典杯　卡伦杯　酸酒杯　香槟杯	
调制方法	摇和法	
操作程序	1. 先将杯口作盐边 2. 将适量的冰块加入壶中 3. 将 3/4 盎司青柠汁倒入壶中 4. 加入 1/2 盎司蓝橙汁酒 5. 加入 1 盎司得特基拉 6. 大力摇匀后滤入鸡尾酒杯中 7. 以青柠角装饰	

调酒配方 67

酒品名称:（中文）两者之间 （英文）Between Sheets

项 目	内 容	
	外文	中文
调酒配方	1/2oz Light Rum 1/2oz Brandy 1/2oz Triple Sec 1.5oz Sweetened Lemon Juice	1/2 盎司白朗姆酒 1/2 盎司白兰地酒 1/2 盎司橙味酒 1.5 盎司青柠汁
装饰物	红樱桃	
使用工具	量酒器 摇酒壶	
使用载杯	鸡尾酒杯	
调制方法	摇和法	
操作程序	1. 先将适量冰块加入摇酒壶中 2. 将 1.5 盎司青柠汁加入壶中 3. 将 1/2 盎司橙味酒加入壶中 4. 将 1/2 盎司白朗姆酒、1/2 盎司白兰地加入壶中 5. 大力摇匀后滤入，倒入鸡尾酒杯中 6. 用红樱桃装饰	

调酒配方 68

酒品名称:（中文）黄金飞土 （英文）Golden Fizz

项 目	内 容	
	外文	中文
调酒配方	1oz Gin 3oz Sweetened Lemon Juice 1 Egg Yolk Soda	1 盎司金酒 3 盎司甜酸柠檬汁 1 个鸡蛋黄 苏打水
装饰物	樱桃 橙片	
使用工具	量酒器 摇酒壶 吧勺	
使用载杯	卡伦杯	
调制方法	摇和法 搅和法	
操作程序	1. 先将适量冰块倒入摇酒壶中 2. 加入 3 盎司甜酸柠檬入壶中 3. 加入 1 盎司金酒入壶中，加入蛋黄 4. 大力摇匀后滤入加有冰块的卡伦杯中 5. 加苏打水搅和至八分满 6. 将樱桃、橙片挂在杯中	

调酒配方 69

酒品名称:（中文）金飞士 （英文）Gin Fizz

项 目	内 容	
	外文	中文
调酒配方	1oz Gin 3oz Sweetened Lemon Juice Soda	1 盎司金酒 3 盎司甜酸柠檬汁 苏打水
装饰物	樱桃 橙片	
使用工具	量酒器 摇酒壶 吧勺	
使用载杯	卡伦杯	
调制方法	调和法 摇和法	
操作程序	1. 先将适量冰块倒入摇酒壶中 2. 加入 3 盎司甜酸柠檬入壶中 3. 加入 1 盎司金酒入壶中 4. 大力摇匀后，滤入加有冰块的卡伦杯中 5. 加苏打水搅和至八分满 6. 将樱桃、橙片挂在杯口	

调酒配方 70

酒品名称:（中文）特基拉日出 （英文）Teguila Sunrise

项 目	内 容	
	外文	中文
调酒配方	1oz Teguila 4oz Orange Juice 1/2oz Grenadine	1 盎司特基拉酒 4 盎司橙汁 1/2 盎司红糖水
装饰物	花伞 樱桃 柠檬角	
使用工具	量酒器 吧勺	
使用载杯	郁金香形香槟杯	
调制方法	兑和法	
操作程序	1. 将郁金香杯中加入 2~3 块冰块 2. 倒入 4 盎司橙汁 3. 用吧勺沿杯边倒入红糖水 4. 用吧勺搅和使红糖水、橙汁半溶并呈分层 5. 在顶层加入特基拉酒 6. 装饰	

调酒配方 71

酒品名称:（中文）B–52 （英文）B–52

项　目	内　容	
	外文	中文
调酒配方	1/3oz Kahlua 1/3oz Bailey's 1/3oz Cointreau	1/3 盎司咖啡甜酒 1/3 盎司百利甜酒 1/3 盎司君度
装饰物	无	
使用工具	量酒器　吧勺	
使用载杯	蜜酒杯	
调制方法	兑和法	
操作程序	1. 先将咖啡甜酒倒入杯中 2. 再将百利甜酒倒入杯中 3. 再将君度倒入杯中	

调酒配方 72

酒品名称:（中文）哈维撞墙 （英文）Harvey Wallbanger

项　目	内　容	
	外文	中文
调酒配方	1oz Vodka 1/4oz Galliano 4oz Orange Juice	1 盎司伏特加酒 1/4 盎司佳莲露力娇酒 4 盎司橙汁
装饰物	无	
使用工具	量酒器　吧勺	
使用载杯	古典杯	
调制方法	调和法	
操作程序	1. 先将适量冰块倒入杯中 2. 加入 1 盎司伏特加 3. 加入 4 盎司橙汁，调和 4. 漂浮佳莲露力娇酒	

调酒配方 73

酒品名称:（中文）美国佬　（英文）American

项　目	内　容	
	外文	中文
调酒配方	2/3oz Sweet Vermouth 2/3oz Campari Ice Soda	2/3 盎司甜味美思 2/3 盎司金巴利 冰块 苏打水
装饰物	橙片　柠檬条	
使用工具	量酒器　吧勺	
使用载杯	卡伦杯	
调制方法	调和法	
操作程序	1. 将适量冰块倒入卡伦杯中 2. 加入 2/3 盎司甜味美思 3. 加入 2/3 盎司金巴利 4. 兑入苏打水调和 5. 用橙片、柠檬条挂杯	

调酒配方 74

酒品名称:（中文）白夫人　（英文）White Lady

项　目	内　容	
	外文	中文
调酒配方	1oz Gin 1/2oz Cointreau 1/3oz Lemon Juice	1 盎司金酒 1/2 盎司君度 1/3 盎司柠檬汁
装饰物	红樱桃	
使用工具	量酒器　摇酒壶	
使用载杯	鸡尾酒杯	
调制方法	摇和法	
操作程序	1. 将适量冰块放入卡伦杯中 2. 加入 1/3 盎司柠檬汁 3. 加入 1/2 盎司君度 4. 加入 1 盎司金酒 5. 大力摇匀后滤入鸡尾酒杯中 6. 装饰	

调酒配方 75

酒品名称:（中文）庄园宾治 （英文）Planter's Punch

项 目	内 容	
	外文	中文
调酒配方	3oz Orange Juice 2oz Pineapple Juice 1/2oz Grenadine 2/3oz Lemon Juice Sprite 1oz Dark Rum	3 盎司橙汁 2 盎司菠萝汁 1/2 盎司石榴汁 2/3 盎司柠檬汁 适量雪碧 1 盎司黑朗姆酒
装饰物	橙角 樱桃	
使用工具	量酒器 吧勺	
使用载杯	卡伦杯	
调制方法	调和法	
操作程序	1. 先将冰块放入卡伦杯中 2. 然后倒 3 盎司橙汁、2 盎司菠萝汁入杯 3. 倒入 1/2 盎司石榴汁、2/3 盎司柠檬汁入杯 4. 倒入雪碧至八分满搅拌 5. 然后倒入 1 盎司黑朗姆酒 6. 用橙角、樱桃挂杯装饰	

调酒配方 76

酒品名称:（中文）白兰地费克斯 （英文）Brandy Fix

项 目	内 容	
	外文	中文
调酒配方	1oz Brandy 1/2oz Cherry Brandy 1/2oz Lemon Juice 7 up 1/4oz Syrup	1 盎司白兰地 1/2 盎司樱桃白兰地 1/2 盎司柠檬汁 七喜 1/4 糖水
装饰物	樱桃 凤梨角	
使用工具	量酒器 摇酒壶	
使用载杯	卡伦杯	
调制方法	调和法 摇和法	
操作程序	1. 将适量冰块倒入壶中 2. 将 1 盎司白兰地、1/2 盎司樱桃白兰地 3. 加入 1/2 盎司柠檬、1/4 盎司糖水 4. 大力摇匀后，加冰滤入卡伦杯 5. 加入七喜至八分满 6. 以樱桃、凤梨角装饰	

调酒配方 77

酒品名称:（中文）好运气 （英文）Good Fortune

项 目	内 容	
	外文	中文
调酒配方	1oz Gin 1/2oz Apricot Brandy 1/2oz Benedictine 1/4oz Dry Vemonth	1 盎司金酒 1/2 盎司杏仁白兰地 1/2 盎司当酒 1/4 盎司干味美思
装饰物	红樱桃	
使用工具	量酒器 吧勺	
使用载杯	鸡尾酒杯 古典杯	
调制方法	调和法	
操作程序	1. 用柠檬皮一块将鸡尾酒杯口擦一圈 2. 然后将上述酒料加入调酒杯中，加入冰块 3. 调和完后滤入鸡尾酒杯 4. 以红樱桃作杯边装饰	

调酒配方 78

酒品名称:（中文）环游世界 （英文）Around the World

项 目	内 容	
	外文	中文
调酒配方	1/2oz Gin 1/2oz Vodka 1/2oz Rum 1/2oz Tequila 1/2oz Whisky 1/2oz Brandy 1/2oz Green Creme de Monthe 1/2oz Syrup 3oz Pineapple Juice	1/2 盎司金酒 1/2 盎司伏特加 1/2 盎司朗姆酒 1/2 盎司得其拉 1/2 盎司威士忌 1/2 盎司白兰地 1/2 盎司绿薄荷酒 1/2 盎司糖水 3 盎司菠萝汁
装饰物	菠萝 绿樱桃	
使用工具	量酒器 摇酒壶	
使用载杯	卡伦杯	
调制方法	摇和法	
操作程序	1. 将适量冰块倒入壶中 2. 将所有材料倒入壶中 3. 大力摇匀后滤入卡伦杯中 4. 用菠萝、绿樱桃装饰	

调酒配方 79

酒品名称：（中文）酒神 （英文）Bacchus

项 目	内 容	
	外文	中文
调酒配方	1.5oz Cognac Brandy 1/2oz Triple Sec 1/2oz Grenadine 1 Egg Yolk Anisette	1.5 盎司干邑白兰地 1/2 盎司橙味甜酒 1/2 盎司石榴汁 1 个蛋黄 茴香酒少许
装饰物	红樱桃	
使用工具	量酒器 摇酒壶	
使用载杯	香槟杯	
调制方法	摇和法	
操作程序	1. 将所有材料（除茴香酒外）倒入摇酒壶中 2. 加入冰块大力摇匀，滤入香槟杯中 3. 将茴香酒洒在酒上面 4. 以红樱桃杯口装饰	

调酒配方 80

酒品名称：（中文）森比 （英文）Sembie

项 目	内 容	
	外文	中文
调酒配方	1oz Dark Rum 1oz Light Rum 1oz Apricot Brandy Juice of Lemon 1oz Syrup	1 盎司黑朗姆 1 盎司白朗姆 1 盎司杏子白兰地 柠檬汁 1 盎司糖水
装饰物	红樱桃 薄荷叶 菠萝角	
使用工具	量酒器 摇酒壶	
使用载杯	长饮杯	
调制方法	摇和法	
操作程序	1. 摇酒壶内加入冰块 2. 倒入以上原料 3. 大力摇匀 4. 将长饮杯加冰 5. 滤入摇好的鸡尾酒 6. 装饰	

项目策划：段向民
责任编辑：张芸艳
责任印制：谢　雨
封面设计：何　杰

图书在版编目（CIP）数据

酒水服务与酒吧运营 / 盖艳秋，王伟，童江编著．-- 2版．-- 北京 ：中国旅游出版社，2019.9（2023.2重印）
全国重点旅游院校“十三五”规划教材
ISBN 978-7-5032-6337-8

Ⅰ．①酒… Ⅱ．①盖… ②王… ③童… Ⅲ．①酒吧－商业服务－高等学校－教材②酒吧－商业管理－高等学校－教材 Ⅳ．①F719.3

中国版本图书馆CIP数据核字（2019）第186923号

书　　名：酒水服务与酒吧运营（第二版）

作　　者：盖艳秋　王伟　童江　编著
出版发行：中国旅游出版社
（北京静安东里6号　邮编：100028）
http://www.cttp.net.cn　E-mail:cttp@mct.gov.cn
营销中心电话：010-57377108，010-57377109
读者服务部电话：010-57377151
排　　版：北京旅教文化传播有限公司
经　　销：全国各地新华书店
印　　刷：河北省三河市灵山芝兰印刷有限公司
版　　次：2019年9月第2版　2023年2月第5次印刷
开　　本：787毫米 × 1092毫米　1/16
印　　张：16.75
字　　数：362千
定　　价：49.90元
ISBN　978-7-5032-6337-8